Mémoires
d'un médecin de campagne

Vladimir Guiheneuf

En collaboration avec Yves Guiheneuf

Mémoires d'un médecin de campagne

Les Éditions Retrouvées

Collection dirigée par Francesca Orlando-Trouvé

Les Éditions Retrouvées, 2017
avec l'autorisation des Éditions Presses de la Renaissance

ISBN : 978-2-36559-165-2

À Monique et Catherine

Avertissement

Ce livre est le récit de ma vie de médecin. Par respect pour les personnes qui pourraient se reconnaître dans ces pages, et par souci du secret médical, les noms et les situations ont été systématiquement changés.

En revanche, l'essence même de ce qui faisait mon exercice médical en Picardie a été conservée, pour rendre témoignage de toutes ces années.

Prologue

« Ce qui m'inspire confiance chez vous, docteur... »

Il faisait nuit noire sur la Picardie en ce soir de novembre des années 1950. La pluie tombait sans discontinuer depuis des heures, transformant la terre en une boue sans fin. Penché en avant, au volant de ma vieille 4CV Renault, je distinguais difficilement les bords de l'étroite route de campagne. Les essuie-glaces laissaient sur le pare-brise de grandes traces opaques et les phares éclairaient à peine les flaques d'eau géantes de la route. La pluie, à force de gouttes incessantes et monotones, s'infiltrait par les caoutchoucs des fenêtres, les charnières des portes et même par les jointures des tôles.

Enfin, après un temps indéfinissable, la route déboucha dans la misérable cour carrée d'une vieille ferme. Je devinai à la lueur des phares un tas de fumier, une brouette défoncée et un chien de ferme qui vociférait tant qu'il pouvait en tirant sur sa chaîne.

Quittant l'abri précaire de ma voiture, je courus jusqu'à la pauvre pièce commune. Là m'attendait une femme allongée sur un lit tout défoncé, d'où seul son gros ventre émergeait. Le visage trempé de sueur, elle me dit : « Vous arrivez au bon moment, docteur, je sens que la naissance est pour bientôt. »

Pas très à l'aise — j'étais à l'époque un tout jeune médecin sans grande expérience —, je me suis installé pour examiner soigneusement la femme. Son col présentait une bonne dilatation, il s'agissait d'une sixième grossesse. Si tout se déroulait normalement, elle serrerait son enfant dans ses bras d'ici une heure.

Le mari se tenait là, anxieux, il allumait l'une après l'autre de petites cigarettes roulées à la main et parcourait fébrilement la pièce de long en large. Une voisine se tenait aux côtés de la femme, elle avait préparé des bassines d'eau bouillie, des serviettes et de quoi habiller le nouveau-né.

Tout se présentait bien, et pourtant je continuais d'être soucieux : c'était mon premier accouchement à domicile. Jusqu'ici je n'avais connu que les naissances aseptisées et très médicalisées des hôpitaux, avec des sages-femmes à proximité en cas de problème.

Ce soir-là, je me savais seul. Mon associé, le Dr Havet, était parti à la chasse pour plusieurs jours. Je devais m'en sortir avec ma maigre expérience. Cette fois-ci, je ne pouvais pas me comporter comme lors de mon dernier remplacement.

Brutalement, le souvenir de ce remplacement me cingla l'esprit. Là aussi j'avais été appelé pour un accouchement, mais dont le cadre s'était révélé encore plus misérable que celui de la ferme où je me trouvais ce jour-là. Les morceaux de carreaux des fenêtres étaient tenus entre eux par du ruban adhésif, et surtout il n'y avait pratiquement rien pour éclairer la pièce plongée dans l'obscurité. Le futur père m'avait alors expliqué posément que pour avoir de la lumière, il fallait mettre la voiture sur des cales face à la fenêtre et accoucher sa femme ainsi à la lueur des phares. Il y a un demi-siècle, les phares fonctionnaient mal et tombaient en panne sans prévenir. Il suffisait qu'ils s'éteignent au mauvais moment, et j'aurais risqué de me retrouver contraint de mettre au monde un enfant à tâtons !

Je m'étais senti incapable d'accoucher la femme dans de telles conditions et avais cherché une échappatoire. J'avais donc examiné la future mère avec circonspection et déclaré que l'accouchement se présentait mal, la femme devait être hospitalisée.

Le père était alors allé trouver un voisin qui les avait conduits, son épouse et lui, à la maternité. J'avais été soulagé. Mais pas pour longtemps. Le lendemain, j'avais appris qu'à la maternité, la sage-femme avait sorti l'enfant en un tour de main, et qu'avec un sourire méprisant elle avait laissé tomber :

— Je ne vois vraiment pas pourquoi le remplaçant du docteur vous a fait venir ici. C'était une naissance des plus banales. De nos jours, les jeunes médecins paniquent pour un rien.

Non vraiment, il n'était pas possible de revivre une telle mésaventure, car aujourd'hui, face à la femme au ventre énorme allongée dans son lit, je n'étais plus un remplaçant, mais un médecin installé. Je ne pouvais pas me permettre de perdre la face, sous peine de voir une bonne partie de mes patients m'abandonner. Les bruits vont vite dans un village. « Le jeune médecin a peur des accouchements. Il envoie à la maternité pour un oui ou pour un non. On ne peut pas avoir confiance. Il vaut mieux s'adresser à un autre. »

J'examinai encore la femme. Apparemment tout continuait de bien se dérouler, le col était maintenant complètement effacé. Je perçai la poche des eaux et l'accouchement entra dans sa phase finale, mais aussi la plus critique.

— Respirez à petits coups, ordonnai-je, et quand je vous le dirai, vous pousserez.

La femme, crispée par la douleur, répondit par un petit « oui » entre deux contractions. La voisine lui tenait la main. Le mari restait en retrait, mais suivait la scène avec intensité. Sa cigarette éteinte pendait à ses lèvres sans qu'il songe à la rallumer.

— Maintenant allez-y, poussez madame !

Peu après la tête de l'enfant sortit. Je lui fis accomplir un quart de tour, je tirai doucement, une épaule vint, puis l'autre. Le reste du corps passa aussi, et voilà, le bébé tout gluant était né ! Il s'agissait d'un garçon. Il bougea un peu. Il cria. Tout allait bien. J'avais réussi mon premier accouchement à la ferme !

Je ligaturai le cordon, puis je le coupai. Le placenta sortirait bientôt et j'en aurais fini !

Une vingtaine de minutes plus tard, le placenta fut expulsé.

J'examinai une dernière fois l'enfant et sa mère, tout semblait pour le mieux. Je pouvais partir. Pour un peu, j'aurais esquissé un pas de danse...

J'avais rassemblé mes affaires et me dirigeai vers la porte quand le mari me dit :

— Docteur, on ne va pas en rester là. Vous prendrez bien un verre avec nous !

D'habitude je ne prenais jamais d'alcool chez les malades. Car si l'on accepte chez l'un, comment refuser chez l'autre ? Et cela devient impossible entre les invitations à boire pour fêter le mariage du fils, la fin des récoltes ou la mise à mort du cochon. Mais ce jour-là, je ne me sentais pas de refuser. Je venais de réussir mon premier accouchement hors de l'hôpital !

Le mari prépara les verres, alla chercher la bouteille, la voisine s'occupa des petits gâteaux. La mère se reposait dans son lit. L'enfant était allongé dans son berceau, les yeux fermés, il émettait des petits bruits de succion.

Nous trinquâmes et le mari me dit :

— On a déjà cinq enfants, et avec celui-ci cela fait six ! C'est beaucoup de bouches à nourrir, mais on y arrivera. Et puis, je suis content d'avoir enfin un garçon ! On avait cinq filles et pas un seul gars, vous vous rendez compte !

Tout à coup, la mère appela :

— Docteur, docteur !

Inquiet, j'accourus auprès d'elle.

— Je crois qu'il y en a encore un autre qui veut sortir !

Je soulevai brutalement les couvertures. Pas de doute... Un second enfant se présentait. Et moi qui ne m'en étais même pas aperçu ! Après l'accouchement, tout à ma joie, je ne l'avais pas senti en examinant la mère. Pourtant il est difficile de passer à côté d'un enfant dans un ventre !

J'étais accablé par mon erreur : elle risquait de compromettre ma situation de médecin. Pas besoin d'être un expert pour sentir un enfant dans un ventre, et moi je ne m'étais rendu compte de rien ! L'histoire allait circuler dans tout le village ! Mais il n'était plus temps de regretter, le deuxième enfant était là, il fallait le sortir.

Heureusement, cette naissance se passa aussi bien que la première. C'était encore un garçon !

Une fois l'accouchement fini, je me tournai vers le père. J'étais fort gêné : comment pouvais-je me justifier ? Mais il me devança et déclara :

— Merci, docteur, c'est vraiment gentil de votre part. Vous nous avez ménagés pour qu'on ne sache pas tout de suite qu'il y en avait deux. On est pauvre, et cela fera beaucoup de bouches à nourrir. Mais je vous l'ai dit : on n'avait pas de garçon, et maintenant nous en avons deux ! Alors, même si on doit se serrer la ceinture, on se débrouillera ! Vous êtes vraiment un bon médecin !

Et pendant les quarante années où j'ai exercé, toute cette famille a compté parmi mes plus fidèles patients. Parfois le père me prenait à part, et, à ma grande confusion, ce brave homme me disait le plus sérieusement du monde :

— Ce qui m'inspire confiance chez vous, docteur, c'est que vous dominez la situation. Même si vous ne dites pas tout de suite les choses, vous savez où vous allez. Je l'ai bien vu quand mes deux fils sont nés !

Khabarovsk

Je pense être d'un naturel réservé, peu enclin à étaler mes états d'âme à longueur de pages. Cependant, il m'est impossible de retracer ma vie professionnelle, sans raconter succinctement d'où je viens. En effet, la façon dont j'ai exercé la médecine durant toutes ces années n'est pas due aux seules connaissances accumulées au cours de mes études, mais aussi à mon enfance en Russie, à mon adolescence pendant la Seconde Guerre mondiale et à mon père et ma mère qui m'aimèrent de leur mieux. Un médecin est avant tout un homme, il est le fruit d'une histoire, il éprouve des sentiments.

Mes parents furent tous les deux, au temps de leur jeunesse, des admirateurs de la révolution russe. Mon père était orphelin et l'injustice l'a toujours révolté. À dix-huit ans, en 1917, le jeune Français qu'il était s'enflamma pour la cause des bolcheviks. Il n'eut alors de cesse que de se rendre à Moscou pour participer à cette nouvelle société plus juste. Ouvrier lui-même, il voulait se rendre compte de la réalité de la condition ouvrière au pays du socialisme triomphant. En 1923, ayant appris le russe, il se rendit donc en Union soviétique, dans l'espoir de s'y installer définitivement. Il s'y maria avec ma mère, une Russe qui enseignait le français à l'université. Ma mère était née paysanne dans un village misérable de la grande banlieue de Moscou, mais grâce aux avancées sociales de la Révolution, elle avait pu suivre des études supérieures. Son titre de professeur n'était pas usurpé, elle parlait le français à la perfection et avait étudié aussi bien Jean-Jacques Rousseau que l'importance du slavon dans la pensée religieuse russe. De son côté, mon père, après avoir travaillé comme ouvrier dans des usines d'aéronautique russe, put suivre en Union soviétique les études qui lui avaient été refusées en France. Il devint ingénieur, et même directeur d'usine en Extrême-Orient. Je vis ainsi le jour, un matin d'avril 1927, à Khabarovsk, en Sibérie, sur les bords du fleuve Amour.

Je ne suis jamais retourné à Khabarovsk depuis mon enfance, mais j'imagine assez souvent les isbas de bois, la gare du transsibérien grouillante de coolies chinois et de Russes en kaftan, et non loin de là, l'immense fleuve au-delà duquel s'étend la Mandchourie et toute la Chine.

La Révolution avait permis à certains de connaître des ascensions sociales fulgurantes, mais elle n'en avait pas moins instauré le Guépéou et la répression. Et quand survint Staline, mon père comprit que la société idéale promise était en train de devenir un enfer. Je me souviens d'images fugitives : de Staline, qu'enfant on nous ordonnait de vénérer, de mes parents, parlant à voix basse de la police et de famines en Ukraine, d'un écolier de mon âge, probablement asthmatique, qui toussait à se décoller la plèvre pendant de longues minutes, sans que personne ne sache quoi y faire…

Grâce à une chance incroyable et à son statut de citoyen français, mon père put sortir d'Union soviétique en 1934 et rentrer en France avec ma mère et moi[1].

Notre retour ne fut pas facile. Depuis onze ans que mon père était parti, plus grand monde ne se souciait de lui. Il dut accepter plusieurs métiers ingrats pour nourrir sa famille. Cependant, après le communisme, une autre menace se profilait à notre horizon.

---

1. Pour plus de renseignements sur ce périple en Union soviétique, je vous recommande le livre de mon fils aîné : Hervé Guiheneuf, *Dix ans en URSS (1923-1933), L'itinéraire d'Yvon*, Ouest Éditions, Nantes, 2001.

Vingt et un ans après être sortie cruellement mutilée des tranchées...

Le 1er septembre 1939, j'avais douze ans, l'âge où tout semble possible. À quelques mètres de mes parents, je jouais au bord de l'eau en regardant mon père pêcher. Assis sur un tronc d'arbre, les yeux rivés sur le bouchon, un vieux canotier sur la tête, il s'abandonnait complètement à sa passion. À ses côtés, ses longs cheveux bruns maintenus par un fichu de couleur, ma mère lisait du Pouchkine.

Quant à moi, je songeais à ce conte russe qui m'a longtemps fasciné, dans lequel un pauvre pêcheur attrape un poisson enchanté qui le rend plus riche que le tsar. Nous étions en vacances en Bretagne, près de Saint-Quay-Portrieux, et le temps semblait s'être arrêté en ce bel après-midi de fin d'été.

Je pensais que dans quelques années, je serais un homme et qu'il me faudrait choisir un métier. « Un *bon* métier », n'aurait pas manqué de préciser mon père, qui avait tant souffert de n'avoir pas pu suivre d'études supérieures.

Un jour probablement aussi, je me marierais et fonderais une famille. Cela ne pourrait être qu'à Paris, le seul endroit de France que je connaissais vraiment, et donc le seul qui me semblât digne d'intérêt.

Tout à mes rêves d'enfance, je n'avais aucune conscience de ce qui se passait ailleurs en Europe, ni de l'abîme vers lequel roulait notre monde.

J'ignorais tout de la ville polonaise de Dantzig, et Hitler ne m'était qu'un nom, semblable à quelques-uns des mauvais génies qui peuplaient mes contes.

Soudain, le bouchon de la ligne de pêche de mon père plongea, il laissa un peu couler, puis ferra d'un coup sec. « Ça a l'air d'être un grosse prise ! » lâcha-t-il. Effectivement, après bien des efforts, il sortit une carpe monstrueuse de l'eau. « Peut-être s'agit-il d'un poisson enchanté comme dans le conte ? » pensai-je furtivement.

Cette prise magnifique occupa toutes nos pensées jusqu'au soir. Aussi, la nuit venue, quand déjà toutes les capitales et les villes du monde étaient emplies de la catastrophe à venir, je m'endormis le sourire aux lèvres et la tête pleine d'images de poissons.

Le lendemain matin, il ne devint plus possible d'ignorer qu'il se passait quelque chose d'anormal. Il régnait partout une atmosphère inhabituelle. Sur la route, les conducteurs de voiture à cheval s'interpellaient en tous sens et les passants semblaient fort énervés. Je compris bientôt que la veille, les Allemands avaient commencé d'envahir la Pologne, et qu'il y avait là quelque chose de très grave.

Cependant les commentaires allaient bon train : « Je l'avais bien dit que ça finirait comme ça ! — Les Boches resteront toujours les Boches ! — Maintenant, il va y avoir la guerre, c'est sûr ! »

Un gros voisin expliquait avec suffisance que « les Boches n'avaient qu'à bien se tenir, que cette fois-ci on n'attendrait pas quatre ans pour les mettre par terre. » Il pérorait, sûr de lui, affirmant à la cantonade l'invincibilité de la France : nul envahisseur ne franchirait jamais la ligne Maginot !

En fin de matinée, je me rendis à pied avec mon père à la mairie. Nous aurions été plus vite à vélo, mais mon père ne semblait pas pressé d'être confronté à ce qui l'attendait. Sur la place, il y avait un attroupement. Tout le monde regardait une grande affiche. L'armée française était mobilisée, on rappelait les réservistes. Mon père resta de longues minutes sans rien dire, sans doute se remémorait-il la Première Guerre mondiale et ses deux proches cousins tués l'un après l'autre. Il se souvenait aussi des maires qui traversaient les villages pour venir annoncer les morts, et que l'on guettait derrière chaque fenêtre en espérant qu'ils ne s'arrêteraient jamais chez vous.

Quant à moi je dévorais l'affiche des yeux, et jamais de ma vie, je n'oublierai ces lettres noires, ORDRE DE MOBILISATION GÉNÉRALE, imprimées au-dessous de deux drapeaux bleu, blanc et rouge aux hampes croisées.

J'imagine qu'en rentrant à la maison, nous avons dû manger la carpe dont nous nous faisions une telle fête la veille, mais je n'en garde aucun souvenir. L'heure n'était plus aux poissons enchantés. L'après-midi même, mon père « mobilisable dès le premier jour », rassembla ses affaires et partit prendre le train. Je ne comprenais pas très bien ce qu'il se passait, si ce n'est que je risquais de ne pas revoir mon père avant longtemps. Mes parents, eux, étaient graves et résignés.

Dans la rue, des jeunes gens passaient par moments en criant que l'Allemagne serait bientôt vaincue, et qu'ils fêteraient Noël à Berlin. Sur le pas de sa porte, une grand-mère, tout habillée du noir des veuves, les regardait sans rien dire.

Le 3 septembre au soir, on apprit la déclaration de la guerre. Vingt et un ans après être sortie cruellement mutilée des tranchées de 14-18, l'Europe se lançait éperdument dans une nouvelle épreuve, encore plus dévastatrice. Le monstre sans visage de mes contes d'enfance avait définitivement quitté son nid d'aigle pour fondre sur le monde.

Un jour de juillet 1940

L'image suivante qui monte à mon esprit au sujet de la guerre, c'est celle d'un immense drapeau rouge frappé d'une croix gammée noire. Nous étions, mon père et moi, au pied du mât où flottait le sinistre drapeau nazi, au passage de la ligne de démarcation. C'était en juillet 1940, la France venait d'être vaincue en quelques semaines. Moi dont la référence était, comme pour tout le monde à l'époque, la Première Guerre mondiale, j'avais du mal à admettre que les taxis de la Marne tant de fois évoqués à l'école ne fussent pas à nouveau intervenus. Il n'y avait pas eu non plus de nouveau Verdun pour stopper les Allemands.

Un mois plus tôt, en juin, saisi par la peur de l'avancée allemande, mon pensionnat s'était vidé en quelques heures, sans que ni mon père ni ma mère puissent venir me chercher. Heureusement la famille d'un camarade de classe juif avait eu la bonté de ne pas m'abandonner dans le dortoir vide où j'étais le dernier élève. Ils m'avaient pris avec eux et emmené jusqu'à la Méditerranée. Peu après, mon père démobilisé par la défaite, put venir me chercher à Aix-en-Provence, d'où j'envoyais chaque jour une lettre à mes parents pour leur dire où me retrouver. Je n'ai gardé que des souvenirs fugitifs de cette fuite de 800 km, de Paris jusqu'à la Provence, au milieu des foules de l'exode : l'angoisse de ne pas retrouver mes parents, une basse-cour à côté de laquelle on passait en ayant faim, la fatigue, des cailloux qu'on avait ramassés pour jouer aux osselets, une femme qui continuait de marcher en dépit d'un abcès à la jambe.

J'y reviens, la seule image précise qui me reste, c'est celle de ce jour de juillet 1940 : j'ai treize ans, je tiens fermement la main de mon père et je sens toute notre humiliation de vaincus face à l'immense drapeau rouge à croix gammées noires qui flotte insolemment dans le ciel bleu.

Le présent inattendu de mon père

En septembre 1940, je suis entré en cinquième au lycée Voltaire à Paris. Sur les photos de classe jaunies de l'époque, on me voit, rare tête blonde au milieu d'un ensemble de chevelures brunes, portant toujours le même pull qu'on agrandissait au fur et à mesure de ma croissance et qui m'a servi des années. Paris était occupé par les Allemands. Quand nous sortions du lycée le soir, nous voyions les queues devant les magasins pour acheter quelques légumes fatigués et de rares portions de pain en échange des tickets de rationnement.

Les hivers étaient particulièrement difficiles à vivre à cause du froid qui régnait dans notre appartement. Je me souviens m'être couché de nombreuses fois tout habillé avec un manteau sous les couvertures. Et j'avais encore froid !

Les années se succédèrent. En juin 1943, j'étais en troisième et il fallait me déterminer pour savoir vers quel type de seconde je m'orienterais. S'agirait-il de Lettres, de Mathélem ou de Sciences expérimentales ? Pour nous aider à y voir clair, un conseiller d'orientation devait nous recevoir. À l'époque, un entretien d'orientation n'avait rien à voir avec ce qui se pratique maintenant. Pas « d'évaluations psychologiques » des capacités de l'enfant, ni de « tests scientifiques » pour connaître ses aptitudes. La France était en guerre, les Allemands patrouillaient dans les rues, il fallait agir pour le mieux avec les moyens du bord. Dans mon cas, ce fut particulièrement expéditif.

J'entrai avec mon ami Édouard Garbe dans une salle de classe où le conseiller d'orientation nous attendait, trônant sur l'estrade, raide comme la justice, tenant ses lorgnons à la main avec gravité. Sans prendre la peine de nous recevoir individuellement, il nous jaugea quelques secondes du regard puis laissa tomber :

— Quelle profession voulez-vous exercer plus tard ?

— Peut-être médecin, répondis-je.

— Moi aussi, fit Édouard.

— Très bien, c'est une bonne idée, laissa tomber le conseiller, il faut que vous fassiez une seconde Sciences expérimentales. Puis il lança de sa voix de basse : « Au suivant ! » et nous sommes sortis. Pendant ce temps, j'imagine que le conseiller fit avec gravité et adresse deux magnifiques bâtons sur sa feuille du nombre d'entretiens et calcula combien il lui en restait à tracer jusqu'au soir.

En sortant de l'entretien, j'étais tout chose. Pourquoi répondre médecin ? Aujourd'hui, j'attribue sans hésitation cette réponse à l'influence de mon père. Pour lui, le métier de médecin se parait de toutes les vertus. Je l'entends encore me dire : « Écoute mon gars, j'ai vu beaucoup de personnes se tromper dans ma vie : des professeurs enseigner le fascisme, des avocats défendre des causes indéfendables, des ingénieurs chercher à rendre des armes plus meurtrières... les seuls qui ne fassent jamais de tort aux autres dans l'exercice de leur profession, ce sont les médecins. Ils soignent, mais ils ne tuent pas. » Il semblait que mon père, qui avait été tant déçu de son espérance dans le marxisme-léninisme, voulut quand même croire à quelque chose de grand en ce monde, et que ce quelque chose fût la médecine.

Libre de toute influence, sans doute aurais-je choisi le métier d'ingénieur. J'adorais jouer avec le mécano en acier que je m'étais constitué pièce à pièce. Cependant, ce désir de technique n'était pas très puissant au fond de moi ; aussi, durant le reste de mes études, à chaque question sur mon futur métier, je répondais que je serai médecin.

Au bout du compte, je m'interroge. Mais je crois que, malgré moi, mon père a vu juste. Je portais la médecine en moi. Par-delà son influence, je sens que cela venait de plus profond encore. Était-ce dû à la misère vue le long des routes de l'exode, ou à toutes les souffrances du peuple russe — Guépéou, famines, terreur — que j'avais perçues au cours de mon enfance ? Je n'en sais rien. La seule chose de sûre est que cet étrange métier m'a saisi à bras-le-corps. Ma vie s'est largement confondue avec l'exercice de la médecine. Aujourd'hui encore, retraité depuis quinze ans, je ne peux voir quelqu'un claudiquer dans la rue sans qu'un diagnostic plausible se présente à mon esprit. Si j'entends une toux, malgré moi, je commence à l'analyser : est-ce un fumeur, un asthmatique ou s'agit-il d'une simple trachéite ? Oui, la médecine est un bien étrange métier. Je me souviens d'un de nos vieux professeurs de faculté qui proclamait sans vergogne devant un parterre d'étudiants que « vouloir être médecin, ce n'est pas normal » !

Ces mots qui me surprirent tant à l'époque, soixante ans plus tard, après toute une vie professionnelle de médecin et quarante années de responsabilité au sein des syndicats médicaux et de l'Ordre de médecins, je pourrais les reprendre à mon compte. Il n'est pas normal — c'est-à-dire il est hors des normes communément admises — de vouloir être médecin, de se trouver quotidiennement au contact de corps malades, de déjections et de sang, d'être confronté à des personnes angoissées ou à la mort. Mais s'il n'est pas normal de vouloir être médecin, y a-t-il un métier plus beau sur terre ? Rien ne peut se comparer au fait de mettre un enfant au monde, de sauver la vie d'un homme, de soulager une souffrance ou, tout simplement, d'avoir des patients qui vous font confiance et que votre seule présence réconforte.

Mon père m'a fait certes un présent inattendu en me poussant dans les études de médecine, mais c'est sûrement l'un des plus beaux cadeaux qu'il pouvait m'offrir. En effet, la science d'Hippocrate, de Galien et de Claude Bernard a donné sens à toute ma vie professionnelle : elle m'a révélé à moi-même.

Les médecins ne prennent pas part aux guerres

La guerre se poursuivait, mais les armées nazies ne dominaient plus le conflit, elles reculaient partout. Le 24 août 1944, Paris fut enfin libéré. Quatre années de privations, de rafles de juifs et d'exécutions d'otages s'achevaient. Cependant, cet été-là, nous n'étions pas dans la capitale. Mon père avait loué un jardin dans un petit village de Picardie pour y faire pousser de quoi améliorer notre ordinaire. Nous y venions régulièrement surveiller la pousse de nos pommes de terre et arracher la moindre mauvaise herbe avec un soin méticuleux de citadins. Au cours de ces voyages, la Picardie commença de me charmer. Je découvrais ses paysages vallonnés alternant avec des plaines sans fin, ses villes de briques rouges où se dressaient les premiers beffrois du Nord et ses cathédrales qui ont traversé les âges, je palpais cette terre faite d'argile et d'humus qui semblait inépuisable.

Au cours de cet été picard verdoyant de 1944, comme toute la France, nous attendions « les Américains ». Dans les derniers jours d'août ils arrivèrent à quelques kilomètres du village. Depuis des semaines on suivait leur avance sur une carte de France. Enfin ça y était, nous allions nous aussi être « libérés » !

Un matin, à l'aube, je fus réveillé par un bruit de camions. Cela n'en finissait pas, on avait l'impression que des dizaines et des dizaines de camions passaient sur la grand-route du village. Je me précipitai dehors pour voir, et j'eus le souffle coupé : il ne s'agissait pas de dizaines, mais de milliers de camions. Et c'était des camions américains ! Nous étions libérés ! Toute ma vie, je reverrai ces camions militaires hauts sur roues, qui se suivaient pratiquement pare-chocs contre pare-chocs d'un bout de l'horizon à l'autre. C'était comme si toute l'armée des États-Unis s'était donnée rendez-vous pour passer à travers notre petit village. Cela semblait un cortège sans fin. Ce jour-là, j'en fus sûr : l'Allemagne hitlérienne serait vaincue. Le drapeau rouge à croix gammée noire ne flotterait bientôt plus sur la France.

Cependant, dans la journée, j'appris un drame. La veille au soir, avec l'approche des Américains, les jeunes du village n'avaient plus tenu en place. Ils avaient fêté à leur manière la Libération toute proche puis, passablement éméchés, ils avaient décidé de partir à la rencontre des Américains. Ils s'étaient tous munis d'un fusil ou d'une carabine, bien décidés à en découdre avec les Allemands s'ils en trouvaient sur leur passage.

Dans la nuit, ils se séparèrent sans s'en rendre compte en deux groupes qui prirent chacun une route différente. Soudain, à un croisement, ils tombèrent face à face. Aussitôt, pensant avoir affaire à des Allemands, ils tirèrent. Cinq d'entre eux restèrent étendus morts. Les autres, blessés, s'enfuirent comme ils purent.

Les jeunes qui avaient réchappé du massacre furent emmenés à l'hôpital où on les sauva.

Quand je sus tout cela, je me dis que mon père avait raison : les médecins ne prennent pas part aux guerres, ils ne s'entretuent pas la nuit, mais ils sauvent les vies qui peuvent être sauvées.

« Papa fait le beau et il aboie ! »

En 1945, je commençai mes études de médecine. Je ne crois pas utile de les retracer ici en détail, ni de rappeler les innombrables descriptions anatomiques, réactions biochimiques et pharmacopées qu'il me fallut apprendre.

Une matière me laissa pourtant un souvenir particulièrement pénible : la pathologie. Notre professeur nous y apprenait la description des différentes maladies. À chaque nouvelle affection enseignée, j'étais persuadé d'en être atteint. Ainsi je crus successivement souffrir d'un ulcère, de la tuberculose et de la malaria. Je n'étais pas le seul dans ce cas, et les internes-médecins que, penauds, nous allions consulter, savaient en quelques mots nous rassurer : « La semaine dernière tu avais le cancer, la semaine d'avant une phtisie galopante, et aujourd'hui quelle est ta maladie, la scarlatine peut-être ? »

Le plus intéressant pendant mes années d'études fut de me rendre en stage dans les services hospitaliers. Juste après la guerre, l'hôpital Saint-Louis comprenait toujours de grandes salles communes aux murs blancs où s'entassaient une cinquantaine de malades. Quand l'un d'entre eux entrait en agonie, on apportait un paravent qui le dissimulait à la vue des autres, mais les bruits et les cris, eux, traversaient la toile du paravent, le reste de la salle entendait parfaitement la mort s'approcher… La médecine n'avait pas beaucoup évolué : peu de radiographies, aucun scanner, quelques examens biochimiques. Les diagnostics étaient plus difficiles à établir qu'aujourd'hui, et les médicaments bien moins puissants. Les premiers antibiotiques commençaient tout juste à arriver, le paracétamol était inconnu, il n'y avait pas de bêtabloquants ni d'antidépresseurs. Les malades mouraient encore de la variole, de la syphilis et de la poliomyélite. On a oublié aujourd'hui ces sinistres poumons d'acier dans lesquels on enfermait plusieurs jours, des pieds jusqu'au cou, les malades atteints de cette dernière maladie. À l'époque, il s'agissait de l'unique moyen connu pour maintenir leur respiration le temps de la phase aiguë de la poliomyélite. Seule leur tête dépassait de l'acier. Il fallait les nourrir à la petite cuiller puisque leurs mains étaient prisonnières du caisson. Les ravages de la syphilis sont eux aussi sortis des mémoires, pourtant, avant-guerre, bien des hommes tremblaient à l'idée de l'attraper et de finir misérablement à l'hôpital, rendus complètement fous par les effets de la maladie. Les pandémies du nouveau millénaire nous font oublier celles des siècles passés qui n'étaient pas moins terribles.

Dans les hôpitaux parisiens où nous effectuions nos stages, on ne nous confiait malheureusement aucune responsabilité, sous le prétexte que nous étions des étudiants. Nous portions, comme le personnel soignant, une blouse blanche, un tablier blanc, une calotte blanche, mais sans avoir le droit de faire quoi que ce soit. J'observais néanmoins tout avec intérêt. J'étais passionné par la découverte des malades en tant qu'êtres humains, la médecine commençait de prendre possession de moi.

En service de pédiatrie, j'assistais aux consultations d'un vieux professeur charmant et plein de tact, portant nœud papillon et belles bacchantes, mais qui sortait de sa réserve quand il le fallait. Un jour nous avons vu arriver un couple d'enseignants accompagné d'un enfant braillard d'environ douze mois. La mère, toute crispée, tenait le bébé contre elle en tentant désespérément de le calmer :

— Maman n'est pas contente, arrête de pleurer ! Maman va se fâcher !

La mère donna une petite tape sur les fesses du nourrisson, il hurla de plus belle. Du coup, elle implora son enfant.

— Calme-toi, Arthur, maman ne voulait pas te faire mal. Je t'en supplie, arrête de pleurer. Je te donnerai du lait sucré comme tu aimes.

Les cris continuant, la mère changea à nouveau d'attitude et reprit sur le ton de la menace :

— Fais bien attention, Arthur, si tu ne cesses pas, le docteur va crier très fort !

Le père se tenait à côté et essayait lui aussi de calmer son enfant.

— Regarde, Arthur, papa imite un avion : vroum, vroum ! Tu entends l'avion, Arthur ? Tu préfères la voiture de pompiers ? Alors papa va faire la voiture de pompiers : pin-pon, pin-pon ! Non, tu n'aimes pas la voiture de pompiers ? Tu veux que papa fasse le chien ? Regarde, Arthur, papa fait le beau et il aboie : ouaf, ouaf !

Entre deux crises de larmes d'Arthur, les parents, stressés, nous expliquèrent que l'enfant souffrait du spasme du sanglot et qu'ils avaient déjà consulté cinq médecins sans résultat. Je savais que le spasme du sanglot est une pathologie sans gravité, mais impressionnante, qui affecte les nourrissons. À la moindre contrariété, le bébé se met en fureur et il crie. Si on ne lui cède pas, ses cris montent jusqu'au point où il donne l'impression de manquer d'air et d'étouffer. Alors les parents, terrorisés, s'empressent de satisfaire les exigences de l'enfant.

Je me demandais avec intérêt comment le professeur de pédiatrie allait résoudre une situation où cinq autres médecins avaient déjà échoué. Il prit la parole, et, contrairement à l'habitude, ses propos furent extrêmement tranchants. Le bébé, surpris par cette voix ferme, tourna la tête vers lui et cessa de hurler.

— Un enfant de l'âge du vôtre, peut attraper de multiples maladies mortelles, commença le professeur.

— Ah oui ? firent les parents tout tremblants.

— Il y a d'abord la méningite, dit le professeur d'un ton docte. Il leur parla alors du méningocoque — *neisseria meningitidis* —, du pneumocoque — *streptococcus pneumoniae* —, de l'haemophilus — *haemophilus influenzae* —, puis de l'inflammation du LCR, sans oublier les méningites à leptospires. Quand il eut fini de décrire la méningite, le professeur enchaîna sur l'hydrocéphalie : les foramen interventriculaires, l'aqueduc du mésencéphale, les trous de Magendie et Luschka et les espaces sous-arachnoïdiens péricérébraux. Ensuite le professeur décrivit encore trois ou quatre autres maladies tout aussi effrayantes.

Les parents étaient blêmes, mais convaincus d'avoir en face d'eux un très grand professeur. Il saurait donc soigner leur fils. Arthur lui-même semblait écouter ce qui se disait.

— Votre enfant n'a pas de méningite, pas d'hydrocéphalie, ni aucune des maladies dont je vous ai parlé.

— Mais alors, docteur, qu'est-ce qui le rend malade ? s'exclamèrent les parents.

— Votre peur de le voir étouffer de colère tout simplement. Il la devine, et il s'en sert pour satisfaire ses caprices.

— Mais que pouvons-nous faire ?

— Comportez-vous comme si vous étiez indifférents à ses comédies, et cela cessera tout seul.

— Ah bon, docteur ! firent les parents incrédules.

— D'ailleurs, vous n'aurez pas de gros efforts à fournir, vu la façon dont votre enfant me regarde. Je suis sûr qu'il a déjà compris et ne recommencera pas.

— Vous croyez, docteur ? reprirent les parents.

— Oui, j'en suis certain, répondit le professeur avec aplomb. On va se revoir dans quinze jours et vous verrez, d'ici là, il se tiendra tranquille.

Sur ces fortes paroles, les parents rassemblèrent leurs affaires et commencèrent à s'éloigner, mais le père n'était pas convaincu. Il se retourna et demanda timidement :

— Et comme traitement, docteur, que faut-il lui donner, vous ne nous avez rien prescrit ?

Une ride de colère apparut sur le visage du professeur. Mais la femme saisit son mari par la manche et lui dit sèchement :

— Tu n'as pas compris : notre enfant n'a rien ! Allez viens, on s'en va !

Quinze jours plus tard, ils revinrent, l'enfant était guéri.

— Étiez-vous vraiment sûr que l'enfant ne ferait plus de spasmes ? demandai-je au professeur.

— Pour être franc, me répondit-il, je ne pouvais en être certain. Mais l'important était de le dire avec suffisamment de conviction pour en persuader les parents. Partant de là, ils ont cessé de trembler à la moindre colère de l'enfant et ont été fermes davantage. Le bébé a compris, et il n'a plus recommencé.

« En médecine, les paroles dites à un patient comptent beaucoup pour lui : un malade qui se croit sur le chemin de la guérison est déjà à moitié guéri ! » Le Dr Coué n'était pas loin de la vérité... « Pour guérir, affirmait-il, il suffit de se répéter avec conviction que l'on va de mieux en mieux ! »

« Je sais, je vais crever »

Dans d'autres services de l'hôpital, je vis des cas-plus dramatiques. Être médecin, c'est aussi côtoyer la mort.

En cancérologie, le professeur estimait, à juste titre, qu'au lieu de le regarder, nous apprendrions plus en interrogeant nous-mêmes les patients.

Un jour, donc, je me suis trouvé face à une jolie femme aux cheveux auburn d'environ trente ans qui m'a confié, en baissant la tête :

— Je crois que j'ai un cancer du sein.

J'ai inspecté son sein gauche. Effectivement, il n'y avait aucun doute sur le diagnostic, on sentait une grosse tumeur et l'épiderme présentait clairement le symptôme de la « peau d'orange. »

— Il faut vous retirer ça ! m'exclamai-je.

Mais, paraissant ignorer mon inquiétude, elle me répondit en me regardant dans les yeux :

— Jeune homme, regardez donc l'autre sein.

Je l'examinai, et là aussi je trouvai un cancer bien

avancé. Sous le coup de l'émotion, je lui criai presque :

— Il faut enlever les deux seins !

Mais la femme, froide et digne, me déclara :

— Il n'en est pas question, jeune homme.

Comme j'étais un peu désemparé, le professeur s'approcha de moi et me dit en aparté :

— Secouez-la un peu ! Dites-lui de se faire opérer !

Alors moi, bravement, je revins à la charge :

— Vous savez, madame, c'est important, si on ne vous enlève pas ça, vous risquez d'en mourir.

Mais la femme laissa tomber.

— Oui, je sais, je vais crever. Et elle ajouta avec un air de défi : je ne veux pas qu'on me mutile, je veux mourir entière !

— Mais alors, pourquoi êtes-vous venue ?

— Pour être sûre du diagnostic. Cela aurait pu être autre chose.

— Malheureusement, madame, je peux vous le certifier, il s'agit bien d'un cancer.

— En ce cas, il ne me reste plus qu'à mourir.

Puis, toujours belle, fière et digne, elle se rhabilla, et s'en alla sans un mot.

Aujourd'hui, près de soixante années ont passé, mais je vois encore cette femme s'éloigner dans le couloir, son chapeau mis sur la tête avec élégance, et je m'interroge. Qu'aurais-je pu dire de plus pour la persuader ? Dans trois, six mois au maximum, elle ne serait plus de ce monde… je le savais. Et je n'ai pas pu l'aider. Pour la première fois de ma vie de médecin, je me heurtais de plein fouet à l'incompréhensible mystère humain, celui qui fait de l'homme une énigme pour lui-même.

« C'est un scalpel, pas une aiguille à tricoter ! »

En dehors des malades, j'observais avec beaucoup d'intérêt le personnel soignant et spécialement les chefs de service. La plupart d'entre eux affichaient un mépris absolu pour les personnes placées sous leurs ordres, et étaient imbus d'eux-mêmes d'une façon extrême. Les médecins internes qui voulaient grimper dans la hiérarchie hospitalière devaient les couvrir d'éloges, sous peine de voir leurs carrières s'achever dans une impasse. Quant au reste du personnel, les infirmières, les aides-soignants, les agents d'entretien ou les brancardiers — en un mot tous ceux que l'on n'honorait pas du titre de docteur —, ils n'existaient pas aux yeux des chefs de service. Ainsi, l'un d'entre eux passa-t-il un matin, tout raidi de suffisance, devant sa fille infirmière, sans daigner la saluer ni même montrer qu'il l'avait vue.

Je me souviens particulièrement du professeur P., un chirurgien remarquable, mais un homme détestable. Il s'agissait d'un méditerranéen très nerveux et fort en gueule. À peine les portes de son service franchies, il commençait à prendre à partie les infirmières et les médecins. Puis, toujours criant de droite et de gauche, il se rendait à la salle d'opération en grimpant les marches quatre à quatre. Ce genre de comportement avait dissuadé ses adjoints successifs. Il devait donc se contenter d'un interne et de quelques infirmières qu'il ne manquait jamais d'invectiver : « Tenez ça correctement, c'est un scalpel, pas une aiguille à tricoter ! », « Mettez vos doigts ailleurs ou je vous les coupe, vous ne pourrez plus vous curer le nez ! » ou encore « Ne parlez pas si près, vous avez une haleine dégueulasse ! »...

Quand un bistouri ne coupait plus assez à son goût, il le prenait et le lançait à toute volée derrière lui, sans s'occuper de savoir s'il y avait quelqu'un !

Seule son infirmière-chef lui tenait tête : il s'agissait d'une redoutable matrone, plus large que haute, qui ne manquait jamais de lui répondre. Cela donnait parfoisde furieux échanges au-dessus du corps béant du malade...

— C'est quoi ce bistouri qui ne coupe pas ! Madame M., vous devriez y faire attention !

— Je prends soin du matériel, docteur, mais un bistouri, si on ne sait pas s'en servir, il ne coupera jamais bien !

— Et les drains ! Ils sont prêts les drains ? Vous êtes en retard comme la dernière fois !

— Tout est prêt, comme d'habitude, docteur ! Mais il faut regarder du bon côté.

Et ainsi de suite...

Leurs prises de bec pouvaient durer des heures entières. Pendant ce temps, allongé sur la table d'opération, le malade dormait tranquillement sans se douter de quoi que ce soit.

Une autre particularité du professeur P. était de chronométrer ses interventions chirurgicales dans le but d'améliorer ses performances. Ainsi, s'il mettait plus d'un quart d'heure pour mener à bien une appendicectomie, c'était une catastrophe. Quant aux opérations de la prostate, il fallait que tout tienne en une heure !

Enfin, le professeur P. aimait particulièrement les belles cicatrices et, en ce domaine, je dois le reconnaître, il excellait. Aussi, quand un malade se présentait devant lui avec une vilaine couture, il ne manquait jamais de lui demander d'un ton suffisant : « Qui vous a fait cette horreur ? Ce sont les cons d'en face ? » Il parlait ainsi des chirurgiens qui opéraient dans un service rival du sien, situé dans un bâtiment en vis-à-vis. Cependant, il apostropha une fois de cette façon un brave homme — dont le ventre était parcouru d'une méchante cicatrice — et s'entendit répondre par ce patient bredouillant :

— Euh, non, docteur, ce ne sont pas « les cons d'en face » qui m'ont opéré, c'est vous...

À ces mots, il devint vert de rage et sortit en claquant la porte.

« Mesdemoiselles, ici l'opprobre et la désolation vous guettent ! »

Je rencontrai une autre forte personnalité dans un hôpital parisien : Mlle F., qui régnait sans partage sur une école d'infirmières. Nous ne l'appelions jamais autrement que « Mademoiselle la directrice », tant son maintien rigide nous en imposait. Sa voix nasillarde due à un bec de lièvre opéré selon les techniques de l'époque ne s'oubliait pas.

Mais personne n'osait rire quand, le jour de la rentrée des classes des infirmières, elle débutait son discours d'une voix aigrelette : « Mesdemoiselles, sachez-le, ici l'opprobre et le déshonneur vous guettent ! » La suite du discours était à l'avenant. Elle y dénonçait les médecins comme autant de satyres, les internes comme des dévergondés et les brancardiers comme de méchants vicieux.

Cette demoiselle possédait en outre une langue de vipère. Quand une infirmière était enceinte, elle la prenait à part pour lui raconter, avec force détails, comment jadis elle avait vu des femmes mourir en plein accouchement.

Toujours soucieuse de moralité, Mlle la Directrice ne passait jamais devant une chambre d'élève infirmière sans manquer d'entrer. Bien évidemment, elle ne frappait pas et ouvrait tout de go « pour voir si tout allait bien ».

Mais, un soir, au cours de l'une de ses inspections, elle surprit un jeune homme caché sous le lit d'une élève. Aussitôt, la fureur s'empara d'elle. Et le pauvre garçon et son amie n'eurent pas même le temps de s'expliquer ; déjà la redoutable demoiselle dégringolait l'escalier en criant d'horreur. L'élève infirmière, Mlle Dupont, paya ce forfait en échouant lamentablement au concours d'infirmières, sous le regard pincé mais satisfait de la redoutable directrice. Le médecin fautif, lui, était hors d'atteinte de Mlle la Directrice. Elle ne put donc assouvir sa vengeance qu'en déversant sur son compte tout un flot de calomnies.

Une autre fois, la directrice s'employa à semer la zizanie dans un jeune couple qui venait d'avoir son premier enfant. Le père était médecin, la mère infirmière. Un matin, le pharmacien de l'hôpital téléphona dans le service de cette dernière pour l'avertir que le vaccin de son fils était arrivé. Il tomba sur la directrice, qui répondit :

— Non, Mme Martin n'est pas là.

Alors le pharmacien raccrocha, sans s'être présenté ni avoir donné d'explications. Il connaissait assez Mlle la Directrice pour se méfier. Mais ses précautions furent insuffisantes, et elle échafauda tout un roman à partir de ce simple coup de fil. Laissant en plan son travail, elle se rendit séance tenante dans le service du mari de l'infirmière :

— Docteur ! docteur, vous ne savez pas ce qui arrive ?

— Non, répondit le médecin.

— Votre femme a reçu plusieurs coups de fil d'un homme cet après-midi ! Comme elle n'était pas là, j'ai décroché. Mais, à chaque fois, il a raccroché sans se présenter.

— Ah bon ! fit le médecin surpris.

— Mais ne vous inquiétez pas, reprit la directrice de sa voix nasillarde, c'est sûrement anodin. Puis elle laissa passer un peu de temps avant d'ajouter : « Cependant méfiez-vous quand même, un homme qui veut parler à une jeune femme, qui essaye à plusieurs reprises, qui ne se présente pas... Vous comprenez ce que je veux dire... Il n'y a pas de fumée sans feu... ».

Ainsi était Mlle la Directrice, une femme redoutable et méchante, mais très certainement malheureuse au fond d'elle-même.

Ses calomnies et celles des autres langues de vipères faisaient le tour des services. Les hôpitaux fonctionnant comme des petits villages, les ragots, les rumeurs, les mensonges et demi-vérités ne cessaient de bondir de service en service : « La secrétaire du quatrième couche avec le patron », « Le professeur du premier a deux maîtresses », « Le préparateur en pharmacie vole des médicaments », etc.

Il y avait là une surprenante constatation : ces hommes et ces femmes qui consacraient leur vie à la noble tâche de guérir les malades ne pouvaient s'empêcher de se calomnier sans cesse les uns les autres. Semblables en cela au dieu Janus des Romains, ils avaient deux visages, un pour soigner et un pour rire des faiblesses humaines.

Les fils invisibles de l'administration

Finalement, il ne me resta plus qu'une sixième année à accomplir avant de pouvoir soutenir ma thèse et devenir docteur en médecine.

Durant nos études, nous avions acquis beaucoup de connaissances théoriques sur les maladies, le squelette ou les médicaments. Mais nos compétences pratiques sur la manière d'aborder un malade et comment se comporter avec lui restaient extrêmement restreintes. Je trouvais cela terriblement frustrant. En effet, voué totalement à l'élan de ma jeunesse, je souhaitais enfin soigner des malades.

Je revois encore l'une d'entre nous, lors d'un examen de clinicat, être incapable de manipuler un bébé pourtant parfaitement docile. Comme elle n'arrivait pas à le faire asseoir, elle lui disait avec le plus grand sérieux, du même ton qu'elle aurait employé avec un adulte : « Voyons jeune homme, soyez gentil, asseyez-vous, je ne vous ferai pas de mal. » Mais, indifférent à ce discours, le nourrisson de six mois envoyait des sourires béats à la cantonade !

Cependant, dans le secret de ses bureaux, l'administration de la faculté tissait les fils invisibles qui allaient me conduire à Amiens, puis dans le petit village de Domart-en-Ponthieu.

Un jour de juillet, je vis une affichette au secrétariat, elle avertissait les étudiants de dernière année qu'ils avaient jusqu'au 15 août pour s'inscrire à un « stage interné ». Ce stage relevait d'une disposition vieille de plusieurs années tombée dans l'oubli. Mais l'administration avait décidé de l'extraire de ses tiroirs et de la mettre en application. Ce fut pour moi un coup de tonnerre. Je disposais seulement de trois semaines pour trouver un stage en province, toutes les places sur Paris étant déjà prises. Mes parents habitaient dans l'Oise, je décidai donc de me présenter à l'hôpital de Beauvais. J'y arrivai un jour de nuages bas où tout était gris, particulièrement le vieil hôpital et les petites ruelles pour y accéder. Impressionné par cette atmosphère, je fis demi-tour, sans même entrer. En revanche, le jour de mon rendez-vous à l'hôpital d'Amiens, le soleil brillait et les bâtiments neufs offraient une belle perspective. Le directeur m'accueillit à bras ouverts. Sans tergiverser, je décidai de finir là mes études de médecine. Il ne s'agissait dans mon esprit que d'une seule année, mais en réalité, je demeurai dans cet hôpital quatre années et demie, qui comptèrent particulièrement dans ma vie. À Amiens en effet, le 14 juin 1952, j'ai épousé une jeune et jolie infirmière. Dans cette ville aussi naquirent nos trois premiers enfants. Là enfin, l'aîné d'entre eux, Gérard, fut emporté par la maladie. Douleur sans nom sur laquelle je ne m'étendrai pas, mais qui m'a toujours fait comprendre l'angoisse des parents qui appellent le médecin à n'importe quelle heure du jour ou de la nuit pour leur enfant malade.

En ces années-là, je fis donc connaissance avec Amiens. La cité commençait seulement à se relever de l'avancée allemande de mai 1940 qui l'avait transformée en un champ de ruines d'où seule émergeait la masse puissante de la cathédrale miraculeusement épargnée. Qui songe aujourd'hui en visitant cet édifice à la nef sans pareille, qu'il y a soixante ans elle était entourée de ruines et de gravats ?

Toutes les guerres de notre histoire semblent avoir ravagé la Picardie, depuis Clovis s'emparant de Soisson, en passant par la guerre de cent ans avec la bataille de Crécy et la capture de Jeanne d'Arc à Compiègne, jusqu'à Napoléon signant avec les Anglais la paix d'Amiens. Qui ne se souvient des morts sans nombre du Chemin des Dames lors de la Première Guerre mondiale ? Qui ne voit les enfilades de croix blanches dans les cimetières militaires ?

« J'ai du mô à m'panche »

En ces années où j'arrivais à Amiens, la Picardie demeurait encore très rurale. Moi qui arrivais de Paris, je me heurtais à une difficulté inattendue : la langue. Les malades parlaient moitié patois, moitié français, et j'avais parfois bien du mal à les comprendre.

Un jour, je me trouvais face à un malade, un paysan à la voix traînante et à la barbe de trois jours, qui articula posément :

— Docteur, j'suis lau paque j'ai du mô à m'panche.

— Excusez-moi, je n'ai pas bien compris, vous pouvez répéter.

— J'ai du mô à m'panche.

— Du mô à m'panche... fis-je en écho, en me demandant bien de quoi il pouvait s'agir.

— Le « maux à la panche » c'est le mal au ventre, me souffla alors l'infirmière.

— Ah bon, fis-je soulagé. Et, m'adressant au malade, je repris plus sûr de moi. Ça fait longtemps que vous avez un « mô à m'panche » ?

Mais, pour le coup, ce fut lui qui ne me comprit pas.

L'infirmière intervint à nouveau :

— C'est como depuis quand ? demanda-t-elle au malade.

— Un ptio mollet, depuis qui fait keu, répondit le patient.

— Un petit peu de temps, depuis qu'il fait chaud, me traduisit l'infirmière.

Je l'ai dit, ni moi ni les autres nouveaux ne savions comment aborder les malades. Malgré cela, dès le début, les « anciens » nous laissèrent nous débrouiller. Nous nous sentions pourtant parfaitement incapables d'affronter seul un malade, ni même une infirmière. Nous appréhendions particulièrement les gardes de nuit. Alors, au moindre coup de la sonnette d'appel, nous descendions tous ensemble au service des urgences. On riait sûrement bien dans les couloirs de voir surgir, en pleine nuit, sept futurs médecins, pas très sûrs d'eux, qui se mettaient en cercle autour du malade pour tenter de deviner quoi faire ! Et cela dura plusieurs semaines ! On devait nous appeler les « sept nains » de la médecine...

Sur un autre registre, je fus aussi confronté à « Endormez-le-j'arrive ! ». Il s'agissait d'un chirurgien qui, à chaque appel au téléphone pour une urgence, répondait invariablement : « Endormez-le, j'arrive ! »

La première fois qu'il me fit cette réponse, je crus avoir mal compris et j'attendis son arrivée. Mais l'infirmière, connaissant les habitudes de son chef, prépara le patient pour l'opération. Quand le chirurgien survint, le malade avait sombré dans un profond sommeil. « Endormez-le-j'arrive » me demanda alors :

— Montrez-moi où il a mal, pour l'ouvrir au bon endroit.

À ma grande confusion, je ne m'en rappelais plus. J'étais en effet convaincu que nous examinerions le malade ensemble avant de l'endormir. La douleur se situait dans l'abdomen, au niveau des intestins, mais je ne savais plus si elle se tenait à droite ou à gauche.

— Ce n'est pas grave, me répondit le chirurgien imperturbable, et il poursuivit comme s'il était question, non pas d'un homme mais d'une voiture au bruit bizarre. Je vais ouvrir au milieu et puis, en cherchant je finirai bien par trouver ce qui ne va pas !

Effectivement, en inspectant les viscères, il trouva de quoi opérer. Il s'agissait en effet d'un très bon chirurgien. Au réveil, le malade allait beaucoup mieux. Il remercia avec effusion le chirurgien, sans deviner que ce dernier avait passé un bon moment à farfouiller au hasard dans ses tripes.

Des morts inexplicables qui autorisaient toutes les hypothèses

Au début des années 1950, j'ai vu à l'hôpital d'Amiens plusieurs malades, présentant tous les mêmes symptômes mystérieux, mourir sans raison. Le premier de la série arriva un soir de juin, il s'agissait d'un sexagénaire tombé d'une échelle en voulant cueillir des cerises. Son col du fémur était fracturé et on l'opéra. Dès le lendemain, son état empira. Il tremblait, transpirait sans raison et ne voulait rien manger. Le surlendemain, il eut son premier délire. À peine dix jours plus tard, il mourut en pleine crise de folie.

L'automne suivant, un agriculteur fut conduit à l'hôpital, l'épaule défoncée par un coup de sabot de sa jument. Là encore, on l'opéra et, quelques jours après, apparut son premier délire, puis la folie, puis la mort.

Une semaine après ce décès, le forgeron d'un village se présenta aux urgences. Son pied avait été écrasé par une enclume. On l'opéra et il mourut quinze jours plus tard, de façon identique aux autres.

Ces trois malades avaient été opérés par le même chef de clinique, le chef de service le prit à part pour lui intimer fermement l'ordre de mieux nettoyer ses instruments à l'avenir, pour éviter de contaminer des malades avec on ne savait quel virus. Le chef de clinique réprimanda à son tour les infirmières, et tout le monde crut l'affaire finie.

Néanmoins, peu après, un nouveau malade mourut dans les mêmes conditions. Cette fois-ci, il avait été opéré par le chef de service en personne. Faute d'explication, on prit la décision de bourrer d'antibiotiques les prochains cas qui surviendraient. Mais rien n'y fit. Toujours délirants, deux autres malades moururent. Tout le service de chirurgie était sur les dents et, bientôt, l'hôpital entier le fut aussi. Ces morts inexplicables autorisaient toutes les hypothèses… Microbes infectants le service de chirurgie, maladie inconnue ou, pourquoi pas, malveillance ?

Au bout d'une vingtaine de morts, un vieux professeur de médecine qui avait exercé avant guerre eut une idée : « Donnez-leur du vin et ça ira mieux. » On suivit ses conseils et, rapidement, les malades furent remis sur pied. Le mal mystérieux était le *delirium tremens*, cet accès de folie qui s'empare des alcooliques sevrés brutalement d'alcool et peut les conduire à la mort. Depuis le début de la guerre, à cause des privations, plus aucun médecin hospitalier n'en avait vu, et cette pathologie était sortie des mémoires. Ces malades qui arrivaient brutalement pour un accident, n'avaient pas eu le temps de préparer leurs bagages et d'y glisser en catimini les quelques bouteilles nécessaires à leur éviter le sevrage, ou d'organiser un discret circuit d'alimentation en vin.

J'étais sidéré : il avait fallu plus de vingt morts pour en arriver à cette banale explication du *delirium tremens*. Était-ce donc cela la médecine ?

Cependant les infirmières refusèrent de soigner des malades à coups de « gros rouge ». Pour tous les malades, l'alcool était strictement prohibé, on expliquait aux patients qu'il s'agissait d'un poison et voilà que, maintenant, il fallait en servir de généreuses rasades !

Pour calmer les scrupules des infirmières, on donna donc l'alcool aux malades sous forme de perfusion. Au début, on maîtrisait mal la dose d'alcool nécessaire, et il y eut quelques cas d'ivresse parmi les patients...

Il faut verrouiller son cœur

J'ai connu un autre malade qui mit lui aussi la médecine en échec. Il s'agissait d'un accidenté de la route d'à peine vingt et un ans à l'allure adolescente. Pour une raison inconnue sa voiture s'était arrêtée d'un coup en pleine vitesse. Sous la violence du choc, il avait été éjecté par le toit et, après un fulgurant vol plané de plusieurs mètres, il s'était retrouvé sur le bord de la route.

On l'ausculta, on le palpa, on le radiographia : il était indemne, pas une seule égratignure ! En revanche, il n'arrivait plus à marcher droit, ni à parler correctement. Il s'embrouillait au point d'être incompréhensible. Enfin, par moments, il se mettait brutalement à crier de toutes ses forces pendant deux heures d'affilée. En un mot, il était pratiquement devenu fou. On hésitait pourtant à le transférer à l'asile car il ne se montrait pas agressif, de plus son apparence juvénile incitait à le prendre en pitié. Hormis ces crises, il demeurait parfaitement calme, mangeant quand on le lui disait, obéissant aux ordres des infirmières, s'efforçant même de marcher droit bien que le sens de l'équilibre lui fît cruellement défaut.

Son cas se révélait une énigme, et l'on ne savait pas quoi faire de lui. Cela dura plusieurs semaines. Mais un matin tout changea. Quand l'infirmière entra dans sa chambre, il lui demanda, sans mélanger ses mots, pourquoi il se trouvait là. Puis il se mit debout et, sans trébucher, se rendit jusqu'à la fenêtre. Il était guéri !

Le lendemain, il sortit de l'hôpital et personne n'a jamais su de quoi il avait souffert, ni comment il avait guéri.

D'autres accidents de la route furent plus tragiques. Ma femme vit ainsi arriver à l'hôpital un homme sans son bras gauche. Il avait eu le malheur de le laisser pendre le long de la portière en roulant. Un autre véhicule en le croisant de trop près avait emporté tout ce qui dépassait.

Le cas le plus horrible fut ce motard dont la tête, tranchée lors de l'accident, roula sur les genoux de la passagère de l'automobile qui l'avait percuté. La moto, elle, continua sa route pendant plusieurs dizaines de mètres, conduite par un cadavre sans tête toujours ceinturé par sa fiancée assise derrière lui.

Je me souviens aussi de cet enfant agonisant, transporté dans ma voiture avec ses parents affolés.

Face à ces situations, un médecin reste un homme. Comment ne serait-il pas saisi par l'émotion ? Or, il lui faut d'une certaine façon verrouiller son cœur, car il doit accomplir des gestes précis pour sauver les vies qui peuvent l'être.

Oui, dès cette époque j'avais compris qu'on attend beaucoup des médecins : ils doivent guérir les malades, les empêcher de souffrir, voire de mourir, ne jamais se tromper, savoir communiquer pour annoncer une naissance ou une mort et ce, à midi, comme à trois heures du matin. Rude exigence à laquelle même un surhomme ne pourrait suffire…

Attelage et dételage de canons

Le 9 novembre 1952, je fus appelé sous les drapeaux et je fis mon service militaire dans l'armée de terre en tant que médecin, d'abord dans l'est de la France, puis dans le nord. Comme tous les appelés, je vivais dans l'attente des permissions, pour courir à Amiens retrouver ma jeune épouse.

J'achevai mon service à Aire-sur-la-Lys dans un dépôt d'armes. Nous étions une dizaine de soldats dans la place — tous jeunes et en bonne santé —, je n'avais donc pratiquement aucun malade. Pour passer le temps, j'essayais de m'intéresser au travail des autres militaires, mais ils n'en avaient pas plus que moi ; nous nous ennuyions donc ensemble. Notre seule distraction était l'attelage et le dételage des canons. Quatre fois par jour, à heure régulière, mes compagnons allaient chercher un canon, l'attelaient à un camion, lui faisaient parcourir trois tours de cour, puis le rangeaient. Ensuite, ils en prenaient un autre et recommençaient. Tous les canons devaient accomplir le nombre de tours prévus par le règlement. Nous étions loin des souvenirs héroïques de la deuxième DB entrant dans Paris, ou de la résistance acharnée des Français libres à Bir Hakeim !

Au bout d'un an, je fus démobilisé et je retournai à l'hôpital d'Amiens pour quelques mois. J'y retrouvai l'atmosphère de l'internat et de ses blagues. Ainsi, un jour de fête, les jeunes médecins s'amusèrent à faire monter des cochons dans les chambres des infirmières…

Une autre fois, un matin de mars 1953, un loufoque drapeau rouge en berne fut hissé au sommet du bâtiment central de l'hôpital. Les carabins saluaient à leur manière la mort de Staline ! On m'a même assuré qu'ils avaient poussé le souci du détail jusqu'à mettre au pied du drapeau soviétique une pipe en morceaux, indiquant par-là clairement que « le petit père des peuples avait cassé sa pipe ».

Néanmoins, mes préoccupations se trouvaient ailleurs : l'hôpital me payait une misère et, à trente ans, j'étais encore considéré comme un élève en formation. Nous vivions grâce au salaire d'infirmière de ma femme. Je cherchais donc activement à ouvrir un cabinet quelque part en Picardie où je pourrais enfin exercer la médecine générale, proche des gens, dont je rêvais depuis si longtemps.

Les dérivés mercuriels

Je n'envisageais pas cependant sans appréhension de quitter l'hôpital d'Amiens. Je ne connaissais bien de la France que Paris, Amiens et leurs hôpitaux. La campagne picarde m'impressionnait, même si j'y étais déjà allé au cours de mes vacances.

Je me demandais particulièrement si tous les médecins picards étaient à l'image d'un de leurs confrères dont j'avais fait la connaissance à l'Internat. Il s'agissait d'un jeune médecin d'une trentaine d'années, jadis promis à un brillant avenir à l'hôpital, et qui, pour une raison inconnue, avait échoué dans un petit village de la Picardie profonde où il se morfondait. Toujours habillé d'un costume trois pièces avec une montre de gousset à chaîne en or, même dans les fermes les plus sales, il ne rêvait que de reconquérir son ancien statut de chercheur. Jamais il ne manquait de venir pérorer à l'Internat de l'hôpital dès que l'occasion s'en présentait. Lissant sa moustache de ses doigts fins, je l'entends encore nous dire :

— À ce que je vois, vous êtes tous ici de futurs médecins. Vous paraissez contents de votre savoir, et c'est normal à votre âge. J'étais comme vous, il y a quelques années. Mais, faites attention : ce que l'on vous enseigne ici est dépassé ! L'Amérique a dix ans d'avance sur nous, si ce n'est pas vingt. C'est d'ailleurs pour cela que j'ai démissionné et voulu ouvrir un cabinet à la campagne. Dans nos hôpitaux français, tout est trop mesquin, trop petit. Mais moi, je n'abandonne pas, je continue à travailler dans la recherche ; et je lis les revues américaines ! Si vous faites comme moi, les bras vous en tomberont d'étonnement. Par exemple, qui vous parle ici des « dérivés mercuriels » ? Personne, j'imagine. Pourtant, le mercure sera la médecine de demain, les Américains sont formels : il n'y a pas d'avenir en dehors des dérivés mercuriels. Rappelez-vous, les alchimistes lui attribuaient déjà le pouvoir de transmuter les métaux et les Romains en avaient fait le messager des dieux !

« Je me suis rendu chez le pharmacien de mon village pour obtenir ces fameux dérivés mercuriels. Et savez-vous ce que m'a répondu cet âne de pharmacien ? "Le mercure, c'est du poison !" Mais moi, on ne m'arrête pas avec ce genre de considérations. Je suis un autodidacte. J'ouvre toutes les portes, j'escalade tous les murs. Personne ne veut me vendre des dérivés mercuriels, eh bien je les préparerai moi-même ! N'y en a-t-il pas d'ailleurs dans le mercurochrome ? On va voir ce qu'on va voir, dès demain je soigne tout au mercurochrome ! Et je prends l'engagement de revenir la semaine prochaine vous annoncer mes résultats ! Et croyez-moi, je les publierai ! Plus tard, vous pourrez dire à vos enfants que vous m'avez connu au seuil d'une grande découverte ! »

En l'écoutant, nous nous amusions de son exaltation. Nous nous imaginions cet excentrique en train de badigeonner ses patients au mercurochrome pour voir s'ils guériraient. Il avait malheureusement en tête des idées bien plus révolutionnaires…

La semaine suivante, toujours fier de lui, arborant un costume flambant neuf et un nœud papillon impeccable, la moustache bien lissée, il revint nous voir :

— Le mercure, ce n'est pas encore ça, les gars !

— Ah oui ? fit toute la tablée très intéressée.

— J'ai injecté du mercurochrome à trois malades : un parkinsonien, un syphilitique et un hypochondriaque. Je m'attendais à leur guérison, mais pas du tout. J'ai été obligé de les hospitaliser ! Vraiment, les Américains ne sont pas sérieux, ils écrivent n'importe quoi dans leurs publications !

Un silence de plomb tomba sur la table. Nous nous regardâmes, effarés. Comment cet imbécile avait-il pu avoir la bêtise d'injecter du mercurochrome ? Ses patients auraient pu en mourir ! Cependant, le médecin continuait de discourir. Il nous expliquait maintenant la nécessité de revenir aux fondamentaux de la science médicale, ainsi avait-on trop longtemps négligé, selon lui, les bienfaits de la médecine chinoise. Il prévoyait désormais de tout soigner à l'acupuncture...

Le Dr Hardy

Mes appréhensions vis-à-vis de la médecine picarde furent encore renforcées lors de l'un de mes tout premiers déplacements en campagne. Le médecin que je remplaçais avait pour concurrent un homme fort surprenant. Il s'agissait apparemment d'un médecin de campagne très gentil, toujours aimable avec ses patients et même serviable. Son éternel chapeau noir et rond, son embonpoint, sa face rebondie et ses moustaches étroites l'avaient fait surnommer « le Dr Hardy » par ses patients dont quelques-uns avaient vu les films de Laurel et Hardy au cinéma, à Amiens.

Ce médecin n'hésitait pas à véhiculer des malades jusqu'à la ville pour une radio ou une consultation de spécialiste, et il avait toujours un mot gentil pour tout le monde. Ses concitoyens reconnaissants l'avaient élu maire, puis conseiller général du canton. Le seul problème avec le Dr Hardy venait de son goût excessif pour l'alcool : en fait, il était imbibé du matin au soir. N'ayant jamais les idées claires, il prescrivait les médicaments au hasard. Néanmoins, il s'agissait d'un beau parleur et sa faconde inspirait confiance, les malades fermaient les yeux sur tout. Quand il s'asseyait à l'arrière de sa voiture et cherchait le volant, les patients le prenaient gentiment par la main, le faisaient lever et l'amenaient à la place du conducteur. « Le Dr Hardy n'est pas dans son assiette aujourd'hui », se disaient-ils entre eux. Puis la voiture démarrait, et « le Dr Hardy » s'en allait en zigzaguant un peu plus loin, espérant qu'on lui verserait là aussi quelques verres de vin. La confiance des malades envers lui atteignait des sommets invraisemblables. Quand il procédait à une piqûre, bien souvent il enfonçait l'aiguille dans le matelas au lieu de la fesse, mais il n'empêche, les malades se redressaient contents, convaincus déjà de ressentir un mieux-être « grâce à la piqûre du Dr Hardy ».

Plus tard, à sa mort, tous ses biens furent vendus aux enchères. Ce fut quasiment du délire, les anciens patients du Dr Hardy s'arrachèrent ses affaires : des vieilles assiettes ébréchées « dans lesquelles avait mangé le docteur » se vendirent une à une comme autant de précieuses reliques.

Le Dr Hardy n'était pas le seul médecin picard qui eut un faible pour l'alcool. Durant mes remplacements, je rencontrai aussi le docteur de N. qui, avec son aspect longiligne et son air légèrement hébété, aurait presque pu tenir le rôle de Laurel. Le docteur de N. ne se contentait pas d'un vulgaire vin rouge comme le Dr Hardy, mais étant descendant d'aristocrates s'adonnait au Mar de champagne. Tout en buvant, il discourait sur les chars dans lesquels son grand-père, son père, puis son frère aîné — l'héritier du nom et du titre — avaient servi. « La force d'une nation, ce sont ses chars », aimait-il à clamer en levant son verre. Si à six heures du soir un de ses patients lui proposait un verre de Mar de champagne, il y restait toute la nuit, et n'en ressortait que le lendemain matin, à l'aube, la bouteille enfin vidée, après avoir discouru jusqu'à plus soif des chars, des batteries antichars et des mines.

Heureusement, aucun des médecins que je remplaçais n'avait de problèmes avec l'alcool, c'étaient tous de très bons professionnels. Cependant, le soir, je ne pouvais m'empêcher de songer au Dr Hardy ou au docteur de N. ; devenir comme eux était une déchéance extrême. J'espérais que ce n'était pas la campagne picarde et ses longues journées de pluie sans fin qui les avaient rendus ainsi…

« Je suis le seul médecin du canton, l'autre n'est qu'un rebouteux socialiste ! »

La hargne entre médecins concurrents fut un autre aspect de la médecine libérale que je découvris lors de mes remplacements.

Le Dr Rosalie était socialiste, le Dr Dexter votait à droite. Selon le premier, le second appartenait à la classe des exploitants du peuple, et aux yeux du second, le premier était un agent de l'internationale communiste. Ils vivaient dans la haine l'un de l'autre. Quand le Dr Rosalie voyait le Dr Dexter sortir du domicile d'un de « ses » patients, il en était malade de dépit. De même, la seule mention du nom du Dr Rosalie devant le Dr Dexter le mettait hors de lui : « Je suis le seul médecin du canton, l'autre n'est qu'un rebouteux socialiste ! Il est indigne de s'entendre appeler "docteur". D'ailleurs, j'ai pris mes renseignements à la faculté, il n'a réussi à avoir ses diplômes qu'au prix de magouilles. » Quand le Dr Rosalie arrivait au domicile d'un patient précédemment soigné par le Dr Dexter, il demandait si son confrère avait prescrit des médicaments. Il s'emparait alors de l'ordonnance, y jetait un bref coup d'œil et la déchirait en mille morceaux, tout en recommandant aux malades de cesser immédiatement de prendre les médicaments prescrits : « Du poison, du poison ! Voilà ce que mon confrère de droite, ce quasi-collabo, vous a fait ingurgiter ! » Le Dr Dexter répliquait en jetant les feuilles d'ordonnance du Dr Rosalie dans les toilettes.

La situation tournait à l'obsession. Quand le Dr Dexter partit dans le décor à cause d'un pneu qui avait éclaté, il soupçonna tout aussitôt son concurrent d'avoir trafiqué la voiture et porta plainte.

Cette rivalité entre les deux médecins faisait les délices du pharmacien et de l'infirmière à domicile du canton. Ils mettaient à plaisir leur grain de sel dans cet antagonisme en se servant des malades :

— Je suis surpris que le docteur vous ait donné ces deux médicaments ensemble, et à ces doses-là...

— Il m'a assuré que cela ferait du bien à mon arthrose, répondait candidement le patient.

— Vous savez, reprenait le pharmacien ou l'infirmière, je ne veux pas m'immiscer dans ce qui ne me regarde pas, mais je me pose des questions. Je me demande si ce docteur est vraiment compétent.

— Il faudrait peut-être que je change de médecin, alors...

— À vous de voir, mais sachez qu'avec son concurrent il n'y a pas ce genre de problème.

À la fin, la rivalité entre les deux médecins atteignit des sommets. Quand le Dr Rosalie tomba malade, le Dr Dexter, parfaitement au courant de sa maladie, le laissa mourir entre les mains d'un remplaçant inexpérimenté.

« Désormais, je suis sans conteste le seul médecin du canton », déclara-t-il pour seule épitaphe de son confrère.

« Papa vient de tout casser à la maison ! »

Un soir où, seul dans la maison du confrère que je remplaçais, je méditais sombrement sur les difficultés d'exercer en médecine libérale, le téléphone sonna. Je décrochai et j'entendis une voix d'enfant affolé :

— Papa vient de tout casser à la maison, et maintenant il frappe maman. Venez vite, docteur ! S'il s'aperçoit que je me suis servi du téléphone, il va me casser tous les os !

Aussitôt, je montai en voiture, et je me rendis le plus vite possible à l'adresse indiquée. Je frappai à la porte et sans attendre, j'entrai. Un homme costaud, en maillot de corps sans manches, se tenait debout au milieu de la pièce. Il se retourna et me toisa durement :

— Qui tu es, toi ? Qu'est-ce que tu viens faire chez moi ?

— Je suis le remplaçant du docteur ***, dis-je en essayant de prendre l'air sûr de moi.

Du coup, l'homme me vouvoya, mais son ton ne perdit rien de son agressivité :

— Qu'est-ce que vous voulez, docteur ? Je ne vous ai pas appelé !

— Mais je viens de recevoir un coup de téléphone me demandant de venir ici.

— Qui vous a appelé ? C'est toi, Joséphine ? rugit l'homme.

— Non, non, murmura la femme.

— Alors, c'est le gamin qui a fait une farce ! s'exclama l'homme. Il se tourna vers l'enfant : C'est toi qui as dérangé le docteur ?

— Non, répondit le gamin mal à l'aise.

— Vous n'avez donc plus qu'à repartir, docteur, reprit l'homme en s'approchant de moi avec une allure peu aimable.

Je jetai un coup d'œil à la pièce : du désordre mais pas de trace flagrante de bagarre. La femme ne portait pas de marques de coups visibles, de même pour l'enfant. Je n'avais pas de raison d'insister. Alors je repartis, pas très satisfait de moi, en me demandant si j'étais en train d'abandonner une femme et un enfant entre les mains d'un homme brutal ou si je m'étais ridiculisé en accourant à l'appel d'un gamin farceur. Dans les deux cas, la situation n'était pas brillante, et je pouvais réellement m'interroger sur mes capacités de futur médecin de campagne.

Le lendemain, une enquête discrète auprès des voisins ne m'apprit rien de plus. Quant aux services sociaux, à cette époque-là, ils n'existaient pratiquement pas.

Aujourd'hui encore, je reste avec cette interrogation sur cet enfant qui m'a peut-être appelé au secours sans que j'aie pu l'aider...

Une de ces vieilles 2CV grises, étroites, mais increvables

À cette époque, il m'arriva une histoire assez révélatrice de la confusion dans laquelle je me trouvais.

Je remplaçais un médecin à quelques kilomètres d'Amiens qui avait mis sa voiture à ma disposition pour effectuer les visites. Il s'agissait d'une de ces vieilles 2CV grises, étroites, mais increvables. Ces voitures penchaient au moindre virage, une taule peinte à peine renforcée constituait la carrosserie, le toit était une bâche, mais elles roulaient des décennies.

Un jour où je conduisais cette remarquable 2CV, je ne résistai pas à l'envie d'aller jusqu'à Amiens faire une course. Certes, mon confrère ne me prêtait pas son véhicule pour circuler au gré de mon humeur, mais pour visiter ses malades. Cependant j'avais un peu de temps devant moi et il me fallait absolument acheter un joint pour le robinet de notre cuisine qui fuyait. Je me rendis donc à Amiens en catimini et pas très fier de moi.

J'arrivai dans l'artère principale, la rue des Trois Cailloux, et je me garai juste devant le magasin Les Nouvelles Galeries. À peine le moteur arrêté, je me précipitai pour acheter mon joint au plus vite. Ensuite, toujours mi-courant, je suis revenu à la 2CV. J'enfonçai la clé dans la serrure et voulus la tourner mais voilà que, d'une façon inattendue, elle s'y refusa. Elle était bloquée ! Je manipulai un peu la poignée, je réengageai la clé : ça ne marcha toujours pas! Juste le jour où je n'étais pas là où je devais être ! Fichue 2CV ! Je secouai vigoureusement la porte, j'essayai de tourner la clé en force, rien ne vint ! Je courai à l'autre serrure : elle aussi demeura obstinément fermée ! Le temps passait, je ne pouvais pas rester plus longtemps à Amiens : que se passerait-il si on m'appelait pour une urgence ? J'imaginai alors le pire : un décès survenu à cause de mon entêtement à vouloir acheter un joint de robinet ! Il fallait en finir. Puisque les portes étaient coincées, il restait le toit. Aussitôt, ni une ni deux, je me rendis à l'arrière de la voiture et je commençai à débâcher pour entrer par le coffre. Deux minutes plus tard, enfin ça y était : j'allais pouvoir me glisser dans la 2CV ! Tout à coup, je me suis arrêté tétanisé : dans le coffre, il n'y avait aucune trace de ma trousse médicale, au contraire il était rempli de cartons à chapeau ! Je redressai la tête comme sous un coup de fouet, et, devant la 2CV sur laquelle je m'acharnais depuis de longues minutes, j'en vis une autre, identique ! J'étais en train d'entrer de force dans un véhicule qui m'était complètement étranger ! Si le propriétaire arrivait, j'allais avoir beaucoup de difficultés à m'expliquer ! Vite, les mains tremblantes, les genoux flageolants, je refermai comme je pouvais le toit et je me précipitai vers l'autre 2CV. Heureusement, elle voulut bien s'ouvrir tout de suite et démarrer au premier coup. Je m'éloignai aussitôt, sans demander mon reste !

Le Dr Havet

Cependant les mois passaient et je ne savais plus si je devais persévérer à rechercher une installation en campagne. Un après-midi de 1954, j'entendis dans le couloir de l'Internat que l'on recherchait de toute urgence un remplaçant pour le lendemain matin. J'étais le seul disponible et les copains m'encouragèrent : « Vas-y c'est un bon remplacement. »

Ainsi, le lendemain matin, de très bonne heure, je me rendis à Saint-Léger-lès-Domarts chez le Dr Havet. Ce dernier, chasseur invétéré, était déjà parti pour la Sologne quand j'arrivai à son domicile. Sa femme m'accueillit gentiment et m'expliqua où habitaient les malades. Le canton m'apparut fortement rural et j'eus là encore bien des problèmes, confronté à cet accent picard qui déformait les mots les plus simples en un salmigondis incompréhensible. Je me souviens particulièrement de quelques proverbes qui ponctuaient les conversations : « ché tout ptiots sont mi d'taille à lutter avec ché tout grins[1] », « l'pichon qui va trop drait finira dans ch'puisette[2] », « el soup d'lancherons c'est bon comme ch'cochon[3] ».

Le paysage respirait la Picardie avec des prés d'herbe verdoyante, des rivières à truites, des étendues de terre noire et profonde partant à l'assaut des collines légères, et un peu partout des bois où poussaient de fragiles noisetiers et des chênes centenaires. Les maisons étaient de torchis ou de briques et les plus belles d'entre elles portaient des pierres de taille à l'encorbellement des portes et à l'angle des murs.

Quelques jours plus tard, le Dr Havet rentra, droit, solide, dégageant une aura incontestable de médecin d'expérience qui connaît tout de la nature humaine. Je voulais lui expliquer les comptes : combien j'avais gagné d'argent, combien je lui en reversais. Mais il leva la main pour m'empêcher de parler. Le Dr Havet était un homme de parole, il n'avait jamais songé à voler qui que ce soit et imaginait tout le monde comme lui. Donc, pas de comptes, pas de palabres autour de l'argent. Il faisait confiance et n'y revenait pas. Je l'ai toujours

1. Les tout-petits ne sont pas de taille à lutter avec les tout grands.
2. Le poisson qui va trop droit finira dans l'épuisette. Proverbe destiné à montrer qu'il ne faut pas être trop rigide.
3. La soupe de pissenlit, c'est bon comme le cochon !

connu ainsi, grand seigneur jusqu'au bout des ongles, posant sur les contingences matérielles un regard parfaitement méprisant.

Je l'ai remplacé pendant trois ans, il semblait satisfait, mais ne m'en a jamais rien dit, restant peu expansif comme beaucoup de Picards, se contentant de se faire son opinion en silence. Il est vrai qu'avant moi il avait eu des mésaventures avec ses remplaçants. Certains lui avaient bu les meilleures bouteilles de sa cave, d'autres s'étaient révélés à ce point incompétents que le pharmacien avait dû rappeler le Dr Havet en urgence.

Au fil du temps, le Dr Havet prit même l'habitude de me demander de venir pour une journée, voire une demi-journée, quand il avait une pointe de travail.

La passion du Dr Havet était la chasse : lapins, lièvres, perdreaux, perdrix, faisans et même sangliers. Du mois de septembre au cœur de l'hiver, il pensait gibiers, gibecières et porte-carniers. Et, bien sûr, il entretenait tout le monde de son nouveau fusil, de ses chiens de chasse ou de son élevage de faisans.

En dehors de cela, le Dr Havet vivait essentiellement pour la médecine. Dès qu'il avait un peu de temps devant lui, il prenait son encyclopédie médicale ou les dernières publications et réfléchissait aux cas difficiles rencontrés parmi ses patients. Il lui arrivait même de prendre des congés pour étudier tranquillement.

Par ailleurs, il ne se refusait à aucun paradoxe. Pour lui, l'intérêt du malade primait sur toute autre considération. Fumeur invétéré lui-même, la cigarette aux lèvres, il expliquait aux malades la nocivité du tabac, et leur interdisait absolument de fumer.

Les malades le respectaient, pas un seul ne souriait de l'entendre expliquer à travers un nuage de fumée que le tabac était dangereux.

Il est vrai qu'à cette époque, dans la campagne picarde, la médecine semblait un peu de la magie, voilà pourquoi les patients du Dr Hardy se sentaient mieux rien que par une piqûre faite dans l'édredon au lieu de la fesse !

Cependant, au fil de mes remplacements du Dr Havet, je découvris le meilleur de la médecine en monde rural. Mes appréhensions s'estompèrent. Je sentais que d'une certaine façon, j'avais trouvé mon port d'attache.

L'apophyse argentoide

Une bonne partie des patients que je visitais en remplaçant le Dr Havet était composée des « gens de la terre ». Ceux qui travaillaient dur dans les champs à tenir droit la charrue, à ensemencer chaque parcelle, ceux aussi qui, devenus vieux, s'acharnaient encore sur un petit lopin de terre à biner, à sarcler de leurs mains noueuses jamais en repos.

L'une des premières fermes où je me rendis fut celle des D., une ferme pauvre parmi d'autres, en forme de cour carrée comme toutes les fermes picardes, abritant un tas de fumier au milieu. Il y avait un cheval à l'écurie pour tirer la charrue, deux vaches à l'étable, une maigre basse-cour et un énorme verrat qui me parut mesurer près de deux mètres de long.

Le père était une espèce de colosse, bâti comme un taureau, mesurant près de deux mètres. Il portait fièrement la moustache tel beaucoup d'hommes de ce temps-là, et sous son tablier de travail bleu délavé, on voyait les bretelles de son immense pantalon qui lui remontait jusqu'au ventre. La mère, elle, atteignait à peine un mètre cinquante, et filait doux devant son mari, ainsi que toute la tripotée d'enfants.

L'homme avait la main rude et savait se faire obéir. Cependant sur certains sujets que le colosse considérait être « pour les femmes » — la santé des enfants, leurs habits ou la préparation des repas — son épouse arrivait à se faire entendre.

La première fois que cet homme me fit venir, il précisa bien que la visite devait être effectuée « avant sept heures », après il serait parti aux champs.

Comme je ne voulais pas déplaire aux malades, je me rendis à l'aube chez lui. Il m'attendait dans la cour en attelant sa jument. Il vint à moi et me tendit une de ses énormes mains à serrer.

— C'est donc vous, le jeune docteur ?

— Oui, répondis-je en me redressant autant que je le pouvais face à ce géant qui me dominait de plus d'une tête et dont les épaules étaient larges comme deux fois les miennes.

Il me conduisit alors au pas de charge jusqu'à la pièce commune de la ferme — une table, des chaises en bois, des placards aux portes faites d'une espèce de contreplaqué non peint, un poêle, un sol de briques, des murs passés à la chaux et rien de plus.

Là, le colosse m'expliqua m'avoir appelé en consultation à cause de maux de tête dont il souffrait.

— Moi, ça me gêne pas plus que cela, docteur, mais ma femme s'inquiète. Elle n'arrête pas de geindre. Tous les soirs elle pleurniche pour que je vous fasse venir. Alors, j'ai beau être un homme et savoir me faire respecter, il y a des fois où il faut bien faire la part du feu, comme on dit. Vous savez, les femmes c'est comme ça : elles s'inquiètent et se tourmentent.

Au cours de l'examen, j'appris que les maux de tête en question irradiaient de la nuque ; le soir, le colosse pouvait à peine tourner le cou tellement il avait mal. Néanmoins, il n'en démordait pas : son problème était négligeable.

— Moi, vous savez docteur, tant que cela ne m'empêche pas de travailler aux champs, tout va bien !

À l'examen, rien n'apparaissait nettement, le cou formait une grosse masse de muscles, tous plus puissants les uns que les autres. Cet homme aurait constitué un sujet idéal pour un étudiant qui se serait intéressé à l'enchevêtrement musculaire du cou.

En questionnant le colosse, je sus que ses maux étaient consécutifs à un accident de voiture au cours duquel sa tête avait été violemment projetée en arrière.

Au bout d'à peine dix minutes, l'agriculteur estima que l'heure était venue d'aller aux champs, il se leva et se dirigea d'un pas décidé vers la porte qui donnait dans la cour. Juste avant de sortir, il me dit :

— Docteur, vous n'avez qu'à me prescrire de l'aspirine, comme cela ma femme sera contente, et vous, vous ne serez pas venu pour rien. Je vais l'appeler pour qu'elle vous paie et fasse avec vous les papiers.

Dans un instant, il serait en route pour les champs avec son cheval et son valet de ferme.

À ce moment, mû par je ne sais quelle force, moi qui jusqu'ici m'étais tenu sur la réserve face à ce colosse, je lançai à pleine voix :

— Il n'est pas question de se contenter d'aspirine !

D'un bloc, l'homme se retourna, et il me toisa comme il l'aurait fait d'un de ses enfants :

— Et pourquoi il n'en est pas question, docteur ?

Alors moi, sûr de rien, mais jouant mon va-tout, je dis :

— Il n'en est pas question, parce que je suspecte une rupture de l'apophyse odontoïde.

Sur le coup, le mot savant le laissa pantois. Je vis qu'il hésitait, partagé entre le respect dû au jeune docteur qui venait d'employer un terme redoutable et son envie d'aller aux champs et de ne plus s'occuper de rien. Finalement, il demanda :

— C’est quoi ça, docteur, une rupture de l’apophyse argentoide ?

— L’apophyse odontoïde est la protubérance osseuse qui maintient vos deux premières vertèbres cervicales alignées.

— Et que se passe-t-il, si elle est cassée, docteur ?

— Vous risquez la tétraplégie !

— La traite à Pélagie, c’est quoi ? interrogea le colosse.

— Si mon diagnostic est exact, vous risquez à tout moment de vous retrouver définitivement paralysé, assis dans un fauteuil roulant, incapable de bouger ni les bras ni les jambes !

Je tremblais de tout mon être, car je n’étais sûr de rien. L’examen n’avait pas été suffisamment probant. Au lieu d’un problème vertébral, il pouvait s’agir de simples migraines ! Cependant, maintenant que je m’étais avancé si loin, je ne pouvais plus faire marche arrière. Quitte à y laisser ma réputation de tout jeune médecin !

À la fin, le colosse se laissa convaincre, et une ambulance l’emmena passer une radiographie à Amiens. Dans les années 1950, une radiographie n’était pas une chose commune. En obligeant le fermier à renoncer à une journée de travail pour aller à Amiens, y attendre des heures et en revenir le soir, j’avais joué gros. En même temps, pouvais-je prendre le risque de passer à côté d'une tétraplégie ?

Je ruminai ces considérations dans ma tête toute la journée. Au soir, je reçus enfin un coup de fil de la clinique où j'avais envoyé mon patient. En entendant la voix du radiologue, je dus m'asseoir tant l'émotion me submergeait : avais-je sauvé quelqu'un de la tétraplégie ou étais-je la cause de la perte d'une précieuse journée de travail à un homme qui ne manquerait pas de m'en tenir rigueur longtemps et d'en parler à tous ses voisins, et même au village entier ? L'angoisse m'étreignait.

— Votre patient souffre d'une rupture de l'apophyse odontoïde, me confirma le radiologue.

« Ouf ! » fis-je pour moi-même.

— Savez-vous que c'est un sacré numéro, ce patient-là, poursuivit le spécialiste. Ses deux premières vertèbres ne sont plus reliées depuis plusieurs jours, mais il m'a raconté que cela ne l'avait nullement empêché de continuer à charger des sacs de pommes de terre sur son cou. À chaque pas, il aurait pu tomber raide paralysé sur le sol ! On m'a informé que vous étiez nouveau dans ce canton-là. Eh bien, si tous vos patients sont comme celui-là, docteur, je vous souhaite bien du courage !

Herbicide total

Suite à mon diagnostic de rupture d'apophyse odontoïde, je devins un homme particulièrement digne de confiance aux yeux du colosse. Je le croisais parfois à la ferme de loin en loin, quand un de ses enfants était malade, et il ne manquait jamais de m'adresser la parole avec un certain respect.

Au mois de mai suivant, il me convoqua pour lui-même. Comme la première fois, il voulait me voir avant 7 heures, mais décidé « à marquer mon territoire », j'arrivai exprès à 7 h 30. Il tournait en rond dans sa cour de ferme en m'attendant.

Dès que je descendis de ma voiture, il se planta devant moi et me dit mi-figue mi-raisin :

— J'avais demandé que vous soyez là de bonne heure, docteur.

— Peut-être, répondis-je, mais j'ai eu une urgence, et apparemment vous n'êtes pas malade au point de n'avoir pas pu attendre une demi-heure de plus.

— Bon, bon ! maugréa le colosse. De toute façon, je ne vous ai pas fait venir pour moi, mais pour mon fils aîné.

L'affaire devait être grave, pour que le père s'inquiète. Je me rendis donc rapidement dans la chambre où s'entassaient les six enfants.

J'examinai le garçon attentivement. Il n'avait rien en dehors d'un gros rhume. La sollicitude du père, à l'ordinaire si brusque avec ses enfants, me parut assez incompréhensible.

Je prescrivis un décongestionnant et je tendis l'ordonnance à la mère qui comme toujours attendait sans rien dire.

En repassant dans la pièce commune, je vis que le colosse m'attendait. L'imaginant particulièrement soucieux, je m'employai à le rassurer : « Votre fils n'a rien, monsieur, il souffre d'un rhume. »

— Ah, bon ! fit le colosse, sans paraître prêter attention.

Puis il se leva et m'accompagna dans la cour. Là, je me dirigeai vers ma voiture, mais il me rattrapa :

— Dites donc, docteur, vous ne pouvez pas venir jeter un coup d'œil par ici ?

Intrigué, je le suivis dans une dépendance de la ferme où il entreposait son matériel dans un bric-à-brac poussiéreux. En se frayant un chemin parmi divers objets hétéroclites qui allaient du manche de pioche cassé aux monceaux de ferrailles rouillées, il me conduisit jusqu'à un fût de produits chimiques. Arrivé là, il setourna vers moi et me dit d'un ton faussement dégagé :

— Vous qui avez de bons yeux, docteur, dites-moi, que voyez-vous d'écrit là-dessus.

L'étiquette était imprimée en lettres capitales de 10 cm de haut, j'étais très surpris que le colosse n'arrive pas à la lire, aussi lui ai-je demandé :

— Vous n'y voyez pas assez pour lire les lettres ? Si c'est le cas, je crois que vous avez un sérieux problème de vue.

Le colosse se dandina d'un pied sur l'autre, visiblement mal à l'aise.

— C'est pas tant un problème de vue, docteur, qu'un problème d'école. Vous savez, moi, mes parents, ils n'avaient pas trop le temps de m'envoyer en classe...

J'avais compris. Alors, je lui lus l'étiquette : « herbicide total. »

— Oui, ma femme m'a lu la même chose : « her-bi-ci-de-to-tal ». Mais cela veut dire quoi, docteur, ces mots-là, vous qui vous y connaissez en apophyse et en traite à Pélagie ?

— Ces mots signifient que si vous répandez le contenu de ce fût quelque part, plus rien n'y poussera pendant des mois.

— Et moi qui croyais qu'il s'agissait d'engrais ! dit le colosse dépité. Vous comprenez, les lettres, je ne sais pas trop les lire, comme je vous l'ai dit. Je n'ai pas été beaucoup à l'école, mon valet de ferme non plus. C'est pour cela que ma femme fait tous les papiers. Voilà un bout de temps que l'on parlait dans le village d'engrais chimiques qui sont bien meilleurs que le fumier. Alors j'ai voulu essayer. Si les autres ils le font, pourquoi pas moi aussi, que je me suis dit. Seulement, arrivé chez le marchand à Amiens, devant tous les fûts, je ne savais pas bien lequel prendre. Et je ne pouvais quand même pas emmener ma femme pour me lire les étiquettes : j'aurais eu l'air de quoi ? Alors, on s'est concerté avec le valet de ferme, et on a pris ce fût-là qui avait une bonne tête. Ensuite, j'ai tout étendu dans mon champ à blé. Cette année, je vais avoir un sacré rendement à l'hectare, que je me suis dit ! Eh bien, docteur, vous parlez d'un rendement : strictement rien n'est sorti de terre !

Saint-Frères

En dehors des gens de la terre, je soignais aussi les familles des ouvriers des usines Saint-Frères. Plus d'un siècle auparavant, ces établissements s'étaient créés en Picardie. On y fabriquait des toiles de jute appréciées en France et à l'étranger. Dans toute la vallée, depuis la source jusqu'au confluent avec la Somme, il n'y avait pratiquement pas un village qui n'eut son usine appartenant à ce groupe.

Un des grands hommes de la famille Saint fut sans conteste Charles Saint qui vécut au XIXe siècle. Il donna un essor considérable aux établissements de la famille, et, soucieux du bien-être de ses employés, construisit les premières cités ouvrières si caractéristiques des villages de la vallée de la Nièvre.

Il s'agissait d'alignements de maisons en brique, étroites et toutes identiques. On y trouvait une salle et une cuisine en bas, deux chambres mansardées en haut, le tout prolongé d'une bande de terre destinée à faire un jardin.

Quand les premières de ces maisons furent construites en 1894, ce fut un événement. Hector Malot dans son livre *En famille* publié à cette époque dresse sous le nom de Vulfran Paindavoine le portrait de Charles Saint. Il le décrit comme particulièrement soucieux de ses employés et voulant pour eux « des maisons ouvrières » avec « un jardinet dans lequel pourront se récolter les légumes nécessaires à l'alimentation de la famille qui, pour 100 F par an de loyer, aura le bien-être matériel et la dignité du chez soi[1] ».

On l'imagine peut-être difficilement aujourd'hui, mais quand je suis arrivé dans ce coin de Picardie, au lendemain de la Seconde Guerre mondiale, ces cités constituaient un progrès social considérable. Bien des gens quittaient volontiers leur taudis pour venir s'installer dans ces petites maisons. La politique de l'entreprise était encore d'attribuer un logement à loyer réduit à chaque employé. De plus, ces locataires pouvaient faire appel au service d'installation électrique et à différents services d'entretien de l'entreprise. Et régulièrement les « braineux », du mot picard « brain » qui veut dire excréments, venaient vider la fosse installée sous les toilettes.

On venait au monde à la maternité Saint-Frères, on allait à la crèche Saint-Frères, puis dans les

1. Malot Hector, *En famille Deuxième partie*, Gallimard, 1980, p. 202.

colonies de vacances Saint-Frères. À treize ans, on commençait à travailler à l'usine Saint-Frères et on y restait jusqu'à ce que, devenu trop vieux, on ne soit plus capable d'en franchir le seuil. Enfin, on s'en allait au cimetière, reposer à l'ombre du monument élevé par la famille Saint-Frères.

Je me souviens encore de la première fois que je suis entré dans une de ces maisons ouvrières. La femme m'attendait à la porte, curieuse de voir à quoi ressemblait « le jeune docteur ». Ses voisines se tenaient elles aussi sur leur pas de porte, feignant de faire le ménage ou de discuter. Ces femmes étaient toutes habillées de couleurs sombres avec de longues jupes informes tombant jusqu'à leurs chaussures. La plupart avaient les cheveux dissimulés sous un fichu, sombre lui aussi. La grande question du jour était de m'observer tout son soûl, ce qui ne manqua pas de me mettre aussi mal à l'aise que si j'allais passer un oral d'examen devant un jury de plusieurs dizaines de membres.

En dehors de la curiosité manifeste des voisines, l'intérieur de la maison me surprit particulièrement. Rien dans mon adolescence parisienne ni dans la fréquentation des hôpitaux ne m'avait préparé à ces habitations ouvrières. La salle, par où l'on entrait en venant de la rue, tenait lieu d'espèce de salon d'apparat. On la réservait aux grandes occasions. Les photos de famille y étaient exposées : le mariage des parents, le fils en costume militaire, le père arborant sa médaille du travail, les enfants au jour de leur communion solennelle, etc. Tous ces souvenirs étaient posés précautionneusement sur le bahut hérité de la grand-mère. Quelques bibelots de plus ou moins bon goût — des lions en mauvais plâtre, des images sulpiciennes de la Vierge — complétaient l'ensemble.

Une fois la salle traversée, on pénétrait dans une étroite cuisine où se tenait la famille. La radio, et plus tard la télévision, fonctionnait à toute force à côté des gamins qui s'efforçaient de faire leurs devoirs. Le père buvait un verre ou fumait une cigarette en discutant avec le voisin, la mère s'activait devant les fourneaux. Il n'y avait pas de salle de bains : on se lavait avec une bassine d'eau chaude. Quant aux toilettes, elles se situaient dehors, au fond du jardin, dans un appentis surmonté d'un grenier où s'entassait un bric-à-brac invraisemblable.

Lors de cette première visite, je trouvai, assis à la table de cuisine, un homme d'une trentaine d'années, une cigarette aux lèvres, les doigts jaunis par le tabac, portant un gilet sans manches gris foncé par-dessus une chemise gris clair. Sans se lever, il me tendit la main :

— Excusez-moi, docteur, je peux à peine me mettre debout, tellement j'ai mal aux reins. À tel point, que je n'ai pas pu aller à l'usine ce matin et qu'il me faut un arrêt de travail, n'est-ce pas Germaine ?

— Oui, acquiesça servilement la femme qui m'avait accueilli sur le pas de la porte. Il souffre beaucoup, vous savez docteur.

J'examinai l'homme et ne lui trouvai aucune contracture musculaire dans le dos. Il accomplissait sans problème des mouvements qui auraient dû être douloureux, et d'autres, parfaitement anodins, lui causaient inexplicablement des douleurs. Cependant, je connaissais assez la médecine pour être convaincu que cette dernière est loin d'être une science exacte. De plus, étant débutant, je ne pouvais me permettre de contrecarrer d'entrée de jeu un patient en lui refusant un arrêt de travail réclamé d'une façon si insistante. À l'hôpital, je n'avais pas connu ce genre de problèmes, les malades étaient si gravement atteints qu'un arrêt de travail s'imposait sans hésitation.

Je prescrivis donc un arrêt de travail de quelques jours, et je partis.

En sortant, une demi-heure s'était écoulée, mais je constatai la présence des mêmes femmes sur leurs pas de porte, renforcées de quelques autres prévenues en hâte. Malgré moi, j'étais vraiment une curiosité !

L'après-midi même, mû par une intuition, je repassai en voiture dans la cité. Et là, je vis mon malade du matin « au mal de dos si effroyable qu'il n'avait pas fermé l'œil de la nuit » en train de bêcher allègrement son jardin. J'étais profondément vexé de voir qu'il avait profité de ma candeur de jeune médecin pour obtenir les jours de congés nécessaires à son lopin de terre !

Cette mésaventure fut néanmoins l'occasion pour moi de comprendre une réalité qui allait au-delà de l'entourloupe de mon faux malade. Les ouvriers de Saint-Frères travaillaient toute la journée dans des usines, mais au fond d'eux-mêmes, ils restaient viscéralement attachés à leur jardin, à tout ce qui pouvait se cultiver. D'une certaine façon, sous leurs blouses d'ouvriers, battait toujours un cœur d'homme et de femme de la terre.

Les potions du Dr Havet

Parmi les premiers ouvriers qui voulurent profiter de mes services, il y eut « l'homme à la bête ». Ce célibataire d'une cinquantaine d'années vivait seul avec sa vieille mère dans une maison de la cité Saint-Frères. La consultation se tint en présence de la vieille dame, envers qui René semblait animé d'un respect sans limites. Je fus frappé par le fait qu'il portait un pantalon-golf comme dans les années 1930. Quant à sa mère, ses habits semblaient frappés d'un deuil perpétuel, comme beaucoup de femmes de ce temps-là.

— Ma mère m'a dit de vous faire venir, docteur. Elle pense que, puisque vous sortez tout juste de l'école, vous saurez mieux soigner mon mal que le Dr Havet... C'est pas que le Dr Havet soit un mauvais médecin, ajouta précipitamment l'homme, mais enfin, comme dit ma mère, deux avis valent mieux qu'un, surtout dans un cas difficile comme le mien, n'est-ce pas maman ?

— Tout à fait, fit la vieille femme d'une voix chevrotante. C'est sûr qu'une maladie comme celle de mon René, ça n'a rien d'ordinaire.

— Voyons cela, dis-je. De quoi souffrez-vous exactement, monsieur ?

— J'ai une bête dans le corps, docteur !

— Une bête ? répétai-je interloqué.

— Oui, une bête, docteur, reprit René avec le plus grand sérieux. Aujourd'hui, elle est terrée dans mon ventre. Et je peux vous dire, que pour avoir mal, j'ai mal. D'ailleurs maman peut vous dire que c'est vrai. N'est-ce pas m'an que j'ai une bête ?

— Oui, mon pauvre Néné chéri, t'as une bête, confirma la vieille femme de sa voix toujours chevrotante.

Alors j'examinai René avec attention, palpant son abdomen, procédant à une auscultation complète. Je ne trouvai rien en dehors d'une constipation certaine des intestins. Voilà certainement ce qu'il appelait « sa bête ».

Ne sachant trop comment lui parler tant il paraissait tenir à son histoire de bête, je m'efforçai de m'exprimer de façon suffisamment vague pour ne pas lui laisser entendre ce que je pensais de son abracadabrante histoire de bête :

— Effectivement, au niveau de vos intestins, on sent qu'il se passe des choses qui ne sont pas tout à fait normales. Rassurez-vous, je vais vous prescrire un bon purgatif, et demain vous serez débarrassé de tout cela.

— Vous croyez vraiment, docteur, que la bête va partir avec tout le reste au cabinet ? interrogea René.

— Cela n'est pas impossible, répondis-je prudemment.

— En tout cas, la bête vous l'avez sentie, n'est-ce pas, docteur ? demanda anxieusement René.

Je me trouvais fort embêté pour répondre, car il était absolument hors de mes principes d'induire un malade en erreur. D'autre part, la mère et le fils me fixaient du regard, il ne m'était pas possible de me dérober.

— Durant mes études de médecine, on m'a appris à ne pas affirmer des choses sans en être sûr... Je ne peux donc pas vous répondre formellement sur l'existence ou non d'un organisme étranger à l'intérieur de votre corps... Néanmoins s'il y a bien un fait qui apparaisse nettement dans toute cette affaire, c'est que, pour vous, cette bête existe.

— Vous me croyez donc sincère ? me demanda René.

— Oui, répondis-je sans état d'âme.

Alors la mère et le fils échangèrent un long et profond regard.

— Merci, docteur, dit la mère. Vous savez que depuis que René est tout petit et qu'il souffre de cette bête, vous êtes le premier médecin qui ne se moque pas de cette histoire. J'en ai même connu qui nous riaient dessus ouvertement ou bien qui voulaient envoyer mon fils à l'asile !

— Ah bon ? fis-je mal à l'aise.

— Oui, poursuivit la mère, même le Dr Havet — qui est pourtant un bon médecin précisa-t-elle aussitôt — je sens bien que cette bête, il ne veut pas en entendre parler. Cela fait vraiment plaisir d'avoir un jeune médecin qui sort des écoles et qui regarde les choses d'un œil neuf !

Puis, ils me payèrent, et je les quittai en me demandant si j'avais bien agi.

Le lendemain, à l'aube, ils me rappelèrent.

— Bonjour, docteur, fit René, dès qu'il me vit. Vous savez quoi ? La bête n'est pas partie avec le purgatif. Elle est seulement montée un peu plus haut se mettre à l'abri !

J'auscultai à nouveau soigneusement René. Effectivement, cette fois-ci ce n'était plus ses intestins qui posaient problème, mais l'estomac. Il souffrait d'une légère indigestion.

La vieille mère assistait à l'examen et commentait :

— Cela fait vraiment plaisir de voir un jeune médecin qui se donne du mal pour mon fils et qui le prend au sérieux. Vous savez, ce n'est pas facile pour lui de vivre avec une bête ! C'est bien pour ça qu'il ne s'est jamais marié. Il était beau mon René à vingt ans, mais les filles, dès qu'il leur expliquait cette histoire de bête, elles comprenaient bien que mon pauvre garçon il fallait en prendre soin, qu'il était fragile, et cela les faisait fuir. Mais comme je disais à mon René : « Si elles ne savent pas t'aimer avec ta bête, alors elles ne te méritent pas ! » Si bien qu'au bout du compte, il n'y a vraiment eu que moi, sa mère, pour aimer mon René.

— Et quand donc est apparue cette bête ? demandai-je à la mère.

— Ah, docteur, puisque vous avez vraiment l'air de vous intéresser à mon fils, je vais tout vous dire. Moi, voyez-vous, c'est comme mon fils, je n'ai pas eu de chance dans la vie. Je me suis laissé séduire par un homme qui était un ouvrier itinérant, un Italien ! On s'est marié, l'enfant est né — c'est le René qui est ici — tout allait bien. Et puis un jour, l'Italien m'a dit que son pays lui manquait, qu'il fallait qu'il retourne là-bas voir ses vieux parents. Le lendemain, quand je me suis levée, il était parti sans demander son reste. Vous ne pouvez pas imaginer, docteur, j'étais anéantie ! Et puis l'après-midi même, voilà René qui se met à pleurer dans son berceau, lui qui avant ne se plaignait jamais de rien. J'ai tout de suite compris ce qui se passait. C'était une bête qui était entrée en lui. Et depuis, docteur, cette bête, elle ne l'a pas quitté, et l'Italien est jamais revenu. Je peux même vous dire, docteur, que si René n'a jamais réussi à l'école, s'il n'a jamais obtenu d'augmentation à l'usine, tout ça c'est à cause de sa bête. C'est une sacrée bête, redoutable, croyez-moi !

Le lendemain à l'aube, ils m'appelaient de nouveau en visite. Cette fois-ci, la bête était dans le haut du dos qui effectivement se trouvait tout contracté.

Le jour d'après, René avait du mal à respirer, la bête lui pesait sur la poitrine.

Inquiet dcvant cette avalanche de maux, j'en parlais au Dr Havet pour avoir son conseil.

— Prescrivez-lui de la potion rouge. D'après son dossier, je vois qu'il n'en a encore jamais pris.

— De la potion rouge ? répétai-je surpris.

— Oui, c'est une préparation que je commande au pharmacien. Il n'y a rien de bien toxique dedans. La couleur est obtenue avec du jus de betteraves, c'est vous dire ! Par contre, il est important de prescrire la potion rouge avec le plus grand sérieux possible. Moi je dis toujours aux patients d'en prendre une cuillère à café le soir au coucher, mais surtout pas plus ! Je leur explique en effet qu'il s'agit d'un médicament très puissant et que le surdosage pourrait être dangereux.

Je suivis le conseil du Dr Havet et prescrivis à René cette fameuse potion rouge. Pendant plusieurs semaines, je n'entendis plus parler de sa bête. Selon son dossier, René n'avait pas non plus goûté à la potion orange — jus de carotte et jus d'orange —, mais après il faudrait passer à la potion blanche : de l'eau bouillie. Cette dernière devait être prescrite accompagnée d'un compte-gouttes : deux gouttes le matin, trois gouttes le midi, et tout à fait exceptionnellement, en cas de nécessité absolue : quatre le soir.

À ma grande confusion d'étudiant qui sortait de l'hôpital et rêvait encore à des médicaments nouveaux et révolutionnaires, je dus me rendre compte que les potions du Dr Havet étaient parfaitement adaptées au traitement de certaines maladies, telles que la bête de René.

En tout cas, la postérité trancha. En effet, quarante ans plus tard, vingt ans après le départ en retraite du Dr Havet, quant à mon tour j'abandonnai mon activité professionnelle, il se trouvait encore des malades pour me vanter les mérites du Dr Havet, « un médecin si compétent ! », et la valeur de ses potions miraculeuses. « Vous savez docteur, seuls les médecins de l'ancien temps savaient inventer des potions puissantes comme celles du Dr Havet ! » m'entendis-je dire.

La variole !

Des cas semblables à celui de René constituaient des exceptions. L'immense majorité de mes patients souffrait de maux bien réels et non de quelque mystérieuse bête. Les ouvriers avaient à supporter un travail pénible, répétitif et parfois dangereux. Les agriculteurs s'usaient les mains et tout le corps en s'arc-boutant sur la terre jusqu'à en être éreintés.

Dès ma première semaine de remplacement dans ce coin de Picardie, je fus appelé dans les usines Saint-Frères pour un accident de travail. Je me rendis alors pour la première fois dans ces vastes ateliers où s'activaient des dizaines, voire des centaines d'ouvriers. Il y avait partout des métiers à tisser et de grosses bobines de fil. Chaque ouvrier surveillait son groupe de machines, se tenant prêt à faire un nœud si le fil cassait ou à remettre une bobine neuve. L'activité était essentiellement manuelle. Les vieux balayaient, les jeunes charriaient les bobines dans des brouettes, les hommes dans la force de l'âge surveillaient les machines. La matière première arrivait par trains entiers grâce à des voies ferrées qui pénétraient jusqu'à l'intérieur des entrepôts.

Les principaux accidents se produisaient par manque de protections appropriées. Je vis des orteils écrasés par une charge qui avait glissé, des doigts sectionnés, des yeux rendus aveugles à meuler sans lunettes. Les ouvriers supportaient tous ces maux sans se plaindre. Comme les paysans, ils demeuraient stoïques dans l'adversité. Ils me semblaient constituer ensemble, ouvriers et paysans, un peuple sur lequel rien ne pouvait avoir prise.

Quelques mois après le début de mes remplacements du Dr Havet, on entendit à la radio qu'une femme était morte de la variole en Bretagne.

« La variole ! » Cette annonce terrifiante se répandit dans la France entière et les gens tremblèrent comme leurs ancêtres l'avaient fait autrefois à la nouvelle que la peste était sur le pays.

Bientôt, je fus assailli par les patients, jamais je ne l'avais été ainsi de ma vie. À la moindre fièvre, ces gens rudes, qui d'habitude ignoraient le thermomètre, appelaient le médecin. La varicelle et la variole ayant quelques symptômes similaires, une épidémie de varicelle dans une école du canton faillit provoquer une émeute. Comme tous les Français, les Picards avaient peur.

La semaine suivante, dans un hameau du canton, une vache mourut subitement dans un champ. Le vétérinaire fut appelé en urgence et tout le village vint aux nouvelles. Le vétérinaire s'employa à rassurer tout le monde : non, il ne s'agissait pas d'une nouvelle forme de variole ! Néanmoins, les villageois ne furent pas loin de faire venir le curé pour qu'il asperge le corps de la vache d'eau bénite et qu'ils soient bien sûr d'avoir pris toutes les précautions possibles.

Le gouvernement annonça alors une campagne de vaccination.

Aussitôt, comme tous les autres Français, les Picards du canton accoururent dans les mairies pour être vaccinés. Je me revois debout derrière la table de la grande salle de l'une de ces mairies, sous les yeux d'une Marianne en mauvais plâtre, en train de vacciner sans discontinuer. J'avais la griffe de vaccination à la main — il s'agissait d'un stylet de la taille d'une plume à encre — et, devant moi, du coton et deux godets : un pour le liquide antiseptique, l'autre pour la vaccine. Les gens faisaient la queue dans la rue sur pratiquement cent mètres. Je vaccinais à la chaîne comme à l'armée, les Picards se présentaient manche relevée : un coup de coton sur la peau, un coup de griffe pour le vaccin, et au suivant ! Il ne servait à rien de se lancer dans un questionnaire médical ou au minimum de leur demander si, étant enfant, ils n'avaient pas été déjà vaccinés : ils n'entendaient rien, répondaient au hasard, soucieux seulement d'être vaccinés contre la variole.

Moi qui avais connu tous ces Picards durs au travail et à la maladie, je les découvrais d'un coup affolés devant une peur venue du fond des âges.

Ch'Joseph

Cette campagne de vaccination contre la variole fut aussi pour moi l'occasion de vérifier ce que je savais déjà sur l'hygiène très approximative de mes patients. Combien de fois en donnant un coup de coton antiseptique n'avais-je pas fait naître une tache claire sur une épaule marbrée d'une crasse redoutable ?

Cependant, aucun d'entre eux n'atteignait le niveau de saleté de « ch'Joseph ». Certainement le patient que j'eus le plus de mal à soigner de toute ma carrière. À l'hôpital, quel que soit l'état dans lequel les malades arrivaient, ils avaient toujours été lavés et frottés quand nous les examinions. Mais Joseph ne connaissait ni l'eau ni le savon depuis des années. Se rendre chez lui était une épreuve. Je pouvais encore fermer les yeux sur les rats qui gambadaient de-ci de-là, les bouteilles vides qui jonchaient le sol de terre battue, la paillasse qui lui tenait lieu de lit, Joseph lui-même qui pullulait de puces, mais l'odeur où se mêlaient des relents de moisi et de vomi me soulevaient le cœur. Joseph ne changeait jamais de chemise, il les empilait les unes sur les autres, et quand celle du dessous avait complètement disparu sous l'action de la sueur et de la crasse, eh bien il en rajoutait une nouvelle par-dessus !

Jamais je ne me risquais à poser ni mon manteau ni mon chapeau chez lui, j'avais bien trop peur d'y retrouver des puces ou une tache de vin. Je rédigeais mes ordonnances debout.

Joseph n'était pas très âgé, mais l'alcool avait usé son organisme. Un soir d'hiver, en revenant du café, complètement saoul, il roula dans un caniveau et y resta toute la nuit. On le retrouva mort.

— Voilà un patient que je ne regretterai pas ! dis-je au Dr Havet.

Ce dernier leva les yeux du papier qu'il était en train de parcourir :

— Savez-vous qu'avant la guerre, c'était un homme tout à fait respectable ?

— Ah bon ! fis-je abasourdi.

— Il a été mobilisé puis fait prisonnier et est resté quatre ans dans un camp en Allemagne. Quand il est revenu, la femme qu'il avait épousée juste avant de partir à l'armée avait un tout jeune enfant dans les bras qui n'était pas de lui. D'ailleurs, elle l'avait peut-être bien eu avec un

Allemand ! Joseph a pardonné, il a voulu élever l'enfant. Il était lui-même orphelin et ne voulait pas laisser un enfant dans le malheur. Et puis un an ou deux après, un nouvel enfant est arrivé dont il n'était toujours pas le père. Joseph ne l'a pas admis. Depuis il s'est mis à boire.

Je ne répondis rien, mais j'avais compris que j'avais jugé trop rapidement ch'Joseph. Le pauvre homme ne se résumait pas à sa crasse, à son odeur et à son alcoolisme, il y avait aussi son insupportable malheur de ne pas être aimé.

La foudre

L'inquiétude de la variole fut longue à retomber. Pendant de longs mois, chaque pustule qui surgissait fit craindre le pire. Les gens des campagnes ne vivaient pas encore dans un monde surmédiatisé où une information chasse l'autre. Au contraire, ils suivaient posément et obstinément le même sillon toute leur vie : le champ à labourer, l'atelier d'usines où travailler, le potager à bêcher.

Un après-midi, l'orage gronda plus de deux heures. Le tonnerre éclata à plusieurs reprises faisant trembler les vitres, foudroyant les arbres et les lignes électriques, des trombes d'eau descendaient du ciel. Puis tout s'apaisa. Lavé par la pluie, l'air semblait plus transparent, sur le bord des toitures et dans les bosquets, les oiseaux reprenaient leurs chants plus enthousiastes que jamais.

On frappa alors violemment à la porte :

— Docteur, venez vite, c'est épouvantable !

Aussitôt, j'empoignai ma sacoche et, à grandes enjambées, je suivis l'homme à travers les rues du village. Nous atteignîmes rapidement le pied d'une petite butte. Là, quelques personnes se serraient les unes contre les autres, comme au pied d'un calvaire. Je levai les yeux, et je vis une silhouette de femme qui se découpait en noir, à contre-jour sur le ciel encore tourmenté de nuages. Elle semblait en train de biner son champ. Je montai pour me rendre compte, et plus je m'approchais, plus son immobilité me frappait. On aurait dit une statue. Quand j'arrivai à côté d'elle, l'énorme trou dans son épaule me sauta aux yeux. Elle avait été foudroyée !

En regardant mieux les choses, je compris. La foudre avait tétanisé ses muscles et sa binette lui servait d'appui, ce qui lui permettait de tenir encore debout. Elle voulait absolument finir sa rangée de pommes de terre malgré l'orage, et la foudre l'avait frappée. Sous la violence du coup, un morceau de chair, gros comme une bouteille d'un litre s'était sublimé, « évaporé » en quelque sorte. Les bords du trou étaient complètement vitrifiés sur plus d'un centimètre d'épaisseur.

Le mari et le fils étaient écroulés au pied de la femme. Ils étaient bien vivants, mais incapables de m'entendre et de remuer, plongés dans un état de choc qui les laisserait hébétés plusieurs jours.

Quant à la femme, il n'y avait plus rien à faire pour elle, son acharnement au travail l'avait tuée.

« On va partager à égalité entre nous »

Les saisons succédaient aux saisons. Aux premiers frémissements des bourgeons sur les branches des arbres, aux premières violettes qui sortaient de terre, on devinait l'arrivée du printemps. Se secouant de l'engourdissement de l'hiver, la nature revivait. Aux Rameaux, les aubépines étaient blanches et de nouvelles feuilles de buis commençaient de déployer leur vert tendre. Dans les champs, les tiges de céréales sortaient de terre et les sansonnets n'en finissaient pas de lancer leurs cris. Puis les bourgeons sur les branches des arbres se transformaient en fleurs ou en nouvelles ramures.

Avec l'été arrivait le temps tant attendu des moissons, des processions à la Vierge du 15 août et des congés payés « hérités de 1936 ».

La plus belle des saisons était peut-être l'automne, quand aux derniers jours d'octobre les feuilles des arbres flamboyaient dans les bois.

Enfin l'hiver et le grand sommeil de la terre

s'abattait sur toute chose. Comme pour une longue nuit la nature reprenait ses forces avant de s'éveiller à nouveau au printemps suivant.

Trois années s'écoulèrent ainsi.

Je m'attachais à ces patients pour moitié issus du monde de la terre et pour moitié ouvriers. Certains aimaient trop boire, d'autres trop fumer, beaucoup ne mangeaient pas tous les jours à leur faim. Les uns rêvaient d'aller à Lourdes en pèlerinage, les autres « bouffaient » du curé. Certains tenaient pour de Gaulle, d'autres pour les communistes, d'autres encore pour Mendès France ou Mitterrand... Au bout du compte, qu'importe ? Il s'agissait avant tout d'êtres humains. Quand j'arrivais à leur chevet, par-delà les opinions politiques ou religieuses, il y avait une souffrance à soulager, un secret trop lourd à raconter.

Cependant, je ne pouvais plus rester dans le statut incertain de médecin remplaçant. En même temps, je n'étais pas totalement sûr d'avoir acquis une expérience suffisante de la campagne picarde pour m'installer seul, à mon compte.

Une nuit d'hiver, je dus me rendre en urgence à Berneuil, un village au nord du bourg de Domart-en-Ponthieu. Pour y arriver, il fallait monter plusieurs kilomètres sur une route qui, dans les années 1950, était une succession de virages. Une fois la dernière ferme laissée sur le bord de la route, au pied du bois du Rouvroy, deux virages plus loin, on longeait la monstrueuse décharge avant de commencer l'ascension.

Il avait neigé et j'avançai prudemment pour ne pas me mettre en travers. Enfin, je débouchai sur Berneuil, mais là, le brouillard m'attendait, un brouillard épais, tel que j'en avais rarement vu sur ces terres picardes pourtant généreuses en brumes.

J'avançai précautionneusement sur la place du village et je commençai à tourner autour du monument aux morts. Mais voilà qu'avec la nuit, le brouillard et la neige, il me devint impossible de me situer. Étais-je dans la direction de Domart, dans celle de Doullens, je ne savais plus, et il me fallut un certain temps pour retrouver ma route.

Enfermé dans ma voiture, je songeai avec dépit que je n'étais pas plus adroit pour orienter ma vie professionnelle que pour me repérer dans la nuit d'un village picard !

Finalement j'informai le Dr Havet de mes interrogations : devais-je m'installer ou devais-je continuer à remplacer ? Cela le fit réfléchir, mais il ne voulut pas avoir l'air de « profiter » de son remplaçant en insistant pour le garder à son service. Il m'envoya donc chez son beau-frère, médecin lui aussi, en vue d'une association avec ce dernier. Au bout du compte, cela ne déboucha pas. Le

Dr Havet pensa alors à autre chose, mais sans m'en parler encore. En vrai Picard, il tenait à prendre le temps de peser le pour et le contre. Après trois semaines de réflexion, il me fit venir : « On doit pouvoir s'entendre, revenez mardi, j'aurai quelque chose à vous proposer. »

Effectivement, le mardi suivant, il me déclara :

— C'est décidé, on s'associe tous les deux.

— Très bien, lui répondis-je, sans être bien sûr de ce qu'il voulait dire par-là.

Cependant il continua :

— On va partager à égalité. Vous n'êtes plus mon remplaçant, mais mon égal.

J'étais soufflé, il agissait comme toujours sans demi-mesure : il avait réfléchi et décidé en son for intérieur que j'étais digne de confiance, donc il agissait en conséquence.

Sans me laisser respirer, il poursuivit :

— Je vous ai trouvé une maison dans le village de Domart-en-Ponthieu, vous allez venir avec moi l'acheter.

Et aussitôt, il m'emmena. On visita la maison au pas de charge, puis, sans laisser aux propriétaires le temps de réfléchir, il négocia le prix avec eux. La discussion se fit entre Picards, laissant le Parisien que j'étais en dehors.

— Nous avons déjà visité plusieurs maisons, et puis à un moment je me suis rappelé que vous cherchez un acheteur depuis plusieurs années, déclara le Dr Havet.

— C'est vraiment gentil à vous, docteur, d'avoir pensé à nous. Le mieux serait d'aller voir le notaire, tous ensemble.

Le Dr Havet répondit sur un ton conciliant :

— Ce n'est pas forcément nécessaire de le déranger avant d'être d'accord entre nous. Vous m'aviez parlé de trois millions et demi…

— Oui, mais vous savez, docteur, depuis les prix ont bien augmenté.

— Malheureusement, M. Guiheneuf ne dispose que de deux millions.

— Deux millions ! Ce n'est pas possible, docteur ! Comprenez-nous, cette maison est dans la famille depuis des années, on ne peut pas s'en séparer pour si peu d'argent !

Le Dr Havet se tourna alors vers moi :

— Ce n'est pas bien grave, repartons voir l'avant-dernière maison que nous avons visitée, elle vous plaisait bien. À ces mots, il se leva et je fis de même.

Aussitôt, les propriétaires s'exclamèrent :

— Non, attendez, docteur ! Vous n'allez quand même pas partir sans avoir trinqué.

— Vous avez raison, dit le Dr Havet, nous pouvons trinquer, cela n'engage à rien.

Nous nous sommes donc rassis. Tout en buvant l'apéritif, le Dr Havet et les propriétaires échangèrent quelques banalités sur le temps. Puis sans avoir l'air d'y toucher, la négociation reprit, et par concessions successives, le Dr Havet fit baisser le prix à 2,5 millions d'anciens francs. Là-dessus, il estima la proposition satisfaisante, nous pouvions aller tous ensemble officialiser cet accord devant le notaire.

Dans la voiture, je tentai de lui dire :

— J'aurais bien aimé montrer la maison à ma femme avant de l'acheter.

— Non, surtout pas ! Si vous n'achetez pas aujourd'hui, le propriétaire va réaliser que vous êtes médecin, et demain il vous en demandera le double ! Compte tenu de la répartition de la population, c'est bien ici, à Domart-en-Ponthieu, qu'il faut vous installer. Et il n'y a pas d'autres maisons disponibles dans tout le village.

Ainsi, l'heure suivante, pas encore bien remis de mes émotions, j'étais à la fois propriétaire d'une maison et associé au Dr Havet à parts égales.

Pour le contrat d'association, il me dit :

— Les papiers, je n'y connais rien, je vous fais confiance. Il y a un congrès sur les associations de médecins à Sablé-sur-Sarthe dans un mois. Vous irez et vous nous ramènerez un contrat. Veillez seulement à bien spécifier notre partage à égalité et le fait que pendant toute la saison de chasse, je ne serai pas de garde le dimanche. Le reste est sans importance.

Je fis comme il voulait, et, un peu plus tard, je lui proposai un contrat en bonne et due forme. Je voulais lui expliquer le détail des différentes clauses, mais il me rétorqua : « Ce n'est pas la peine, je vous fais confiance. » Et ce fut toujours ainsi. Quand je reprenais le contrat pour préciser une clause ou une autre, il refusait la moindre explication et signait. Il avait donné sa confiance et n'envisageait pas de la reprendre. De même, il refusa avec hauteur ma proposition de lui racheter la moitié de sa clientèle, ou plus exactement de sa « patientèle ». Il l'avait pourtant payée à son prédécesseur et agrandie à la sueur de son front. Je dus réellement insister pour qu'il consente à un rachat étalé sur dix ans.

Partager le revenu de son activité professionnelle ne représentait pas un réel sacrifice pour le Dr Havet, l'argent ne l'intéressait pas. La seule fois où je le vis s'en préoccuper, ce fut pour négocier le prix de ma maison. Il souhaitait surtout avoir davantage de possibilités pour aller à la chasse. En revanche, accepter qu'un autre médecin devienne le praticien attitré d'une partie de ses patients ne lui fut guère facile. Ses malades étaient un peu comme ses enfants, je l'ai vu la larme à l'œil plus d'une fois quand l'un d'entre eux cessait de le consulter et faisait appel à mes services. Il s'interrogeait alors anxieusement : « Pourquoi me quitte-t-il ? Que lui ai-je fait ? » C'est certainement la perspective de cet abandon qui avait été la cause de sa longue réflexion avant de me proposer l'association.

Domart-en-Ponthieu

La maison que j'avais achetée était donc située dans le village de Domart-en-Ponthieu. Il s'agissait d'un de ces bourgs picards avec sa grand-rue, ses fermes à cour carrée, sa place, et dominant le tout, à flanc de colline, de vieilles fortifications et une église datant de plusieurs siècles. Sur la place, à côté du monument aux morts, se dressait la Maison des Templiers qui plongeait dans les âges. Je me souviens de ses murs épais comme ceux d'une forteresse et de ses ouvertures pareilles à des meurtrières laissant passer une lumière rare. Le village était le fruit d'une longue histoire. En 1246, à l'époque de saint Louis, une charte communale lui avait été octroyée. Au XVIIe siècle son château constitua un enjeu entre Français et Espagnols. Au début du XXe siècle, il s'y tenait toujours de grandes foires où les fermiers des alentours venaient vendre leurs produits. Sur la place du village se dressait alors une magnifique halle au grain aujourd'hui disparue. Plus anciennement encore, ce bourg se situait non loin du quartier Saint-Acheul d'Amiens où l'on découvrit des ossements d'hommes préhistoriques. À quelques kilomètres de Domart-en-Ponthieu se trouvaient aussi les vestiges d'un camp militaire attribué à César, et une voie romaine, la chaussée Brunehaut. Cette chaussée doit son nom à cette même reine qui, au moment des grandes invasions, fut condamnée à être attachée par les cheveux et tirée par des chevaux au galop, jusqu'à ce que mort s'ensuive.

Dans les années 1950, Domart-en-Ponthieu, comme tout le monde rural de l'époque, vivait en grande partie replié sur lui-même. Tous les gens du village se connaissaient. On se fréquentait les uns les autres, on se mariait entre soi — d'ailleurs on était tous plus ou moins cousins — et enfin on assistait ensemble aux enterrements, comme une seule famille. Dans ce monde, les nouveaux venus étaient observés telles des bêtes curieuses et l'on traitait encore de « Parisiens » des gens arrivés en Picardie depuis plus de vingt ans.

Dans ce village, une femme m'annonça un jour désespérée : « Docteur, c'est une catastrophe, ma fille se marie à l'étranger ! » Quand je lui demandai de quel pays il s'agissait, elle m'expliqua que « l'étranger » c'était pour elle le village de Flixecourt distant de dix kilomètres ! Par la suite, je ne fus donc pas surpris d'entendre le boulanger me parler de sa tournée « à l'étranger », c'est-à-dire dans les hameaux environnants…

Dans ce monde clos, on se guettait derrière les fenêtres, et aucun secret ne perdurait. On savait quel mari trompait son épouse, quelle femme buvait en cachette, quel jeune homme fréquentait quelle jeune fille, etc. En contrepartie de cette curiosité sans limite, l'indifférence n'était pas de mise. Les gens médisaient peut-être les uns des autres, mais ils ne laissaient pas l'un d'entre eux dans la difficulté. Rien de comparable à l'anonymat et à l'indifférence des grandes villes. Jamais une vieille femme ne serait morte chez elle sans que nul ne s'en inquiète pendant plusieurs jours. Au contraire, si à 8 heures du matin la grand-mère ne nettoyait pas son trottoir comme les autres jours, on allait frapper à sa porte pour voir s'il ne lui était rien arrivé.

Dans les champs, les derniers attelages de bœufs tiraient des charrues, des fermiers conduisaient des juments par des chemins défoncés pour amener des citernes d'eau jusqu'aux enclos à vaches. Partout où il y avait un peu de place, on engraissait un cochon. Le matin, on se levait tôt pour traire les vaches à la main. La campagne picarde gardait encore son cadre familial et champêtre des décennies et des siècles passés.

De l'allure, mais pas d'eau courante

Quelques semaines après la signature de l'acte de vente, en mai 1957, ma femme, mes enfants et moi avons emménagé à Domart-en-Ponthieu, dans la maison trouvée par le Dr Havet.

Notre nouveau domicile avait certes de l'allure, mais il ne possédait pas l'eau courante. Pour avoir de quoi boire ou se laver, il fallait utiliser une pompe qui brinquebalait et fonctionnait mal. Quelques poêles fumants tenaient lieu de chauffage, de-ci de-là, les premiers jours, on trouvait des tas de détritus abandonnés par le propriétaire précédent — sans compter les rats…

La désillusion fut grande pour ma femme qui quittait l'hôpital et son confort moderne.

En revanche, la situation de la maison, au centre du village, présentait un grand intérêt pour un médecin appelé à recevoir des malades chez lui.

Sa taille était remarquable : elle comptait en effet une vingtaine de pièces auxquelles s'ajoutaient un grenier immense, une serre où poussaient plusieurs pieds de vigne, de multiples dépendances, une cour intérieure abritant une glycine et une grande pelouse. La cour débouchait sur la rue par une porte cochère, de taille à laisser passer une calèche, constituée de deux lourds battants en bois de plus d'une demi-tonne chacun. Enfin, derrière la serre, s'étendait un grand jardin de mille cinq cents mètres carrés.

Ce n'est donc pas un hasard si les Allemands avaient réquisitionné cette maison pour y établir leur Kommandantur durant la guerre. Au moment de leur retraite, en août 1944, ils y avaient enfermé une vingtaine de jeunes résistants qui furent fusillés quelques heures avant l'arrivée des soldats alliés.

Chaque année, tout le village venait honorer ces morts et observer une minute de silence au pied de notre maison. Les visages étaient graves, il n'y avait pas une seule famille présente qui n'eut perdu un fils, un frère, un ami.

Cette maison éminemment respectable convenait bien au sérieux de ma profession.

Cependant, je découvris aussi les désagréments de recevoir des patients à domicile. Des talons aiguille particulièrement effilés marquèrent sans pitié le parquet. Je vis aussi des malades qui « s'égaraient » dans les couloirs... Que n'auraient-ils pas fait pour savoir comment c'était « chez le docteur » !

Il fallait les ramener à la salle d'attente, poliment bien sûr, car les patients ne devaient pas être brusqués. M. Havet l'avait expliqué à mon épouse : « Ici, c'est un petit village, il faut dire bonjour à tout le monde. S'il y a deux marchands de pain, il est important de se rendre autant chez l'un que chez l'autre. Si vous le voulez bien, vous assisterez aussi à tous les enterrements et vous donnerez à toutes les quêtes : les œufs de Pâques des enfants de chœur, le calendrier des sapeurs-pompiers, celui des anciens déportés, celui de l'association sportive, celui des amis des vieux, celui de la musique, etc. »

Au bout du compte, on s'habitue à tout, et ma femme prit plaisir à habiter notre nouvelle maison qui fut bien aménagée avec le temps.

Mes enfants allèrent à l'école du village et mon dernier fils naquit à la maternité Saint-Frères comme tous ses copains de classe. L'école communale était toute simple et semblable à celles des temps jadis. Les enfants portaient des blouses, écrivaient avec des plumes trempées dans l'encre violette, de grandes cartes du monde pendaient aux murs, il y figurait encore toutes les colonies et protectorats de la France en Afrique. On commençait à peine à parler des « événements » d'Algérie. À Colombey-les-Deux-Églises, le général de Gaulle écrivait ses mémoires et maudissait la IVe République, n'imaginant pas un jour revenir aux affaires. À Domart-en-Ponthieu, les gens entendaient de loin en loin parler d'un président du Conseil qui n'était jamais le même, et, n'y comprenant rien, finissaient par hausser des épaules.

Une fois mon installation terminée, le Dr Havet me dit : « Maintenant vous allez être encore plus proches de vos malades. Vous n'êtes plus un médecin de remplacement, mais vous habitez dans un de leurs villages. Vous êtes installé chez eux. Les Picards ne vous en adopteront que davantage. »

Néanmoins les choses ne se déroulent jamais comme elles devraient. Trois mois après mon installation, mon statut de notable local faillit être mis à mal. Les gendarmes se présentèrent à la porte en grand uniforme et je crus un moment qu'ils allaient me demander de les accompagner à la gendarmerie. Marcher ainsi entre deux gendarmes dans les années 1950 eut sûrement été fatal à ma situation de médecin. Il aurait fallu revendre et s'installer ailleurs !

— On ne vient pas vous voir question maladie, mais rapport à vous, docteur, me dit le chef après s'être respectueusement découvert pour me saluer.

— Ah bon ! fis-je sans avoir la moindre idée de là où il voulait en venir.

— Oui, docteur, on est sincèrement désolé, mais c'est grave, reprit le chef.

Et il est vrai qu'avec son képi qu'il tripotait maladroitement, ses moustaches tombantes et sa conjonctivite chronique, il semblait réellement embêté. Son adjoint à côté de lui ne pipait mot, attentif à ne pas prendre la moindre initiative qui aurait pu contrarier le chef. Quant à moi, j'étais sidéré par ce qu'il m'apprenait sur la gravité de sa visite.

— De quoi s'agit-il ? demandai-je d'une voix mal assurée.

— Et bien, docteur... on vient vous voir, dit le chef en cherchant ses mots, on vient vous voir rapport à l'argent qui est pas là où il devrait être... pour payer ce qui doit l'être. N'est-ce pas, Alexis ? dit-il en se tournant vers son adjoint.

— Affirmatif, chef, fit son adjoint en claquant presque les talons.

— Pouvez-vous m'en dire plus ? demandai-je décontenancé.

— C'est le garage Renault, lâcha le chef à mi-voix comme s'il me révélait le nom d'un criminel, ils disent que vous les avez payés avec un chèque en bois.

— Un chèque en bois ! m'exclamai-je. Ce n'est pas possible ! Je paie toujours ce que je dois !

— On vous croit, docteur, fit le chef, mais il y a plainte. Faudrait que vous éclaircissiez rapidement l'affaire, sinon... malgré le respect qu'on vous doit... on sera obligé... enfin vous me comprenez.

Là-dessus, ils me quittèrent non sans un profond et respectueux salut. Même accusé, je restais à leurs yeux une autorité qu'il convenait de traiter dignement. Quant à moi j'étais abasourdi. Quelques coups de téléphone me permirent de comprendre de quoi il retournait.

J'avais acheté, deux semaines auparavant, une nouvelle voiture et convenu avec la banque d'un découvert ponctuel de trente jours. Malencontreusement l'autorisation de découvert s'était perdue dans les services de la banque. Mon chèque n'étant pas honoré, j'avais reçu une lettre de mise en demeure du vendeur de voitures. En colère, j'avais alors envoyé une missive au directeur de la banque pour lui rappeler fermement notre accord et une lettre d'excuses au vendeur. La lettre adressée à la banque était particulièrement bien sentie, à la mesure de la colère que j'éprouvais contre le bureaucrate anonyme qui n'avait pas fait son travail. Par malheur, sous le coup de l'énervement, j'intervertis les deux enveloppes. Le vendeur reçut la lettre de remontrances, il n'y comprit rien, se fâcha même d'être rudoyé pour m'avoir réclamé son dû. Du coup, il m'envoya les gendarmes.

La banque, elle, reçut ma lettre d'excuses, et sans se poser de questions la classa dans mon dossier.

Finalement, l'affaire s'arrangea. Mais pendant longtemps, j'eus un mouvement de recul chaque fois que je voyais un gendarme sonner à la porte !

« Vous, Louisette, on ne vous félicite pas : toujours pas d'enfants ! »

Peu après mon déménagement, un couple d'une trentaine d'années se présenta à mon cabinet de consultation. Lui était ouvrier chez Saint-Frères, elle restait à la maison. J'avais souvent trouvé cette femme triste et sans allant. Elle arborait un petit visage fermé, malheureux. Lui paraissait un bon gros gars, aimant les bonnes tartines de pain au pâté et ne se posant pas trop de questions. J'avais fait leur connaissance quelques mois plus tôt, à l'occasion d'un accident de travail. La blouse du mari s'était prise dans une machine tournante et avait entraîné tout le bras qui avait été cruellement blessé par l'acier. Cela m'avait donné l'occasion d'aller souvent chez eux, dans leur petite maison ouvrière, cependant jamais ils ne m'avaient parlé de ce dont il fut question ce matin-là.

Le mari, Hector, prit la parole :

— Docteur, on vient vous voir rapport à ma femme. Elle se fait du souci.

— Qu'est-ce qui vous inquiète, madame ? demandai-je.

La femme, Louisette, voulait parler, mais des larmes montaient à ses yeux. Elle se contint néanmoins et répondit :

— Docteur, on n'arrive pas à avoir d'enfants !

— Vous êtes mariés depuis longtemps ?

— Depuis dix ans, docteur ! lâcha la femme d'une voix tremblante. Et toujours rien !

— Bon, bon, fis-je d'une voix posée. Nous allons voir cela, je vais vous examiner tous les deux. Madame, si vous voulez bien venir par ici et vous déshabiller...

Tout en procédant à l'examen, j'interrogeai la femme sur la régularité de ses règles, l'âge auquel elles sont survenues, s'il y a d'autres problèmes de stérilité dans sa famille... Suivant les moyens rudimentaires d'investigation de l'époque, tout semble normal.

Ensuite, je demandai à l'homme de se déshabiller à son tour. Manifestement pas très à l'aise, il baissa son pantalon à bretelles, puis un sous-vêtement long plus ou moins propre, et là, au premier coup d'œil, je compris tout de suite la cause de la stérilité du couple. En dessous de son sexe, il n'y avait rien : pas de bourse ni de testicules. Hector était donc parfaitement stérile. Je procédai quand même à un examen et à quelques questions, pour me donner le temps de la réflexion. Puis je me rassis en face d'Hector et de Louisette.

Un professeur m'avait appris durant mes études à ne pas mettre en cause un seul des partenaires en cas de stérilité dans un couple. Selon lui, c'était le meilleur moyen pour éviter que l'un des deux porte seul le poids de l'absence d'enfants et s'entende reprocher par l'autre des problèmes dont il n'est pas objectivement responsable.

Cependant, dans le cas présent, il aurait été malhonnête de faire croire en un quelconque traitement. Je me lançai donc dans un long discours pour leur expliquer qu'il y a parfois des situations où un couple peut très difficilement transmettre la vie, voire ne posséder aucune chance d'avoir des enfants. Dans ces cas-là, précisai-je, il vaut mieux songer à l'adoption. J'ajoutai encore que malheureusement j'avais bien peur qu'eux-mêmes ne soient dans ce cas de couple définitivement stérile.

Trois semaines après, Louisette m'appela pour une visite. Elle se plaignait de maux de ventre. Je ne décelai rien de pathologique à l'examen. En revanche, Louisette me semblait très nerveuse. Alors je m'assis posément en face d'elle à la table de la cuisine recouverte d'une toile cirée :

— Qu'est-ce qui ne va pas, madame ? Y a-t-il quelque chose qui vous soucie ?

— Oui, et vous le savez bien, docteur ! me répondit-elle presque sèchement. Et puis d'un coup, sans prévenir, elle se mit à sangloter éperdument : On ne peut pas avoir d'enfants, docteur ! Et maintenant que vous avez examiné mon mari, vous savez bien pourquoi, n'est-ce pas ?

Je ne fis ni oui ni non et la laissai continuer.

— Comprenez-moi bien, docteur, je ne le lui en veux pas à Hector, le pauvre homme ! Il n'y est pour rien. Mais ma belle-mère, c'est tout autre chose !

Je vis alors apparaître sur son visage un élan de pure haine.

— Rendez-vous compte, docteur, chaque année, à chaque fête des mères, elle réunit tous ses enfants et ses petits-enfants. Ils sont cinq dans la famille de mon mari, et ils ont tous trois ou quatre gosses ! C'est vous dire si ça fait du monde ! Mais comme les parents de mon mari ont une ferme, ils ont de la place pour tous. Eh bien, docteur, chaque année, à chaque repas de fête des mères, il faut que ma belle-mère donne un cadeau à chacune de ses belles filles ou de ses filles pour les remercier de lui avoir donné des petits-enfants. Évidemment moi, je n'ai jamais rien : pas d'enfants, pas de cadeau ! Elle fait même pire que de rien me donner. Quand elle arrive devant moi, non seulement elle a les mains vides, mais en plus elle ne manque jamais de dire de sa petite voix aiguë : « Vous, Louisette, on ne vous félicite pas : toujours pas d'enfants ! Même si vous n'appréciez pas les familles nombreuses comme la nôtre, vous pourriez au moins faire un petit effort ! » Pourtant, elle sait bien, la vieille pie, que si nous n'avons pas d'enfants, c'est à cause de son fils ! Elle a bien vu qu'il n'était pas fait comme les autres garçons ! Mais non, chaque année, c'est le même supplice ! Et voilà que la prochaine fois, c'est dans trois jours… J'en suis malade et je me ronge ! Je n'en dors plus la nuit. Le jour, je ne fais que penser à cela : mon ménage et mon repassage ont un retard épouvantable !

Depuis ce jour, chaque année, aux approches de la fête des mères, Louisette me faisait appeler pour des maux de ventre inexpliqués. Je m'asseyais et je lui demandais : « Alors, madame, c'est encore votre belle-mère qui vous fait des misères ? » Invariablement, elle se mettait à pleurer et à me raconter la cérémonie des cadeaux, la belle-mère qui allait lui dire : « Eh bien, Louisette toujours pas d'enfants ? Vraiment vous n'aimez pas les bébés, vous ! »

Le point d'orgue se produisit quelques années plus tard. Un dimanche de fête des mères où j'étais de garde, je vis arriver la belle-mère de Louisette endimanchée. Elle portait un chapeau, un chemisier blanc et une jupe bleue marine accordée au chapeau. Sa main était enveloppée dans un bandage ensanglanté. Elle paraissait en état de choc. Je la fis asseoir et commençai à enlever précautionneusement les tissus du bandage. Une morsure apparut. Il s'agissait d'un coup de dents furieux qui avait manqué d'emporter un morceau de chair.

Soupçonnant la vérité, je demandai quand même :

— Qu'est-ce qui vous a fait ça : un chien, un chat sauvage, un singe enragé ?

— Pas du tout, répondit la belle-mère en s'efforçant de sauvegarder sa dignité, j'ai été mordue par ma belle-fille, Louisette ! Rendez-vous compte, docteur, non seulement elle ne me donne pas de petits-enfants, mais aujourd'hui, voilà qu'elle est devenue comme folle et qu'elle m'a mordue ! Si ce n'est pas malheureux ! Moi je l'invite à une fête de famille, où elle n'a rien à faire vu qu'elle n'a pas été capable d'avoir d'enfants, et elle, pour me remercier de ma gentillesse, tout ce qu'elle trouve à faire, c'est de me mordre !

J'étais sidéré d'un tel aveuglement, ou plutôt d'une telle bêtise, envers Louisette. Visiblement, la belle-mère ne comprenait strictement rien à sa belle-fille et, tant qu'Hector ne rétablirait pas les choses, cela continuerait. D'ailleurs, en sortant, la belle-mère, impavide, lâcha :

— Ah, docteur, on peut dire ce que l’on veut, mais ces femmes qui ne veulent pas d’enfants, c’est toujours un problème !

« Elle ne peut renier sa passion de posséder la terre »

Le fait d'être installé à Domart-en-Ponthieu me fit connaître d'autres secrets de famille. Je découvris que dans ces terroirs picards on avait la passion de la propriété terrienne. Un jour je rendis visite à une vieille dame qui, jusqu'alors, n'était pas une de mes patientes. Elle ne souffrait pas de grand-chose, en dehors d'une vue très basse qui, derrière ses lunettes aux verres épais, lui faisait des yeux énormes, interrogateurs, scrutateurs. Comme je m'en allais, elle m'arrêta de sa voix égrillarde sur le pas de la porte :

— Dites, docteur, c'est bien vous qui soignez M. Martin, route de l'église, à Saint-Éloi ?

— Oui, j'y vais de temps à autre, dis-je sans m'engager.

— Comment va-t-il, le vieux ? demanda-t-elle d'un ton hargneux avec ses énormes yeux qui me fixaient. Il vit toujours ?

— Ça va, ça va, répondis-je de façon évasive.

En effet j'avais pour règle de ne jamais parler de la santé d'un malade.

Deux mois plus tard, la vieille dame me rappela, cette fois encore, elle voulut des nouvelles de M. Martin.

Deux mois après, cela recommença, et ainsi de suite.

Je me suis dit que ce monsieur devait être de ses cousins et qu'elle s'enquerrait de sa santé.

Et puis, un jour, M. Martin — un vieil agriculteur usé à la tâche, aux mains calleuses et puissantes, portant un éternel tablier de travail gris, bien que ses douleurs le clouent dans un fauteuil — m'interrogea lui aussi sur la dame :

— Et Mme Dupont, c'est bien votre patiente, docteur ? Comment va-t-elle ? Pas encore dans la tombe ?

Un peu surpris par son ton agressif, je lui répondis vivement :

— Non, elle est toujours vivante, mais pourquoi me demandez-vous cela ?

— Pour rien, docteur, juste pour savoir.

Cependant, lui aussi se mit à m'appeler tous les deux mois et à vouloir à chaque fois des nouvelles de la vieille dame.

Comme je m'étonnais de plus en plus, un jour il m'expliqua :

— Mme Dupont, c'est ma femme, docteur, mais vu qu'on est séparés, elle a repris son nom de jeune fille.

— Vous êtes divorcés, et alors ?

— Non, nous ne sommes pas divorcés, nous ne pouvons pas, répondit-il.

— Comment cela, vous ne pouvez pas ?

— Quand nous nous sommes mariés, son père nous a obligés à signer un papier chez le notaire, une « donation universelle » il a appelé cela. Ensuite, il nous a expliqué que si l'un de nous deux demande le divorce, il perdra ce qu'il a, et l'autre aura tout. Il voulait être sûr que quoi qu'il arrive, on resterait ensemble. Mais on s'est vite rendu compte qu'on n'était pas faits l'un pour l'autre. Ma femme aurait voulu se marier avec quelqu'un de la ville, pas avec un paysan comme moi. J'étais parfaitement méprisable à ses yeux. De mon côté, je ne supportais pas ses criailleries incessantes. Pourtant, on n'a pas divorcé et on ne divorcera jamais de peur de perdre les propriétés. Même si ma femme est attirée par la ville, elle ne peut renier sa passion de posséder la terre. Elle porte cela en elle, docteur. Ici tout le monde a la terre dans le sang !

— Et pourquoi me demandez-vous toujours des nouvelles de votre femme ?

— J'attends qu'elle meure, docteur. Car à ce moment-là, je pourrai tout récupérer ! On n'a pas d'enfants et je suis son héritier universel, donc je vais tout avoir pour moi tout seul : les terres de nos deux familles !

Je sentis dans sa voix toute sa hargne. J'étais abasourdi par cette situation aberrante de ces deux vieux qui, depuis un demi-siècle, n'avaient rien d'autre en tête que d'attendre la mort de l'autre. Cela me semblait d'une tristesse insondable. Ni la vie, ni les années ne leur avait fait lâcher prise.

Ce fut le mari qui partit le premier, un soir d'hiver. La femme aux gros yeux de verre hérita de tout. Néanmoins, peu après, elle déclina rapidement. Le combat contre son mari ne la soutenait plus. La dernière fois que je la vis, elle me dit, désabusée : « J'ai voulu les terres, et je les ai eues. Mais, aujourd'hui, je me dis : à quoi bon ? Moi, j'aurais voulu vivre en ville, et j'ai passé toute ma vie ici, à la campagne, à surveiller mon mari pour qu'il ne dilapide pas l'héritage. Et maintenant, je possède les terres à moi toute seule, et je ne sais pas quoi en faire ! Je n'aime ni les champs, ni les prairies, mais la ville. J'aurais aimé vivre en appartement ou dans une petite maison de ville, être bien chauffée l'hiver, faire du lèche-vitrines tous les jours, aller au cinéma… et j'ai passé ma vie à espérer des terres dont je ne voulais pas ! »

Peu après, elle mourut à son tour et, comme elle n'avait pas d'héritier direct, ce fut le fisc qui encaissa la majeure partie de l'héritage. Ainsi va la cupidité des hommes qui les fait courir une vie entière, pour ne saisir que du vent.

« Mon frère a tout pris ! »

Les premiers jours de novembre répandaient leur morne lumière sur les arbres dépouillés des bois de Domart-en-Ponthieu. Au flamboiement des feuillages d'octobre avaient succédé les branchages vides qui annonçaient l'hiver. C'était l'époque où tous les habitants du canton s'en allaient respectueusement fleurir les tombes de leurs morts. Même les hommes qui s'écartaient des églises en jurant ne pouvaient s'empêcher de venir furtivement esquisser un signe de croix devant les tombes de leurs proches.

Cependant, moi qui étais maintenant le médecin du village, je connaissais bien des histoires de familles, je savais qu'un certain nombre de pèlerinages sur les tombes donnaient tout autant l'occasion de raviver le souvenir d'un mort que celui de son héritage.

J'ai su l'histoire de Jules par Martine, la voisine de sa mère.

Jules était un bon garçon, qui venait souvent voir sa vieille maman. Dès qu'il apprit la mort de sa mère, il monta dans sa voiture et arriva à toute vitesse. Prenant à peine le temps d'arrêter son moteur, il ouvrit la portière et se jeta en larmes dans les bras de Martine qui l'avait prévenu.

— Quelle catastrophe, Martine, Maman était encore si bien la semaine dernière !

— Eh oui, mon pauvre Jules !

— Dieu sait que je ne m'y attendais pas !

— Eh oui, mon pauvre Jules, nous sommes peu de chose.

Jules s'apitoya encore quelques minutes sur sa mère, puis il regarda sa montre et se reprit :

— Martine, je ne vais pas te faire perdre ton temps davantage. Tu as sûrement du travail qui t'attend chez toi.

— Penses-tu, mon pauvre Jules, je vais t'assister !

— Non, non, Martine, maman m'avait bien averti de ne pas causer de dérangements aux voisins quand « ça » arriverait. Et aujourd'hui, c'est vraiment le jour où je dois respecter ses volontés.

— Comme tu veux, mon pauvre Jules, je te laisse. Es-tu vraiment sûr que cela va aller ?

— Ne t'inquiète pas, Martine, je vais me débrouiller.

À peine Martine éloignée, le « pauvre Jules » avança devant la porte la carriole accrochée à sa voiture. Puis il s'activa à l'intérieur de la maison. Tout ce qu'il put emporter, il le prit et le mit dans la carriole. Bientôt les voisins, qui guettaient par la fenêtre, entendirent des coups frappés sur les murs et les sols : il cherchait le magot de la vieille !

À peine deux heures plus tard, il était prêt à partir. La carriole débordait.

— Tu t'en vas déjà, mon pauvre Jules ?

— Eh oui, Martine, on a beau avoir du chagrin, la vie continue !

Et « le pauvre Jules » démarra à toute allure.

Une demi-heure après, son frère arriva de Paris avec sa femme. Ils avaient fait le plus vite possible. Quand ils ouvrirent la porte de la maison pour entrer, les voisins sortirent sur le trottoir pour voir ce qui allait se passer. Ils ne furent pas déçus. À peine une minute plus tard, ils entendirent l'homme qui gueulait à sa femme : « Angélique, regarde ! Mon frère a tout pris. Il n'a laissé que le lit sur lequel la mère est étendue ! »

« Je suis réveillée et je tremble »

Quand les hommes devaient me confier quelque chose en rapport avec leur maladie, ils le faisaient directement et sans circonvolution. Il en allait autrement de leurs épouses ou de leurs filles qui, généralement, ne livraient pas leurs secrets sans plusieurs détours.

Depuis mes premiers remplacements dans ce canton, je soignais une femme blonde d'une quarantaine d'années, un peu forte. Sa nervosité était frappante, elle semblait constamment sur le qui-vive. Cette femme me consultait régulièrement pour des pertes d'équilibre : « Je tombe tout le temps, docteur ! » Un jour, elle souffrait d'un énorme bleu à l'épaule, une autre fois, c'était la cuisse qui tournait au violet, à moins qu'il ne s'agisse d'un œil au beurre noir consécutif à une chute la tête la première sur un meuble. J'avais bien du mal à la croire, mais elle m'appelait toujours quand elle était toute seule, je ne pouvais donc pas interroger qui que ce fût pour comprendre la clé du mystère.

Et puis, un jour, quand je suis arrivé, la maison était sens dessus dessous. Les meubles étaient défoncés, les chaises cassées, et la femme se tenait assise comme elle pouvait au milieu de tout ce bazar. Elle présentait de multiples traces de contusions et voulait encore me raconter une de ces histoires de perte d'équilibre, mais je l'ai arrêté :

— Dites-moi la vérité, madame !

Alors, elle me répondit honteusement, dans un souffle :

— La vérité, docteur, c'est que mon mari boit et qu'il a le vin mauvais.

Maintenant qu'elle avait avoué le plus dur, elle se lâcha et me raconta toute son histoire :

— Docteur, mon homme, il buvait déjà avant le mariage. Mais moi, je me suis dit que quand on serait ensemble, je saurais bien le retenir. D'ailleurs il m'a promis de faire des efforts sitôt qu'on serait mariés. Mais voilà, docteur, un homme qui boit, c'est un homme qui boira toujours. Mon Jacques s'est laissé entraîner par les copains, et maintenant, tous les samedis soir, il est au café ! C'en est à un point docteur que quand il rentre, quelle que soit l'heure, je suis réveillée et je tremble. Il est toujours soûl. Je l'entends monter lentement les marches et je compte celles qui restent avant l'étage. Et je me dis :

si au moins il pouvait en louper une et dégringoler ! Mais non, il bute sur les marches, il s'y reprend à plusieurs fois, mais il grimpe ! Le moment de vérité, c'est quand il entre dans la chambre. S'il s'effondre sur le lit et ne dit rien, ça va. Même s'il se met à vomir, ce n'est pas grave. Mais s'il me cherche querelle, alors là c'est terrible. Il cogne dur : il a de la force, vous savez docteur !

Malheureusement, elle avait raison. Quand je fis la connaissance du mari, je n'eus aucun doute sur sa capacité à frapper dur. Il s'agissait d'une espèce de petit râblé bas sur pattes, rendu constamment agressif par l'alcool. Il me parut d'une hargne sans fin, il ne l'assouvissait qu'en frappant celle qu'il appelait « la blondasse », sa femme.

« Le pire, disait la pauvre femme, c'est quand il a envie de moi. C'est tout comme s'il me violait. Ma sœur me dit de divorcer, mais je n'ose pas. Si je faisais une chose pareille, je crois bien qu'il me tuerait ! »

Je fus tellement retourné par les malheurs de cette femme que je m'en ouvris au Dr Havet. Je me proposai d'en parler à la gendarmerie ou même de faire intervenir les services sociaux d'Amiens.

— Surtout n'en faites rien ! s'exclama le Dr Havet. Attendez quelques années, et il est bien possible que vous voyiez les choses sous un autre angle !

Je ne répondis rien, mais, lui faisant confiance, je décidai de m'en tenir strictement à mon rôle de médecin : soigner la pauvre femme, lui dire des paroles d'encouragement et l'écouter raconter les brutalités de son mari.

Environ cinq ans plus tard, le mari décéda à l'hôpital des multiples affections d'un organisme usé par l'alcool. De ce jour, cette femme ne m'appela plus jamais et consulta un nouveau médecin qui s'était joint à l'association formée par le Dr Havet et moi-même. J'étais très surpris du changement radical d'attitude de cette femme. Durant toutes ces années, elle n'avait juré que par moi !

— Comment va-t-elle ? finis-je par demander à mon associé au bout de quelques mois.

— Elle ne cesse de pleurer son mari. Il lui manque terriblement.

— Il s'agissait pourtant d'un méchant poivrot !

— C'est incroyable, elle me parle toujours de lui comme d'un homme qu'elle regrette !

Ainsi donc, cette femme qui avait tant souffert du vivant de son époux le pleura ensuite pendant des années. Et elle ne voulut plus me voir, moi qui connaissais les agissements de son mari. Elle finit même par se brouiller avec sa sœur, son unique famille. La sœur n'admettait pas ce retour de tendresse envers un mari qui, en vingt ans de mariage, avait battu sa femme tous les samedis soirs. Et la femme demeura seule avec son chagrin pour ce mari « qui, au fond, n'était pas un mauvais homme ».

Une petite demoiselle de Picardie

Les soins apportés à la famille Jean furent une nouvelle occasion de me rendre compte de la difficulté de communiquer de médecin à malade. Il s'agissait d'ouvriers qui ne travaillaient pas chez Saint-Frères, mais prenaient le car tous les jours pour aller travailler « à ch'zone », la zone industrielle d'Amiens qui, en cette fin des années 1950, commençait à sortir de terre.

La famille Jean n'habitait pas en cité ouvrière, mais dans une étroite maison en briques achetée par le grand-père avec l'argent d'un héritage. Ils étaient une dizaine à s'entasser à l'intérieur. Trois générations s'y côtoyaient : les grands-parents, leur fils et sa femme, et les petits-enfants. Tout le rez-de-chaussée était pratiquement occupé par la grosse cuisinière à bois et la grande table de ferme où ils se rassemblaient tous pour manger. Le grand-père présidait, ni lui ni son fils ne se levaient pendant le repas : les deux femmes faisaient le service.

Le fils, âgé de cinquante ans, fumeur invétéré, m'avait inquiété à l'auscultation. Je lui avais donc prescrit une radiographie pulmonaire à passer à Amiens. La semaine suivante, je vins le voir pour examiner la radio. À ma grande satisfaction, elle était normale : pas de tumeur en vue. Je me souviens aussi qu'en tournant la tête pour présenter la radiographie à la lumière, je fis une grimace à cause d'un torticolis qui me faisait souffrir ce matin-là. Une fois convaincu que la radiographie était parfaitement anodine, je rassurai toute la famille, les grands-parents, la femme, les enfants, puis je rassemblai mes affaires pour partir. À peine dehors, la femme me rejoignit aussi vite que lui permettaient ses jambes couvertes de varices. Elle me dit d'une voix saccadée :

— J'ai bien vu votre mouvement de recul en regardant la radiographie, docteur : c'est grave n'est-ce pas ? Vous n'avez pas voulu le dire devant mon mari, je le comprends bien, mais à moi, dites-moi la vérité : il ne va quand même pas mourir ?

Je la rassurai à nouveau et lui expliquai mon problème de torticolis. Cela n'empêcha pas que la fois suivante, quand je vins soigner un des petits-enfants, la grand-mère me prit à part pour m'interroger à son tour sur la santé de son fils et sur cette radio qui m'avait provoqué un tel mouvement de recul. Tout en lui expliquant à nouveau mon problème de torticolis, je pensais à cette phrase d'Épictète : « Ce n'est pas l'événement qui trouble l'homme, mais l'idée qu'il s'en fait[1]. »

Quelques années plus tard, le fils tomba gravement malade. Il s'agissait d'un cancer de la gorge. Ils essayèrent de le soigner à l'hôpital d'Amiens, mais la maladie était trop avancée, il n'y avait plus rien à faire. En désespoir de cause, ils le renvoyèrent chez lui, sachant très bien qu'il était en fin de vie, mais sans en informer la famille.

Ce fut donc moi qui dus annoncer la triste nouvelle.

Je me revois entouré des membres de la famille, à l'exception du malade. Ils attendaient anxieusement ce que j'allais leur dire. Il y avait même la nièce du malade, dont le mariage était prévu dans quelques mois. Depuis l'histoire de la radiographie, les grands-parents étaient morts, je n'aurais donc pas à leur apprendre le décès prochain de leur enfant.

Personne n'aime annoncer une mort à venir, les médecins pas plus que les autres. Tous ces visages qui m'entouraient espéraient en dépit de tout, prêts à se raccrocher à n'importe quelle promesse. Mais je savais tout inutile, le pauvre homme n'en avait

1. Épictète, *Ce qui dépend de nous*, Arléa, 1991, p. 23.

plus pour longtemps, une semaine tout au plus. À petites touches, j'ai essayé d'expliquer la situation à sa famille : un cancer tel que le sien était une maladie redoutable dans ces années 1950, leur cher malade était bien atteint, l'hôpital ne pouvait plus rien pour lui... Mais ils ne comprenaient pas. Je finis par laisser tomber.

— Dans quelques jours, il ne sera plus là.

Les visages se figèrent. Ils avaient compris.

Je sortis de la maison particulièrement triste. Cependant, comme la mère quelques années auparavant, la future mariée me rattrapa avant que je ne monte en voiture. Elle avait vingt ans et leva vers moi un visage inquiet, encadré de longs cheveux bruns. Elle me demanda :

— Pardon, docteur, mardi prochain, mon oncle sera-t-il assez en forme pour venir essayer son costume ? Vous comprenez, je voudrais qu'il soit bien habillé pour mon mariage, dans trois mois.

La pauvre fille avait bien entendu l'annonce du décès prochain de son oncle, mais son cerveau refusait de comprendre, elle le voyait toujours assistant à son mariage.

Alors je réexpliquai les choses. Et elle s'en retourna le cœur chaviré, petite demoiselle de Picardie qui ne voulait pas voir mourir son oncle.

« Ch'l'amputé du bras »

Dans les années 1950, une bâtisse grise et sombre, appelée l'hospice, se dressait sur la place de Domart-en-Ponthieu. Depuis plus d'un siècle et demi, toute la misère du canton aboutissait là : les simples d'esprit sans famille, les vieux sans argent, les estropiés de la vie. La commune, aidée des services sociaux, prenait soin d'eux en les abritant et en leur octroyant le couvert, un lit et un uniforme bleu taillé dans du gros drap. Du mois de mars jusqu'à la fin octobre, au moindre rayon de soleil, on voyait tous les pensionnaires de l'hospice sortir et s'asseoir sur les marches du porche pour regarder à leur aise l'animation de la place. L'un d'entre eux avait la lubie de la promenade et parcourait en tous sens les chemins environnants en tirant sur sa pipe. Un autre souffrait de la manie de sourire à ce qu'on lui disait avec l'air de n'y comprendre strictement rien. Il s'agissait de braves gens jetés là par les malheurs de l'existence. Aucun n'était méchant pour un sou, sauf quand quelque gars vicieux du coin s'amusait à en soûler deux ou trois pour les pousser à se battre ensemble.

Dès l'époque de mes remplacements, j'avais fait connaissance dans cet hospice de « ch'l'amputé du bras ». Âgé d'une soixantaine d'années, il avait échoué là, complètement usé par la vie, se traînant d'une pièce à l'autre, ayant à peine la force de tirer sur sa cigarette une bouffée complète.

L'invalide me raconta maintes fois que son bras avait été emporté par une balle lors d'un assaut en avril 1917 aux Chemins des Dames. Il entrecoupait son long récit de sa toux caverneuse, et cela semblait sans fin.

« J'ai été touché à deux endroits en même temps : le bras et la cuisse. Mais, docteur, je vais vous dire, le plus dur, ça n'a pas été d'être touché. Mais de se morfondre, allongé sur la terre gelée, en attendant les brancardiers. Est-ce qu'ils vont venir, ou est-ce que je vais crever ici ? que j'me disais. Je voyais du sang partout sur moi et je criais à l'aide tant que je pouvais. C'est dans ces moments-là que l'on se sent plus seul que seul, docteur ! Et puis voilà les brancardiers qui arrivent. Je leur aurais presque pleuré dessus de soulagement. S'ils n'étaient pas venus, je me vidais de mon sang comme un poulet, et c'était fini ! Remarquez, vu ce qui m'est arrivé sur mes vieux jours, cela aurait peut-être mieux valu…

« Pour la cuisse, la fracture de l'os s'est remise

sans s'infecter ; je boite, mais je marche quand même. Mais le bras, cela a été une tout autre histoire, la gangrène s'est mise dessus. Un jour, à l'ambulance, je me réveille et je vois que je n'ai plus de bras gauche. Ils m'avaient tout coupé. Je ne peux pas vous dire ce que cela fait, docteur ! Je me revois toujours sur mon lit, découvrant mon bras en moins. Je voulais bouger la main, je faisais le mouvement dans ma tête, mais dans la vraie réalité, rien ne bougeait. Même aujourd'hui, cette main et ce bras que je n'ai plus me démangent encore, c'est vous dire !

« Avec la main qui me restait, une fois rentré au village, j'ai quand même pu tenir la charrue derrière le cheval. Du côté droit, je tenais le manche par la main et du côté gauche je guidais avec mon corps et mon moignon. Ça allait comme ça pouvait, mais au moins ça labourait ! »

Un jour, l'invalide me fit venir :

« Écoutez, docteur, maintenant que vous habitez Domart comme nous autres, je m'en vais vous dire pourquoi je suis à l'hospice, au milieu de ces gens qui n'ont pas toute leur tête. Quand ma femme est morte de sa belle mort, mon fils et ma bru m'ont proposé de venir habiter chez moi. Ils me disaient que vu que j'avais plus de femme, la bru s'occuperait de la cuisine et du ménage et que j'aurais plus à me soucier de rien. Ma seule préoccupation serait de regarder les enfants grandir, comme un bon grand-père. Ils ont tellement insisté qu'ils sont venus. De toute façon, j'étais trop vieux, je ne me voyais plus courir après la charrue : il fallait que mon fils reprenne la ferme.

Une fois qu'ils ont été chez moi, je me suis aperçu que mon fils n'était pas un mauvais gars, mais que sa femme, elle, elle aimait l'argent. Ils ont commencé à lorgner sur la petite réserve d'économie que j'avais mise dans une boîte fermée à clef dans ma chambre. Et puis un jour, le fils, il m'a supplié de lui donner un peu du contenu de la boîte :

— Non ! que je lui réponds.

— Si c'est comme ça, qu'il me fait, je m'en vas le prendre tout seul ! Et ni une ni deux, v'là qu'il m'arrache de force la boîte des mains !

Faire ça à son père ! J'en ai été malheureux pire qu'un chien pendant des semaines. Mais j'ai rien dit à personne. Je ne voulais pas raconter partout ma honte ! Mes économies ont occupé ma bru plusieurs mois mais, à la fin, elle s'est retrouvée aussi démunie qu'avant. Alors elle a commencé à lorgner sur ma pension d'ancien combattant, et j'ai compris qu'elle voulait faire main basse dessus. Mais moi, docteur, à chaque fois que je la touche, cette pension, je me souviens des tranchées, des copains, de tout ce qui était ma vie durant plus de trois ans, et c'est sacré — oui, sacré comme la voie qui menait à Verdun.

Dès que j'ai su ce que voulait la bru, aussitôt, je suis venu à l'hospice. Docteur, je peux bien supporter que mon fils me brutalise, qu'il me vole, qu'il hérite de mes terres avant l'heure, mais qu'il me prenne ma pension d'ancien combattant, jamais ! Je préfère être à l'hospice !

Je voulais vous dire ça, parce que c'est bien possible qu'un jour, ça soit fini pour moi. Mais maintenant, je sais que même si je suis sous terre, il y aura quelqu'un pour savoir ce que ma bru a obtenu de mon fils. Elle lui a fait dépouiller un ancien de la Grande Guerre, un homme qui a perdu son bras et un morceau de jambe pour la Patrie !

Oui, docteur, retenez bien tout ça, tout ce que je vous ai dit, comme ça, quand viendra l'heure pour moi d'aller au ciel, il y aura quelqu'un pour se souvenir, ça s'éteindra pas complètement avec moi. Et peut-être que mon fils, il en aura du remords. »

À la mort de l'invalide, le fils vendit la ferme pour aller en ville. La terre ne l'intéressait pas. Bien des années plus tard, j'ai entendu dire qu'à son tour il souffrait d'une profonde mésentente avec l'un de ses enfants. Et j'ai songé que cette situation qui se reproduisait d'une génération à l'autre, c'était un peu comme si le spectre de « ch'l'amputé du bras » était venu tourmenter son fils pour l'amener à comprendre ce qu'il avait fait.

« Je vous souhaite de jamais vivre une chose pareille, docteur ! »

En cette fin des années 1950, ce que l'on appelait pudiquement les « événements d'Algérie » retenait toute l'attention. Des jeunes appelés qui effectuaient leur service militaire furent envoyés de l'autre côté de la Méditerranée pour se battre. Les parents, inquiets, voyaient partir leur enfant de vingt ans pour une guerre qui ne disait pas son nom.

J'assistais avec angoisse au rappel des classes d'âge successives, en attendant mon tour. Je craignais tout à la fois de devoir abandonner ma famille et de partir là-bas pour une guerre dont je commençais à deviner les horreurs. L'inattendu se produisit alors : le général de Gaulle revint au pouvoir. Il fallait bien que la IVe République fût complètement à bout de souffle pour appeler à l'aide celui qui voulait la faire disparaître. À ce moment, nous avons été nombreux à espérer qu'avec « l'homme du 18 juin », les problèmes d'Algérie s'apaiseraient rapidement. Mais il n'en fut rien. Et je vis avec émotion de nouvelles recrues partir comme l'avait fait mon père le 2 septembre 1939. La guerre c'était pour moi le souvenir des bombardements, des sirènes d'alarme, des familles sans nouvelles de leurs prisonniers en Allemagne. Je ne voulais surtout pas revivre quelque chose qui se rapprochât de cela. Je me demandais aussi ce que deviendrait ma patientèle si l'on m'envoyait accompagner des soldats combattre le FLN ? Pourrais-je continuer à nourrir ma famille et à rembourser mes emprunts avec ma solde de médecin auxiliaire ?

Je fus, dans ces mois-là, particulièrement impressionné par Jean-Marie, un des premiers soldats de nos contrées picardes qui revint d'Algérie après avoir pris part aux actions d'une unité combattante. Depuis son retour, ses parents étaient très inquiets pour lui : il vivait dans une terreur continuelle, refusant absolument de sortir de sa maison dès qu'il faisait sombre, demandant même qu'on lui laissât, comme à un enfant, une lumière allumée la nuit. Le pire étant peut-être pour ses parents de le surprendre en train de descendre les escaliers en rampant ! « C'est plus fort que moi », m'expliquait-il les yeux écarquillés, le visage encore travaillé par l'angoisse. « Je sais qu'il n'y a pas d'ennemis ici, mais cela ne fait rien, il faut que je me protège !

J'ai toujours en mémoire une nuit où notre groupe a été attaqué. Les balles sifflaient partout, ricochaient dans les rochers au hasard. J'avais peur. À un moment, mon voisin a reçu un éclat de pierre dans le cou et il a cru qu'il était touché. Il s'est mis à crier et à s'agiter comme un rat qui va mourir. Sans le sergent qui lui a mis un coup de crosse dans le ventre pour le ramener à la raison, il s'enfuyait en courant et ils l'auraient abattu. Malheureusement, tout le monde n'a pas eu sa chance. Je peux vous dire qu'au matin, le spectacle, il était pas beau à voir ! »

Invariablement, Jean-Marie concluait son récit par un « Je vous souhaite de jamais vivre une chose pareille, docteur ! » qui ne manquait pas de me rappeler ma situation précaire.

Enfin, le 18 mars 1962, les accords d'Évian furent signés, et le cessez-le-feu fut proclamé. J'étais soulagé, je n'irais jamais en tenue kaki accompagner des soldats dans les bleds ou les oueds, ou bien participer à quelque sanglante nouvelle bataille d'Alger.

Un rhizome qui lance ses racines à travers les générations

Parallèlement à la fin de la guerre d'Algérie, les campagnes commencèrent à se transformer, les tracteurs firent davantage partie du paysage et les lourds chevaux de traits, devenus inutiles, partirent à l'équarrissage. Ce fut aussi l'époque d'un exode massif du monde rural vers la ville. On ne pouvait plus vivre avec quelques hectares. Il fallait abandonner la terre et devenir ouvrier. Les vieux s'accrochaient à leur terre et continuaient d'y travailler tant qu'ils en avaient la force, mais les jeunes comprenaient qu'il n'y avait plus d'avenir à essayer de vivre sur des parcelles trop réduites.

Domart-en-Ponthieu et la vallée de la Nièvre échappèrent heureusement à un exode massif de population vers Amiens. Certes, bien des fils d'agriculteurs abandonnèrent la terre, mais plutôt que de déménager, ils prirent le car chaque jour et s'en furent travailler à la zone industrielle. Par chance, cette dernière se trouvait de notre côté de l'agglomération amiénoise.

Je me souviens d'un vieux paysan tout courbé de rhumatismes, aux articulations gonflées et noueuses à force de labeur. Par peur du froid, il portait toujours une longue ceinture de flanelle par-dessus sa chemise et une veste de velours marron. Ce vieil homme aux moustaches blanches et tombantes se trouvait désespéré que son fils unique ne reprenne pas la ferme. Calé de guingois dans son fauteuil, il ne décolérait pas :

« Vous croyez-t-y qu'y sera heureux min fieu à ch'l'usine, docteur ? Moé, j'y crois point. On n'peut point être heureux enfermé dans un atelier toute la journée sans voir la lumière du soleil. Une machine c'est une machine, docteur, tandis que moé, ma jument — la Grise —, elle me tenait compagnie. Je l'aurais jamais donnée au boucher, même quand elle était toute vieille et pouvait à peine sortir de l'écurie. Aux chevaux, on parle, mais y a rien à dire à une "fraiseuse", comme il appelle ço, min fieu. On se sert d'une fraiseuse, comment on l'ferait d'une lime ou d'un marteau, et quand elle ne fonctionne plus, on la ferraille !

Quand j'ai pris la succession de min père, j'étouais fier ! Mais aujourd'hui, min fieu, est-ce qu'il a encore de la fierté de lui-même à s'en aller avec z'autres en rang par deux comme à l'armée, pour fraiser de la ferraille au commandement ?

Moé, je palpais la terre, j'ensemençais la terre, je récoltais les produits de la terre. La terre c'est vivant. Mais un morceau d'acier, c'est qu'un bloc de métal : rien à lui dire, rien à en sortir, c'est froid, sans vie !

Ah, je suis bien malheureux à cause d'min fieu ! Mais, j'm'en vas vous dire docteur : l'gamin, y peut faire le fiérot à l'usine et rouler des mécaniques devant sa fraiseuse, y restera toujours le dernier rameau d'une lignée de paysan. Y peut porter un bleu de chauffe, mais dessous — rien à gratter ! — c'est un gars de ch'terre ! »

Une vingtaine d'années plus tard — au début des années 1980 — ce fut la petite-fille du vieil homme qui lui causa un chagrin plus grand encore en allant habiter en ville :

« Et pas n'importe quelle ville, docteur ! me dit le vieil agriculteur, elle est partie vivre à Paris parce qu'elle a rencontré un homme là-bas ! Vous y comprenez quelque chose, vous, à ce besoin qu'ont tous les gins d'aller se mettre les uns sur les autres dans des immeubles ? Qué plaisir ont-ils à prendre le métro le matin et à s'entasser là-dedans pareils à des grains dans un silo ? Karine peut point être heureuse commô ! Rendez-vous compte, partout autour de là où c'qu'elle habite, y a que du béton et du goudron. Elle voit aucun arbre et même pas un morceau d'terre pour lui rappeler d'où c'est qu'elle vient !

Sin père y travaille dans une usine, mais sin mari y travaille dans un bureau. Comme ço, y ne se salit pas les mains qu'y dit. Mais moé, docteur, je me suis sali les mains toute la vie en retournant la terre et en soignant les animaux, n'y a pas de honte à cela. Les papiers ça paraît propre, mais y a des fois des mots qui sont écrits dessus qui sont plus répugnants que du purin.

L'homme à Karine y me raconte que dans sin bureau, y fait des choses importantes : il écrit sur des papiers, y classe des dossiers... et alors ! Moé ce que je faisais, c'était pas moins important, car j'vas vous dire, c'est avec ce que produit la terre qu'on nourrit les hommes pas avec des papiers imprimés ! Si demain, on supprime les papiers, on continuera à manger, mais si nous autres, ces gins de ch'terre, nous disparaissons, alors là, ço sera vraiment le pétrin ! »

Malheureusement, le vieil homme ne vécut pas assez longtemps pour voir ce qu'il advint de son arrière-petit-fils. Il aurait été ému de savoir que le fils de sa petite-fille avait quitté Paris au tout début des années 2000 et qu'il s'en était allé reprendre une ferme en Auvergne...

Le vieil homme avait raison : quand on est issu d'une lignée d'agriculteurs, l'amour de la terre finit toujours par ressurgir, tel un rhizome qui lance ses racines à travers les générations.

« Maison médicale, j'écoute ? »

En ces années 1960, des changements se produisirent au sein de notre association de médecins. Jusque-là, notre mode de fonctionnement nous convenait parfaitement : le Dr Havet et moi recevions nos malades chacun à notre domicile, et nous venions aussi consulter au domicile de l'autre sans problème. Nous ne voyions donc aucune raison de changer notre organisation. Cependant l'un de nos concurrents directs, le Dr Thomas, prit contact pour s'associer avec nous. Il en avait assez de sa situation de médecin de campagne isolé, toujours de garde, la nuit, le dimanche, ne pouvant prendre des vacances à moins de confier ses patients à des remplaçants peu sûrs. Il nous offrait donc de nous associer avec lui. C'était pour le Dr Havet et moi une occasion à saisir, nous le sentions bien. À trois, notre assise serait plus grande, et nous pourrions plus facilement mettre en échec un concurrent qui viendrait s'installer contre nous. Cela nous éviterait enfin les désagréments de la lutte feutrée qui nous opposait au Dr Thomas pour fidéliser les quelques patients qui faisaient appel tantôt à ses services tantôt aux nôtres.

Nous nous sommes donc associés à trois. Malheureusement cela ne dura pas. Le Dr Thomas se tua l'hiver suivant sur la route, un jour de verglas. Il fallut le remplacer rapidement pour éviter de voir ses malades partir ailleurs et le bénéfice de notre association à trois disparaître. Le Dr Reix vint donc se joindre à nous.

Peu de temps auparavant, notre dernier concurrent local, le Dr Martin, était mort lui aussi. Ne voyant aucun successeur racheter sa patientèle, je proposai à un autre médecin de s'associer avec nous. Il s'agissait du Dr Poirier, un ancien ami de l'Internat d'Amiens.

Il n'était plus possible de travailler à quatre médecins comme à deux. Nous ne pouvions plus consulter aux domiciles des uns et des autres et compter sur nos épouses respectives pour répondre aux appels téléphoniques et aux coups de sonnette à la porte. Et puis, qui devaient-elles envoyer quand on demandait « un médecin » sans préciser lequel : leur mari ? Mais s'il était déjà pris, auquel des trois autres médecins s'adresser ? Tout cela devenait ingérable et source de conflits à terme. Il fallait un local commun où recevoir nos malades et installer une secrétaire : une maison médicale.

Après bien des tergiversations, nous avons choisi de construire une maison médicale neuve à Saint-Léger-lès-Domarts. Il fallait faire appel aux compétences d'un architecte, ce qui n'était pas sans éveiller ma méfiance. En effet, j'avais bien connu dans l'ouest de la France un architecte sans scrupules qui avait mis à mal une association de médecins en l'espace de quelques années. Il s'agissait d'un Méditerranéen sec et nerveux, amoureux de belles voitures, dont la spécialité était de doubler sans visibilité en haut des côtes. « Ça passe ou ça casse », telle était sa devise. Il y associait un goût certain du luxe que l'on retrouvait dans ses constructions pour les médecins. Il était en effet convaincu que ces derniers « avaient de l'argent pour payer ».

Deux médecins bretons avaient utilisé ses services pour construire leur maison médicale. L'architecte avait vu grand, et même très grand. Il leur avait prévu un vaste bureau de quarante mètres carrés chacun, et y avait adjoint deux autres bureaux aussi grands pour d'éventuels autres associés. Pour le secrétariat, il leur avait expliqué que le jour où ils seraient quatre, il leur faudrait deux secrétaires « et donc deux secrétariats, car si vous mettez les deux secrétaires ensemble, elles parleront entre elles au lieu de travailler » ! Ainsi les deux associés s'étaient retrouvés bientôt à la tête d'une vaste construction d'une dizaine de pièces dont ils n'avaient pas l'utilité, sans compter le parking immense que l'architecte leur avait fait goudronner pour faire face à l'affluence « prévisible » des malades.

Finalement, devant l'ampleur des emprunts à rembourser, les deux médecins se disputèrent et rompirent leur association. Ainsi eurent-ils chacun une secrétaire, ce qui permit d'utiliser les deux secrétariats ! « Les associations de médecins, c'est comme ça, ça passe ou ça casse ! » fut la seule conclusion de l'architecte.

Il est inutile de préciser que pour éviter une telle expérience, je m'employai à lutter pied à pied avec notre propre architecte pour limiter les dépenses. Chaque bureau fut commun à deux médecins, et il n'y eut bien sûr qu'un seul secrétariat ! En revanche, je dois saluer plusieurs des idées de notre architecte, qui nous fit notamment installer un téléphone extérieur relié directement au médecin de garde, qui rendit à nos patients bien des services à une époque où il y avait à peine trois lignes téléphoniques par village. Enfin notre architecte couronna la maison médicale d'un toit plat, l'innovation technique du moment. Malheureusement, l'isolation de ce toit révolutionnaire se révéla insuffisante : nous n'étions pas en pays méditerranéen ! Au bout de quelques années, les pluies s'infiltrèrent et l'eau commença à tomber goutte à goutte à l'intérieur. On ne pouvait évidemment pas disposer des bassines dans l'infirmerie ! Il fallut donc ajouter un toit classique à double pente par-dessus le toit plat.

Pratiquement chaque jour, je me rendais sur le chantier de la maison médicale. Je tenais à contrôler les choses par moi-même. Je me souviens parfaitement du temps où ce bâtiment, de nos jours déjà un peu érodé par les ans, était un assemblage de murs de bétons à peine décoffrés et de ferraillages. Pour la première fois de ma vie, je voyais une construction, dont j'avais participé à la conception des plans, sortir de terre. Aujourd'hui encore, je ne peux me retenir de penser que chaque mur est à l'endroit où j'ai demandé à l'architecte de le dessiner. Aurais-je voulu des bureaux plus petits, ils l'auraient été, aurais-je demandé deux escaliers extérieurs au lieu d'un seul, il y en aurait eu deux. Modeste satisfaction d'un homme qui, dans son enfance, avait pensé devenir ingénieur et construire des ponts !

À part le problème du toit plat, la maison médicale fut une réussite. Elle nous permit de faire venir un radiologue, un kinésithérapeute, un ophtalmologiste, un cardiologue, un gastro-entérologue, un dentiste et un orthophoniste. Périodiquement, un

ORL y pratiquait l'ablation des amygdales et des végétations. Cela fut certainement un plus pour toute cette population des environs qui hésitait à se déplacer à Amiens pour voir un spécialiste ou passer une radio. Nous avons pu aussi embaucher une infirmière, Mme Guillemain, une secrétaire médicale, Mlle Bréant et une femme de ménage, Mme Guffroy. Elles devinrent, à elle trois, en quelque sorte l'âme de la maison médicale, comme le furent plus tard Mmes Marsial, Scellier et Boyaval qui les remplacèrent.

Entre-temps, l'avant-veille de notre association à trois avec le Dr Thomas, le Dr Havet m'avait confié la responsabilité morale du groupe : « À trois, cela ne va pas être aussi facile pour nous entendre qu'à deux. Je vous serais reconnaissant de veiller à la bonne marche de l'organisation. » Ainsi, le pli se prit et les autres médecins eurent l'habitude de compter sur moi pour gérer les tours de garde, préparer les décisions communes, diriger le personnel de la maison médicale et répondre aux imprévus.

Mlle Bréant, la secrétaire, tenait à jour les dossiers médicaux, la richesse commune de groupe, qui permettait à un malade de changer de médecin sans problème.

Le succès fut indéniable auprès des malades. Ils prirent rapidement l'habitude de ne plus venir aux domiciles des médecins, mais de se rendre directement à la maison médicale. Ce fut à la grande satisfaction de nos épouses enfin débarrassées des coups de sonnette qui retentissaient toute la journée.

Quinze ans après mon départ en retraite, j'entends encore Mlle Bréant lancer au téléphone son : « Maison médicale, j'écoute ? » comme si c'était hier.

Anquetil, Killy et la maison médicale

Quand la maison médicale fut achevée, elle occasionna un défilé ininterrompu de personnes plus ou moins malades qui y venaient pour voir de quoi elle avait l'air. Le soir, dans les fermes et dans les cités ouvrières, on en parlait presque autant que de Jacques Anquetil remportant triomphalement le tour de France ou de Jean-Claude Killy décrochant trois médailles d'or aux jeux olympiques.

En effet, cette maison médicale n'était pas un événement qui se produisait au cours d'une étape cycliste dans les lointaines Pyrénées, ou bien là-bas sur les pistes de ski de Grenoble, non, cela se passait là où ces gens habitaient, dans leur canton.

Très rapidement, l'intérêt des patients pour la maison médicale se manifesta par la disparition des affiches dans la salle d'attente. Pour habiller les murs, nous y avions en effet punaisé des posters publicitaires de l'époque sur les médicaments. La publicité n'ayant pas acquis la sophistication actuelle, il s'agissait d'affiches en noir et blanc représentant une capsule ou une gélule avec en dessous une légende telle que : « l'aspirine est un bon médicament » ou « la bristacycline vous soigne bien. »

En dépit du peu d'intérêt de ces affiches publicitaires, elles disparaissaient rapidement. Comme je ne les vis jamais affichées chez aucun patient, j'en déduisis que les gens les mettaient précautionneusement à l'abri dans quelques tiroirs pour pouvoir les exhiber fièrement lors d'une fête familiale : « Regardez ce que je possède là : j'ai une affiche de chez les docteurs ! »

De la même façon, nous avons vu disparaître les cendriers. Pratiquement toutes les semaines, il fallait les remplacer.

Nous avons alors fait une tentative pour enrayer les vols en achetant de grands cendriers à pied indémontable d'un mètre de haut. Mais ils furent subtilisés quand même. Les patients les cachaient peut-être dans leurs jambes de pantalons ou dans leurs manches de veste. Comme ils ne pouvaient pas repasser par la salle d'attente en sortant, il fallait que les voleurs arrivent à les dissimuler suffisamment bien pour entrer avec dans le cabinet du médecin ! Finalement, nous avons mis des boîtes de conserve vides en guise de cendriers et il n'y eut plus de problèmes...

Cependant, il ne s'agissait que de chapardages, mais nous eûmes aussi à subir des vols de plus grande envergure.

Un matin, nous avons découvert la grande vitre du hall d'entrée en morceaux. Il manquait notre petit coffre-fort où il devait y avoir en tout et pour tout 200 francs. Quand je revins de porter plainte, le coffre était revenu : les « boueux » — les gens chargés de ramasser les ordures — l'avaient retrouvé dans le champ à côté de la maison médicale, il était intact.

Je prévins les gendarmes que l'affaire était close.

« Pas du tout, me répondirent-ils, le voleur n'a pas pu ouvrir votre coffre, il va donc revenir pour le fracturer et alors nous le prendrons. »

Ils remirent donc le coffre dans le champ et vinrent monter la garde la nuit suivante.

Au soir, une ombre se glissa dans le champ, s'approcha du coffre, et « bang » « bang », commença à taper dessus avec une masse. L'homme était si absorbé par sa besogne qu'il n'entendit pas arriver les gendarmes, ces derniers l'arrêtèrent sans difficulté. Quand on l'interrogea, le voleur expliqua qu'il avait vu au cinéma comment forcer un coffre-fort, il avait voulu faire de même…

Le vol suivant se produisit dans le bureau d'un médecin spécialiste de la maison qui avait l'habitude d'entreposer ses billets dans un tiroir. Le voleur envoya son jeune frère se glisser par le vasistas du sous-sol et s'emparer de l'argent. Le gamin s'empara de plusieurs milliers de francs. Le lendemain, pour fêter sa réussite, le voleur acheta deux montres, une barrique de vin et des enjoliveurs neufs pour sa vieille voiture. Pour quelqu'un qui se trouvait toujours sans argent, cela parut suspect. L'affaire arriva aux oreilles des gendarmes qui vinrent le trouver et le firent avouer...

Nos voleurs des années 1960 étaient ainsi : assez doués pour subtiliser des affiches ou des cendriers, mais incapables de mener à bien une action plus complexe !

Par la suite, nous avons pris l'habitude de vider le soir la caisse de tout argent. Cela se sut et les voleurs furent découragés.

« Il m'a d'ailleurs informé que vous étiez parfaitement au courant du caractère infondé de cet arrêt de travail. »

La confiance témoignée par le Dr Havet en me demandant de prendre la responsabilité morale de notre groupe me touchait. J'étais aussi sensible à la réussite de la maison médicale, la seconde de toute la région picarde. Cette construction moderne avait belle allure avec sa grande baie vitrée, ses arbustes qui l'habillaient de verdure et ses briques rouges qui, une fois mouillées par l'averse, luisaient au soleil.

Est-ce que j'acquis du fait de cette réussite une confiance en moi un peu trop exagérée ? Cela n'est pas impossible.

À cette époque, M. Jacques me sollicita pour un arrêt de travail un peu particulier. M. Jacques était un brave homme un peu simple, ouvrier chez Saint-Frères, affublé d'un long nez et d'un grand mouchoir à carreaux, touchant toujours son béret du doigt avec respect quand il me rencontrait. Il m'expliqua ainsi son problème : « Voici ce qui m'arrive, docteur : la direction du personnel m'a appelé pour me dire de demander à mon médecin un mois d'arrêt de travail, car ils n'ont plus rien à me donner à faire. »

M. Jacques était un homme sérieux et travailleur, je n'avais donc aucune raison de mettre sa parole en doute. De plus, j'avais su par des confrères que de temps en temps « ce genre de choses » se pratiquait. Je lui ai donc prescrit l'arrêt de travail demandé. Cependant, M. Jacques s'ennuya chez lui à ne rien faire. On était en automne, comment ne pas en profiter ? Il bêcha donc son jardin de fond en comble. Une fois ce travail achevé, il s'en fut donner un coup de main à son beau-père dans le village d'à côté. Bien évidemment, ce jour-là, le contrôleur de la Sécurité sociale se présenta à son domicile. Sa femme, affolée, indiqua l'adresse où trouver son mari. Une fois l'inspecteur parti, elle voulut donner l'alerte, mais le beau-père n'avait pas le téléphone ! Le contrôleur de la Sécurité sociale surprit donc le soi-disant malade, couvert de sueur, en train de dessoucher un vieux pin à coups de hache. Évidemment, pour quelqu'un qui était censé souffrir d'une sciatique et rester allongé, la chose se révélait difficile à justifier.

Quand le contrôleur en eut fini avec M. Jacques, il vint me voir pour me demander des explications. Il s'agissait d'un homme sévère, bien digne de représenter la justice dans son costume trois pièces sombre, fermé jusqu'au dernier bouton. Impressionné par son maintien, je fus pris de court. Il se garda bien sûr de préciser qu'il avait trouvé M. Jacques en pleine activité physique et me dit seulement s'interroger sur les motifs de l'arrêt de travail. Alors moi, ne voyant pour seule issue que de m'enferrer dans le mensonge, je lui expliquai par le menu les souffrances de M. Jacques et peut-être même conclus-je ainsi :

— Voyez-vous, c'est à peine s'il peut marcher.

— Bien sûr, fit le contrôleur d'un ton glacial, voilà pourquoi je l'ai trouvé en train de dessoucher un arbre !

Abasourdi, je ne répondis rien.

— Il m'a d'ailleurs informé, reprit le contrôleur, que vous étiez parfaitement au courant du caractère infondé de cet arrêt de travail.

Puis, le contrôleur mit un point final à l'entretien par cette mise en garde :

— Nous en avons fini pour aujourd'hui, mais nous nous retrouverons devant la commission paritaire qui examinera votre cas.

Quelques semaines plus tard, je reçus une convocation pour mon passage devant cette commission.

J'étais atterré. Ne connaissant rien au fonctionnement de la Sécurité sociale, je supposais à cette commission des pouvoirs terribles : peut-être allait-elle m'empêcher d'exercer ma profession de médecin ou bien interdire le remboursement de mes visites aux malades ? Tout me semblait possible et particulièrement le pire.

Je téléphonai au président du syndicat des médecins de la Somme qui me rassura : « Ne t'inquiète pas, il s'agit d'une commission où les médecins sont représentés. Tu n'es pas le premier à passer pour ce motif-là, et sûrement pas le dernier. »

Néanmoins, je tremblais.

Le jour de la commission arriva. J'étais malade de stress. Je me voyais déjà condamné à cesser mon activité professionnelle, et obligé de chercher un autre métier, mais lequel ?

J'étais tétanisé au point de ne pas pouvoir répondre aux questions posées. Je ne compris même pas les ouvertures faites par les médecins de la commission pour m'aider à m'en sortir. À peine pus-je prononcer trois mots de toute la séance.

Mes juges eurent pitié de ma jeunesse et de mon désarroi. Ils décidèrent, à titre d'avertissement, de me condamner à payer à M. Jacques la part de son salaire qui n'avait pas été prise en charge par la Sécurité sociale pendant son arrêt de travail. Nous étions encore dans les années fastes de la Sécurité sociale, et mes juges ne m'imposèrent pas de rembourser à cette dernière les indemnités injustifiées versées à M. Jacques. Ma sanction était donc légère, et je m'en acquittai sans me plaindre. Le plus difficile fut de convaincre M. Jacques d'accepter mon argent. Le pauvre homme se sentait coupable et ne céda qu'après maintes tergiversations.

Cette mésaventure me servit de leçon, jamais plus par la suite, je ne souscrivis à pareille entourloupe. Je prescrivis sûrement des arrêts de travail injustifiés, mais ce fut par erreur, jamais plus pour tromper sciemment la Sécurité sociale !

La chose rampante s'était agrippée à la tête de son mari

La confiance excessive que j'avais manifestée pour accorder l'arrêt de travail de M. Jacques me porta à nouveau tort, lors d'un accident de la route. Un jeune père de famille à la coiffure hirsute avait dérapé sur le verglas, seul sur sa mobylette. Il souffrait de multiples contusions au visage, qui me parurent néanmoins sans gravité. Il rentra donc chez lui, raccompagné par un voisin qui voulut bien prendre ce qu'il restait du deux-roues dans sa carriole.

La nuit venue, l'accidenté monta dormir de bonne heure pour se remettre de ses émotions. À trois heures du matin, le plus jeune des enfants pleura à cause d'un cauchemar. L'épouse se leva rapidement pour que son mari ne soit pas réveillé, et s'en alla rassurer l'enfant.

En revenant dans la chambre, à la lumière de l'éclairage du couloir, le regard de la femme fut attiré par une grosse chose poilue qui semblait ramper sur l'oreiller de son mari. Intriguée, elle se pencha, il y avait effectivement une masse informe, poilue et sanguinolente qui paraissait se rapprocher de la tête de son mari. Affolée, la femme poussa un cri de frayeur. Le mari ouvrit un œil.

— Alphonse, il y a une chose horrible sur ton oreiller ! s'exclama la femme.

— Où ça ? fit l'homme en se redressant.

Et alors la femme vit que la chose rampante s'était agrippée à la tête de son mari, le crâne de ce dernier était rouge de sang. De son côté, l'homme, en sentant la chose poilue contre sa joue, eut un sursaut d'horreur comme au contact d'une énorme araignée.

Aussitôt ils allumèrent et découvrirent le crâne complètement à vif du mari duquel le cuir chevelu et la belle chevelure hirsute avaient glissé pour devenir une grosse chose poilue. Il s'agissait d'un décollement de cuir chevelu consécutif à l'accident. Lors de l'examen, j'avais tiré sur la chevelure pour m'assurer de l'absence de décollement, mais pas assez fort, et pendant la nuit tout était tombé comme un scalp indien !

Mon associé de garde dut donc venir remettre le cuir chevelu en place et le recoudre.

À ma grande surprise, cette famille me garda sa confiance. Un jour que j'examinais un des enfants à l'étage, j'entendis le père dire à son voisin : « J'allouais point changer d'docteur parce que'ques cheveux ont glissé d'min crâne avouant l'heure. De toute façon, y z'auraient fini par tomber comme ceux d'min père. »

Et « vloup », d'un coup le bébé sortit !

Une autre de mes mésaventures de ces années-là concerne la femme du colosse fermier dont j'avais fait la connaissance lors de mes tout premiers remplacements.

Un après-midi de fin août, après un trajet éperdu en mobylette, le valet de ferme déboula à la maison médicale, et me réclama à grands cris. À peine m'étais-je présenté qu'il me lança :

— Docteur, venez vite, la femme du patron a besoin de vous tout de suite !

— Que se passe-t-il ? ai-je demandé.

— Elle était en train de sarcler dans le potager quand elle s'est sentie mal.

— Sarcler dans le potager à huit mois et demi de grossesse !

— Pourquoi pas, docteur ? répondit le valet. Les femmes, c'est robuste ! Moi qui vous parle, je sais de quoi je cause. Le matin de ma naissance, ma mère trayait les vaches à 5 heures, et le lendemain de ma naissance, elle faisait tout pareil.

Abrégeant la discussion, je saisis mes affaires et montai en voiture.

Peu après, j'arrivai à la ferme et j'examinai la femme : l'accouchement était pour bientôt, comme il s'agissait d'un septième enfant, tout allait sûrement se passer rapidement. J'inspectai alors la pièce : rien n'était prêt et personne ne se trouvait là pour s'occuper du bébé en dehors du valet de ferme peu dégourdi. La femme m'expliqua que son mari ne pouvait pas l'assister car il travaillait aux champs : « La moisson, ça ne peut pas attendre, vous comprenez, docteur. »

Cette femme ne se plaignait jamais, mais elle me paraissait constamment fatiguée, usée, par les travaux de la ferme. À la maternité Saint-Frères au moins, elle serait obligée de se reposer un peu, le tout étant de l'y conduire sans perdre un instant. Aussi, coupant court à toute discussion, je lui demandai de rassembler quelques affaires de toilette, puis, d'autorité, je l'installai à l'avant de ma voiture et je démarrai.

Bientôt nous étions en route. Cependant, plus je roulais, plus cette aventure me paraissait dénuée de bon sens. L'accouchement risquait à tout moment de survenir, et alors, que faire ? Tenir le volant d'une main et sortir le bébé de l'autre ? Impossible !

Je jetais des coups d'œil inquiets à ma voisine. Elle ne desserrait pas les dents, muette comme une femme de la terre qui souffre. Mais au pire moment, dans un long virage où je ne pouvais pas m'arrêter, elle poussa uncri :

— L'enfant sort, docteur, y sort !

— Retenez-vous !

— Non ! hurla-t-elle. Je ne peux pas !

Et « vloup », d'un coup le bébé sortit ! Il lui dégringola entre les jambes ! Il y avait du sang partout : mon pantalon, la portière, les sièges, tout était rouge d'éclaboussures. Ne pouvant m'arrêter en plein dans le virage, j'ai regardé : le bébé respirait ! J'étais à cinq minutes de la maternité, je continuai ! J'avais les jambes molles, le cœur qui battait la chamade, en même temps j'étais crispé sur le volant et ne quittais pas le bébé des yeux. Il remuait et poussait des petits cris.

Enfin la maternité ! Avant même d'arriver, je klaxonnai à toute pompe. Une sage-femme accourut, je descendis de voiture et nous nous précipitâmes pour extraire la maman de son siège. Elle tenait l'enfant dans ses bras et le cordon pendouillait entre ses jambes. Puis, clopin-clopant, une marre de sang se répandant à chaque pas, soutenue par la sage-femme et moi, elle alla jusqu'à un brancard. Nous l'allongeâmes et nous rendîmes en salle d'accouchement terminer ce qui était commencé.

Quand tout fut fini, je rentrai chez moi, soulagé, mais atterré par mon imprudence qui aurait pu tourner à la catastrophe. Si l'enfant était né avec le cordon ombilical enroulé autour du cou, il aurait pu s'étrangler avant que j'aie le temps de faire quoi que ce soit. En y repensant, mes mains tremblaient d'émotion.

Le petit Paul

À cette époque, je soignais le petit Paul, un gamin de huit ans atteint d'un cancer incurable. Chaque jour, je venais le voir à la ferme familiale pour le soigner avec des médicaments que je savais parfaitement inefficaces. Le petit Paul était aussi pâle que ses draps. Seuls émergeaient de cet ensemble blafard la tache rousse de ses cheveux, ses lèvres à peine colorées et ses yeux bleus, quand il les ouvrait. Le plus souvent il gardait les paupières fermées, s'enfermant dans le silence. Il ne parlait qu'à sa petite sœur. Chaque matin, sa sœur me donnait de ses nouvelles, puis j'examinais le petit Paul et je posais quelques questions auxquelles sa sœur me répondait le lendemain, après avoir interrogé son frère en dehors de ma présence. Cela dura plusieurs semaines. Paul était impassible et calme, mais en même temps d'une tristesse à faire pleurer. J'appréhendais chaque visite, mais comment abandonner ce petit être sans tenter de l'assister un peu ?

Or, un jour, ni les parents ni la sœur n'étaient là quand j'arrivai. Je commençai à examiner Paul mais, d'un coup, il me saisit la main et se mit à me remercier de mes quelques efforts. Sa voix était faible :

— Vos piqûres me font mal, docteur, mais je ne dis rien car j'ai peur que vous ne veniez plus. Ma sœur a vu qu'en sortant vous aviez parfois les larmes aux yeux. Il ne faut pas. Ce n'est pas vous qui partez, c'est moi.

Puis, quand le souffle lui manqua, il s'arrêta et, d'un geste de la main, m'invita à le laisser. Je n'insistai pas, je repartis sans avoir cherché à faire l'inutile piqûre prévue ce matin-là.

Et le petit Paul mourut dans la nuit.

Du fait de mes responsabilités dans les syndicats médicaux et à l'Ordre national des médecins, j'eus souvent l'occasion de rencontrer des hauts fonctionnaires et des ministres. J'entends encore certains d'entre eux s'interroger gravement sur la politique de la santé : quels sont ses buts, à quoi sert-elle, combien coûte-t-elle, quel est le nombre de médecins optimum pour 10 000 habitants ? Toutes ces réflexions étaient importantes pour employer au mieux l'argent de la nation. Il n'empêche, parfois, en écoutant discourir ces gens sérieux, je ressentais un décalage : ils connaissaient sans aucun doute tous les chiffres du budget de la Sécurité sociale, mais un petit Paul qui souffre et vous saisit la main, ils ne paraissaient pas savoir de quoi il s'agissait. Leur monde semblait se résumer à des chiffres... mais les chiffres, eux, ne pleurent jamais.

Modérés contre jusqu'au-boutistes

Dans les mois qui suivirent le décès du petit Paul eut lieu une histoire lamentable qui manqua de me faire rendre ma carte d'adhérent à un syndicat médical.

En ce temps-là on croyait au syndicalisme, et cette croyance était largement partagée : au début de mon activité professionnelle, plus de 90 % des médecins se syndiquaient, contre seulement 15 % quand je pris ma retraite.

Cependant, si le syndicalisme médical était en nombre, il se révélait peu homogène. Il y avait d'un côté les partisans d'une opposition « modérée » face aux projets du gouvernement du général de Gaulle et de l'autre les « jusqu'au-boutistes », pour lesquels il était hors de question de signer un texte qui ne les satisfît pas totalement.

Généralement, les deux tendances cohabitaient pacifiquement au sein des mêmes syndicats. Il existait, en effet, plusieurs syndicats de médecins : un syndicat des généralistes, un syndicat des médecins de groupe, un syndicat des médecins de la Somme, un syndicat des médecins de Paris... tous rassemblés dans une unique confédération.

Malheureusement, la cohabitation entre les deux conceptions du syndicalisme médical tournait parfois à l'affrontement. J'assistai à deux ou trois assemblées générales de syndicats qui furent assez mouvementées. J'y vis des médecins en venir quasiment aux mains pour défendre leurs idées. Un peu comme ces philosophes pacifistes qui s'insultent faute d'être d'accord sur la façon d'éviter la guerre.

La tension alla en augmentant pour culminer lors d'une assemblée générale mémorable.

Dès le début de la réunion, on vit se former deux clans dans la salle. Les jusqu'au-boutistes étaient rassemblés d'un côté, les modérés de l'autre. Le reste de l'auditoire formait une masse indécise prête à se rallier à l'une ou l'autre des positions. Le président du syndicat allait d'un groupe à l'autre pour tenter d'apaiser les esprits. Il s'agissait d'un moustachu rondouillard qui s'employait avant tout à conserver sa place. Les jusqu'au-boutistes étant les plus hargneux, le président voulut leur donner un gage de bonne volonté en leur accordant le poste de responsable de séance. Les modérés élevèrent aussitôt la voix et exigèrent le respect des procédures. Leurs protestations prenant de l'ampleur, le président du syndicat accourut vers eux pour les apaiser. Lui-même était modéré dans l'âme, leur expliqua-il, mais il fallait bien donner un poste honorifique aux jusqu'au-boutistes pour qu'ils se tiennent tranquilles. En entendant ces bonnes paroles, les modérés, qui n'étaient pas modérés sans raison, se calmèrent. Alors le président du syndicat regagna sa place, située à égale distance des deux camps, puis, tournant discrètement la tête vers les jusqu'au-boutistes, il cligna de l'œil comme pour leur dire : « Je vous avais bien dit que je vous aiderais à triompher des modérés. »

Sous son masque de circonstance, le président était anxieux. Le décompte des voix auquel il s'était livré assurait la victoire des modérés et donc sa réélection. Il n'osait pourtant encore y croire, les jusqu'au-boutistes étant imprévisibles. Pour se donner du courage, le président se disait que si tout allait bien, dès le lendemain soir, il pourrait téléphoner au chef de cabinet du ministre pour lui annoncer sa réélection. Peut-être même lui passerait-on directement le ministre au bout de la ligne ! C'est tout juste si le président du syndicat ne se voyait pas invité à l'Élysée pour être présenté au général !

L'après-midi se passa en escarmouches entre les deux camps, puis, le soir, chacun s'en fut comploter dans son coin. Le président, lui, ne cessa d'aller et de venir entre les groupes pour se concilier les faveurs de tous : modéré avec les modérés, jusqu'au-boutiste avec les jusqu'au-boutistes, neutre avec tous les autres, et jurant partout avec grandiloquence n'avoir d'autre but que de sauvegarder l'unité du syndicat.

Le lendemain, on aborda la question décisive : quelle réponse fallait-il donner au dernier projet du gouvernement ? Devait-on y apporter une opposition modérée, discuter de ce qui était possible, ou bien fallait-il rejeter la totalité du projet, purement et simplement, en exigeant un nouveau texte plus conforme aux attentes du syndicat ?

Toute la matinée, les modérés et les jusqu'au-boutistes s'affrontèrent à la tribune, répétant inlassablement les mêmes arguments :

— Accepter de négocier, c'est se mettre en position de faiblesse, affirmaient les jusqu'au-boutistes. Nous devons au contraire faire bloc pour dire non et contraindre le gouvernement. Sinon ils vont nous mettre à mal et ruiner la médecine française !

— Vous n'y comprenez rien, répliquaient les modérés, si nous refusons de négocier ce projet, le gouvernement le maintiendra et, quand il sera voté par le Parlement, nous ne pourrons plus rien y changer. Et c'est dans ce cas-là que les malades et nous pâtirons le plus !

Finalement, on en vint au vote. À ce moment, on s'aperçut de l'absence du porteur des voix de Paris.

On le chercha partout, il n'était pas là. Il s'agissait d'un modéré et la disparition de ses voix portait un coup sérieux au camp de ces derniers. En effet, le syndicat de Paris regroupait toute la région parisienne : les départements des Yvelines, du Val-d'Oise, des Hauts-de-Seine, etc. n'existaient pas encore.

Le responsable de séance — le même jusqu'au-boutiste que la veille — prit alors la parole pour suggérer aux médecins parisiens présents en séance de se réunir pour étudier ensemble le problème. Dans le désarroi où se trouvaient les modérés, cela leur parut une solution pour sauver les voix de Paris.

Les modérés laissèrent donc sortir sans inquiétude les Parisiens et ne prêtèrent pas attention aux agissements du responsable de séance et du représentant d'Albi, le chef des jusqu'au-boutistes, qui tous deux se joignirent aux Parisiens.

Le début de la réunion des Parisiens fut un brouhaha. Chacun des trente médecins concernés donnait son avis à son voisin et l'on ne pouvait s'entendre dans la petite pièce où ils s'étaient retirés.

Au bout de quelques minutes, le responsable de séance, qui possédait une voix puissante, réussit à capter l'attention de tous. Il fit un long développement sur les difficultés traversées par le syndicat et sur la nécessité que Paris se prononce.

— Tout à fait, mais comment y arriver ? demandèrent plusieurs voix.

— Puisque votre porteur de voix n'est pas là, je suggère que nous prenions l'avis de votre secrétaire général, qu'en pensez-vous ? répondit le responsable de séance.

— Oui, d'accord, appelons-le, approuvèrent les Parisiens.

Aussitôt, le représentant d'Albi s'avança un téléphone à la main.

— Voilà ce qu'il faut, et j'ai sur moi le numéro du secrétaire général de Paris.

— Dans ce cas, tu n'as qu'à le composer toi-même, rétorqua le responsable de séance.

Ainsi, l'Albigeois, le plus déterminé des jusqu'au-boutistes, téléphona-t-il au secrétaire général de Paris pour savoir comment devait voter le plus gros syndicat modéré !

Cependant, le téléphone ne fonctionnait pas aussi rapidement qu'aujourd'hui. La communication fut longue à obtenir. Le responsable de séance suggéra à deux ou trois Parisiens de rester avec l'Albigeois, les autres retournant en salle poursuivre le débat de manière à ne pas se mettre en retard pour le déjeuner.

Il était déjà une heure moins le quart, le repas promettait d'être bon, la plupart des Parisiens quittèrent la salle sans histoires. Finalement, il ne resta que l'Albigeois et quelques Parisiens proches de ses idées.

La communication établie, le rusé Albigeois convainquit le secrétaire général de Paris de partager ses voix entre les deux camps. Il lui expliqua que Paris comptant des médecins favorables aux idées jusqu'au-boutistes, le syndicat devait en tenir compte dans son vote. À force de persuasion, il lui arracha un quart, puis un tiers et, pour finir, près de la moitié des voix de Paris ! Alors il raccrocha, non sans avoir fait parler le secrétaire général de Paris à haute et intelligible voix devant témoins.

Le président du syndicat, celui qui rêvait d'être présenté au général de Gaulle, sut toute l'affaire au déjeuner. L'heure était grave, les jusqu'au-boutistes menaçaient de l'emporter, cela en serait alors fini de sa présidence. L'Albigeois prendrait sa place. Cette perspective donna au président un sursaut d'énergie et il entra en croisade. Pendant le café, il déploya tout son talent, allant d'un groupe à l'autre, promettant des places dans le bureau à qui en voulait et exposant le danger de voir les jusqu'au-boutistes triompher :

— Le ministre prendra sûrement ombrage de notre position. Il risque de ne plus recevoir notre syndicat, tout simplement ! Dès lors, si nous ne rencontrons plus le ministre, nous cessons d'exister !

L'argumentation du président porta et arracha quelques voix aux jusqu'au-boutistes.

À 14 h 30, le vote commença. Dans un silence solennel, les noms des départements s'égrenaient avec les réponses des porteurs de voix :

— Ille-et-Vilaine : 20 voix ; vous votez pour ou contre la continuation des négociations avec le gouvernement ?

— 20 voix pour.

— Indre : 15 voix.

— 10 voix pour, 5 voix contre.

— etc.

Au bout du compte les modérés l'emportèrent d'une dizaine de voix et, dans la foulée, le président du syndicat fut réélu.

Il ne manqua pas dans les jours qui suivirent d'en faire étalage et de rapporter que, le soir même de son élection, le ministre l'avait félicité au téléphone et avait même tenu à prendre une date pour le convier à déjeuner.

Je sortis de cette assemblée générale particulièrement écœuré, et me demandant si c'était bien la cause du petit Paul et d'une meilleure médecine qu'on avait défendue là. Au bout du compte, ne s'agissait-il pas d'une banale lutte pour le pouvoir ? Aujourd'hui, avec l'expérience des années, je me dis que les deux sont souvent inextricablement liés, le goût du pouvoir et le désir d'améliorer la société, tels le lierre et l'arbuste autour duquel il s'enroule et s'accroche.

« Trop idéaliste »

Oui, j'avais été fort déçu du comportement de ces syndicalistes. En même temps, j'avais le combat pour la médecine de groupe chevillé au corps. La maison médicale que nous avions construite dans le canton de Domart-en-Ponthieu, d'autres devaient pouvoir la réaliser ailleurs, en France, et cela ne pouvait passer que par des syndicats médicaux. Ils étaient les seuls en mesure de sensibiliser les médecins à cette nouvelle façon d'exercer leur profession, voilà pourquoi, au bout du compte, je ne rendis pas ma carte syndicale.

J'avais été un partisan résolu de la médecine de groupe dès le tout début de mon association avec le Dr Havet, depuis que ce dernier m'avait demandé de me rendre au congrès de l'Association pour la défense et l'étude de la médecine de groupe.

Je me souviens de cette première rencontre comme si elle datait d'hier. Un esprit de pionniers flottait dans l'air. La cinquantaine de médecins présents était convaincue de participer à la création d'une nouvelle manière d'exercer la médecine, où l'entraide remplacerait l'affrontement entre concurrents. L'atmosphère était amicale, chaleureuse, cette poignée de médecins résolus ne doutait pas d'être en passe de changer le monde.

Et, au début de mon association, dans les années 1950, indiscutablement, la médecine de groupe avait un parfum révolutionnaire. Ces médecins qui partageaient entre eux leurs bénéfices et construisaient ensemble des maisons médicales sortaient de la norme. On les traita bientôt de « médecins communistes » voire de « médecins rouges ».

À l'issue du congrès de Sablé-sur-Sarthe, je n'avais pas résisté à l'envie de me joindre à l'Association pour la défense et l'étude de la médecine de groupe et rapidement je devins un des membres de son Conseil. Plus tard, cette association se transforma en SNMG, Syndicat national des médecins de groupe, dont je fus vice-président durant de nombreuses années.

L'Ordre national des médecins ne voyait pas d'un bon œil ces médecins de groupe qui prétendaient changer la façon d'exercer la médecine. Je me souviens d'un de nos opposants les plus virulents, excité en diable contre les « médecins rouges », qui à lui seul entretenait l'Ordre dans l'hostilité à l'égard de la médecine de groupe. Je le rencontrai à de nombreuses reprises pendant plusieurs années, sans arriver à le convaincre de notre bonne foi. Il se mettait en colère dès que le sujet était abordé, allant une fois jusqu'à jeter par terre son chapeau de fureur. Pour lui, nous voulions instaurer une médecine communiste, il n'y avait pas à en sortir. Il nous suspectait même d'être soudoyés par Moscou pour anéantir la médecine française. J'appris par hasard son intérêt pour l'empereur Napoléon : il lui vouait une véritable passion. Lors de notre entrevue suivante, je parvins à lui parler des Anglais qui, depuis la bataille de Waterloo, contrariaient sans cesse les intérêts français. Aussitôt, ses yeux s'allumèrent et il se mit à discourir sur les soldats et les batailles de l'Empereur : Arcole, Marengo, Austerlitz, Iéna, Wagram, Montmirail, etc. À partir de ce jour, son opposition à la médecine de groupe devint plus modérée. Puisque certains d'entre nous se trouvaient à même d'apprécier la gloire de l'empire, nous ne pouvions pas être complètement pervertis par le communisme...

Une de mes principales attributions au Syndicat national des médecins de groupe fut d'être le créateur, puis le rédacteur en chef, de notre revue *Médecins de Groupe*.

Dans les années 1970, toujours engagé dans le combat pour la médecine de groupe, je lançai également le Groupement d'intervention des professionnels de la santé, ou GIPS. Il s'agissait de mettre en commun l'immobilier de 30, 40 voire 200 maisons médicales pour obtenir des prêts plus avantageux auprès des banques, et renforcer la coopération entre groupes de médecins.

Une fois la mise en commun des immobiliers réalisée, le GIPS aurait pu étendre son activité au gros appareillage médical, voire former une véritable société de médecine de groupe à l'échelle de la France, comparable à ce qui existait en Suède. Une espèce de super-groupe de médecins en quelque sorte.

Hélas, le GIPS ne prit jamais l'essor attendu, même si nous avons pu financer une nouvelle maison médicale en région parisienne.

Le GIPS était arrivé trop tard — dans l'euphorie des années 1950, il se serait peut-être imposé — ou trop tôt : l'avenir nous le dira. En tout cas, il correspondait bien à ma conception de la médecine de groupe : mettre en commun pour plus d'efficacité professionnelle, créer l'entente et l'entraide.

« Tu aurais voulu, me disaient mes amis, voir tous les médecins de France pratiquer la bourse commune. Mais ce n'était pas possible ! Tu étais trop idéaliste… »

« Il est interdit d'interdire »

Au début de l'année 1968, la campagne picarde paraissait la même que quinze ans plus tôt quand j'avais commencé à y exercer. Bien sûr il y avait plus de tracteurs dans les champs, plus de voitures sur les routes et quelques télévisions commençaient à s'installer dans les foyers. Mais les meules de foin restaient les mêmes qu'un siècle auparavant, au temps de Monet. On avait rarement le matériel pour faire des cubes de paille empilés les uns sur les autres, comme on le verrait partout dix ans plus tard. Quant aux grands rouleaux de paille de plus d'un mètre de haut, ils apparaîtraient bien après dans les campagnes. De même, on élevait quelques poules dans une basse-cour, on engraissait un cochon sans penser qu'un jour existeraient des élevages industriels.

Dans les rues, on saluait toujours le curé avec respect. Il portait une belle soutane noire qu'il ne pouvait concevoir de remplacer par une simple croix métallique agrafée sur un pull de couleur.

Les ouvriers des cités se passionnaient, comme les agriculteurs, pour les matchs de football du dimanche après-midi. Le samedi soir, il y avait des bals avec de la musique rock, mais surtout avec de l'accordéon.

Les ouvriers pensaient que les patrons resteraient toujours les patrons, le mieux était de faire ce qu'ils demandaient sans chercher à comprendre : « C'est comme à l'armée, tu obéis à l'ordre et au contre-ordre sans discuter. Et puis, s'il y a un problème, *ils* se débrouillent. »

Rien n'annonçait donc les bouleversements à venir. Pourtant, avec le recul, un événement me paraît symptomatique.

Il s'agissait d'un banal vaccin à administrer par piqûre à une fillette de six ans. Mais à peine avais-je franchi la porte que la gamine — une petite fille déjà pomponnée comme une vraie dame, régnant sans partage dans le cœur de ses parents qui l'avaient eue sur le tard — se mit à crier et à vouloir s'enfuir. Heureusement, ses parents avaient barricadé la pièce.

Pendant que l'enfant trépignait, je préparai mon matériel. La seringue fut bientôt prête.

Alors les deux parents commencèrent à parlementer avec leur enfant pour qu'elle accepte la piqûre :

— Allons fifille, ça va aller, disait le père.

— C'est une toute petite piqûre de rien du tout, reprenait la mère.

— Je veux pas ! Je veux pas ! criait l'enfant.

— Tu n'es pas gentille ! s'énerva le père. Tout à l'heure, quand on t'a donné une sucette, tu as promis d'être gentille !

— J'veux pas ! J'veux pas, criait toujours l'enfant.

— Si tu continues, le docteur va te gronder, fit le père.

Aussitôt, la fillette se mit à hurler comme si elle venait de recevoir trois fessées.

— Tu ne sais pas t'y prendre, lança la mère au père. Si tu te tiens tranquille, reprit-elle à l'adresse de sa fille, je te coudrai une belle robe bleue pour ta poupée.

À cette parole, l'enfant s'apaisa, non sans pousser de grands soupirs. Entre deux reniflements, elle regarda ses parents par en dessous, et ajouta :

— Je veux aussi une jupe plissée rose !

— D'accord, répondit la mère pressée d'en finir.

Sans attendre, je m'approchai de la fillette pour la vacciner.

— Ne bouge pas, sinon ta poupée n'aura pas de robe, ni de jupe ! menaça la mère.

Mais au moment où je commençais à piquer, l'enfant fit un écart et l'aiguille ressortit. Si cela se reproduisait, je risquais de lui faire très mal, et même de la blesser.

Je prévins les parents qui, moyennant la promesse de lui donner en plus de la robe bleue et de la jupe rose un gilet vert pomme, obtinrent de leur fille sa parole de se tenir tranquille. De mon côté, je m'impatientais sérieusement. Je recommençai la piqûre, mais à nouveau l'enfant se cabra et l'aiguille ressortit. Sous le coup de l'émotion, je me fâchai et lui donnai une claque — en fait une tape — sur la joue.

L'effet fut immédiat, l'enfant se calma et me présenta son épaule d'elle-même. Je la piquai sans problème. Mais les parents étaient atterrés.

— Je n'aurais pas cru que l'on puisse frapper mon enfant, marmonna la mère. Pour sûr, avec la claque que ma fille a reçue, sa poudre de riz va être partie !

Au moment de payer, le père, blême, farfouilla en tremblant dans son porte-monnaie. Jamais il n'avait vu cela de sa vie : sa fille unique, sa perle, être frappée ! En être réduit à promettre une robe, une jupe et un gilet de poupée à sa gamine de six ans pour qu'elle se tienne tranquille ne le choquait pas, mais lui donner une petite tape sur la joue relevait pour cet homme du sacrilège… Sa femme et lui étaient parfaitement mûrs pour « interdire d'interdire »…

Ce fut la seule fois de ma vie où je levai la main sur un enfant de mes patients. Pourtant j'en eus souvent envie en voyant des gamins de sept ans escalader sans vergogne ma table d'examen, ou se saisir de mon stéthoscope pour le tripoter à leur aise.

Les parents de la fillette ne m'appelèrent plus jamais, manifestement ils m'avaient catalogué comme un médecin dangereux…

« C'est la Révolution à Paris ! »

Trois mois à peine après l'histoire de cette petite fille en colère qui faisait la loi chez ses parents, les rues de Paris étaient envahies d'étudiants en grève. Ils descellaient les pavés et déboulonnaient les grilles des parcs pour construire leurs barricades. Moi pour qui, comme tous ceux de ma génération, le « général » était celui qui nous avait relevés de l'humiliation de la défaite écrasante de juin 1940, j'étais abasourdi. Je comprenais mal ces étudiants qui mettaient le feu aux voitures en chantant l'Internationale. Leurs slogans qui voulaient mettre « l'imagination au pouvoir » ou faire « la Révolution dans la rue » me semblaient parfaitement irréels.

Personne parmi mes patients ne comprenait ce qu'il se passait. Les Picards ne se sentaient pas concernés par ce mouvement qui voulait rendre « au peuple le droit de penser en dehors de la culture gaulliste et bourgeoise ».

Et puis d'un coup, à l'appel de la CGT, les cités ouvrières commencèrent à bruire : « Oui, il fallait prendre l'argent aux riches ! Oui, les patrons étaient des exploiteurs ! Oui, il fallait que cela cesse enfin ! »

A contrario, dans les fermes, on commençait d'être inquiet de cette révolte qui voulait remettre en cause l'ordre établi.

Une vieille propriétaire terrienne soignée habituellement par le Dr Havet me fit appeler en urgence le lendemain d'un soir où elle avait vu à la télévision des scènes d'émeute. Je l'avais déjà croisée à quelques réceptions, toujours impeccablement mise, en tailleur ou en robe longue avec son indémodable broche en diamants, les cheveux argentés et parfaitement en place, l'air digne et sévère des vieilles personnes qui possèdent de l'argent et qui en ont eu toute leur vie. Mais ce matin-là, son visage maquillé à la va-vite accusait son âge et sa robe auréolée d'une tache de café sans qu'elle y prît garde, trahissait son état de perturbation.

La vieille dame me dit d'une voix saccadée : « Docteur. Je vous ai demandé de venir. Je ne peux pas attendre le retour du Dr Havet. J'ai trop peur ! Je n'ai pas pu dormir de la nuit. C'est la Révolution à Paris ! Je suis en train de rassembler mes affaires pour partir en exil ! Le malheur, c'est ma fille ! Elle ne veut pas entendre parler de partir ! Pourtant, s'ils nous coupent la tête, qu'est-ce qu'on va devenir ? Docteur, rappelez-vous Robespierre et la Terreur ! Et puis de Gaulle... Qu'est-ce qu'il fait ? Il est trop vieux. Voilà tout ! Pompidou négocie avec les syndicats pour augmenter les salaires. Les ouvriers font grève. Et pour les récompenser, on leur donne de l'argent ! Mais où va-t-on ? Il n'y a qu'à leur envoyer l'armée. Cela s'arrêtera tout de suite ! Mais non, la police laisse faire ! Il n'y a plus personne pour tenir la barre du pays. C'est comme au temps de Louis XVI. Le Grand Charles va se retrouver la tête au bout d'une pique ! Mais le pire, c'est que nous aussi, on va y avoir droit ! Et avec ça, ma fille qui ne veut pas partir ! Forcément, mon gendre est socialiste ! Il n'attend qu'une chose, c'est de me voir monter à l'échafaud ! »

La vieille dame termina son discours complètement essoufflée, les yeux exorbités et les lèvres blanches d'excitation. Il ne servait à rien d'essayer de lui faire entendre raison. Je lui prescrivis donc un calmant, en lui recommandant de ne pas regarder la télévision pendant quelques temps.

« Je ne peux pas, hoqueta-t-elle, les ouvriers de mon cousin Georges ne veulent plus travailler... Les paysans qui louent mes terres contestent le montant des fermages... Je veux voir la mort en face ! »

Je la laissai donc à son agitation en espérant que les calmants l'apaiseraient un peu.

Dans l'autre camp, je pus constater que les esprits étaient tout aussi en ébullition. Un de mes rares patients qui fût étudiant me consulta pour une extinction de voix attrapée sur les barricades. Lui que j'avais connu jadis comme un garçon calme était littéralement enfiévré. En dépit de sa voix réduite à un filet, il s'agitait et voulait absolument m'expliquer qu'il se battait pour la liberté. Il y en avait assez de la dictature des professeurs d'université qui, tels des tyrans, faisaient régner la peur aux examens. Il y en avait assez de leur savoir poussiéreux qu'ils se transmettaient depuis des siècles sans rien vouloir y changer. Il y en avait assez de cet étouffement de la société française par ce de Gaulle, ce militaire qui ne connaissait que la discipline. Il fallait changer tout cela et faire la Révolution ! La liberté ou la mort !

Pour les rares gens aisés que comptaient mes patients, les événements en cours trouvaient leur origine à Moscou : « Ne vous y trompez pas, docteur, les communistes sont à l'affût derrière les étudiants. Ils attendent que le pays soit à feu et à sang pour instaurer une république populaire, comme à Budapest ou à Varsovie, à coups de chars soviétiques. Notre seul espoir, c'est que les Américains ne les laissent pas faire, sinon nous sommes perdus ! Mais après tout ce que de Gaulle a fait contre les

États-Unis, ce n'est pas sûr du tout que les Ricains lèvent le petit doigt pour nous ! » Comme la vieille dame qui voulait partir en exil, tous ces gens ne voyaient plus que l'armée ou les Américains pour reprendre le pays en main et faire échec aux communistes.

Aussi, quand le 29 mai, ils entendirent le général de Gaulle mettre en cause le « communisme totalitaire » et laisser entendre qu'il utiliserait tous les pouvoirs que lui conférait la Constitution pour rétablir l'ordre, ils commencèrent à se sentir rassérénés.

Le soir même, on apprenait la présence de plus d'un million de personnes sur les Champs-Élysées pour soutenir le Général.

Les jours suivants, je constatai que, pour mon étudiant et dans les cités ouvrières, l'heure n'était plus aux grandes espérances. Par contre, les agriculteurs et les petits commerçants, eux, redressaient la tête.

Quant à moi, j'étais parfaitement décontenancé. Jamais je n'aurais imaginé découvrir le pouvoir du Général aussi fragile. C'était un peu comme si la statue de celui dont, pendant la guerre, nous entendions la voix lointaine à travers les ondes de la BBC, avait menacé d'être emportée.

« Ch'l'assuroué social »

Cela ne fut sûrement pas une conséquence de Mai 1968, mais il est incontestable que la fin des années 1960 et les années 1970 furent marquées par la montée en puissance des demandes de papiers officiels.

On commença à exiger des certificats médicaux pour tout : jouer au football le dimanche, conduire un camion, se marier, pour être mort convenablement... En attendant que le jeu de boules, devenu à son tour un sport, nécessite lui aussi une licence et l'irremplaçable certificat médical !

« J'y comprends rien à leurs papiers, docteur ! » Combien de fois n'ai-je pas entendu cette exclamation dans la bouche de mes malades ? La plupart d'entre eux déchiffraient à peine leurs lettres, et l'administration les sommait de remplir des formulaires compliqués. Il fallait écrire le nom de l'assuré social — « kek choué cte bête lau, docteur, ch'l'assuroué social ? » —, son prénom — « moi, on m'appelle Gabriel à cause de ma mère qu'aimait bien ce prénom-là, mais à l'état civil j'crois qu'c'est Hilaire que j'suis, rapport au père de mon père qui voulait que je me nomme comme lui » –, sans parler des numéros d'immatriculation recopiés laborieusement, chiffre à chiffre, dans des cases bien trop étroites pour des écritures maladroites.

Ces gens, faiblement instruits, ne pouvaient rien face aux décrets des administrations. Une femme du canton ne toucha que le minimum vieillesse durant des années, pourtant elle avait travaillé sans défaillir plus de cinquante ans en usine. Mais la Sécurité sociale avait imputé ses années de cotisations retraite à une personne qui portait le même nom et était née le même mois de la même année. Les numéros de Sécurité sociale commençant par des chiffres identiques, on avait trouvé plus simple de fusionner les deux dossiers !

Derrière tous ces papiers exigés, ces formulaires à renseigner sans la moindre omission, se cachaient les monstres froids que sont les administrations et en particulier la Sécurité sociale. J'eus moi-même bien des déboires au contact de ses employés sans nombre, épluchant consciencieusement chaque dossier à la recherche de la moindre erreur.

Ma première mésaventure commença un soir où, rentrant chez moi, je trouvai notre employée de maison en larmes dans l'escalier. Il s'agissait d'une pauvre femme sans grande instruction, orpheline de bonne heure, ayant travaillé dans les fermes dès l'âge de dix ans. Elle travaillait depuis plus de quinze ans chez nous et bénéficiait de toute notre confiance, aussi l'après-midi, personne n'étant à la maison, nous lui laissions la clé pour qu'elle puisse s'organiser et faire ses trois heures.

Entre deux sanglots, ma femme de ménage me dit :

— Docteur, je me suis tordu le doigt en déplaçant le lit d'un des enfants !

Aussitôt, je l'examinai :

— Il faut vous emmener à l'hôpital pour une radio et voir si rien n'est cassé.

— Mais je ne pourrai jamais payer, je n'ai pas les moyens, docteur !

— Ne vous en faites pas, madame, c'est un accident de travail, vous n'aurez pas d'argent à donner.

Elle passa une radio, il n'y avait rien de cassé, une attelle était suffisante. Quelques jours plus tard il n'y paraîtrait plus.

Je remplis avec elle les papiers d'accident de travail.

— À quelle heure cela vous est-il arrivé ?

— Il était cinq heures passées de cinq minutes, docteur. Comme j'étais arrivée à deux heures et quart, j'étais en train de finir.

Cependant, prudemment, je lui dis :

— Écoutez, votre horaire de fin de travail normal, c'est cinq heures, on ne va pas écrire cinq heures et cinq minutes pour l'heure de l'accident, sinon ils vont nous faire des histoires. On va marquer cinq heures, êtes-vous d'accord, madame ?

— Si vous le dites, docteur, on va s'y prendre comme ça.

Néanmoins, on ne peut tromper l'administration française : quelques semaines plus tard, je fus convoqué avec mon employée de maison par le juge des affaires sociales. La Sécurité sociale voulait savoir comment mon employée avait pu avoir un accident de travail à 17 heures. En effet, à cette heure-là, elle finissait son travail et devait donc être à la porte en train de partir. L'administration soupçonnait une magouille de l'employeur qui se trouvait être aussi le médecin de la victime.

Le jour venu, nous nous sommes présentés avec mon employée devant le juge. Il nous fit comparaître dans une vaste salle d'audience aux plafonds hauts, où moi-même je me sentais impressionné. La mine sévère du juge renforçait la solennité des lieux. Ma femme de ménage était livide. Elle n'avait jamais eu affaire avec la justice et cette convocation la terrorisait. N'avait-elle pas en effet participé à une fausse déclaration en me laissant écrire que l'accident s'était produit à 17 heures au lieu de 17 h 05 ?

Quand le juge l'interrogea, elle perdit toute contenance et affirma que l'accident avait eu lieu à cinq heures et cinq minutes et non à cinq heures comme cela avait été déclaré. Puis elle se lança dans une explication haletante pour dire que le docteur était un bon docteur, mais qu'elle, elle ne voulait pas être parjure et faire une fausse déclaration sur un papier officiel, sinon les gendarmes allaient venir chez elle, et on en parlerait dans tout le village, de plus, depuis qu'elle était petite, ses parents lui avaient toujours appris à dire la vérité, etc.

Le juge était un brave homme. Il comprit la situation et n'insista pas. Pour couper court à toute complication, il écrivit sur son compte-rendu que l'accident avait eu lieu à 16 h 55…

Une fois l'audience finie, mon employée sortit aussi vite qu'elle le put, n'ayant pas trop compris ce qui s'était passé, mais convaincue d'avoir échappé à un grand péril.

L'article D 242.3 du code de la Sécurité sociale

Cependant, la malchance continua à s'acharner sur ma pauvre femme de ménage. Le mois suivant ses jours d'arrêt de travail n'étaient toujours pas payés. Cela faisait une grosse somme pour elle et elle était anxieuse. Finalement, elle reçut une lettre circonstanciée de l'administration à laquelle elle ne comprit rien, si ce n'est qu'on ne lui verserait pas un seul centime. Affolée, elle m'appela en urgence.

— Docteur, ils ne veulent pas me donner mon argent !

Je lus la lettre ; c'était une espèce de formulaire type, on aurait pu l'intituler : « refus de prestations ». Il s'agissait d'une photocopie de photocopies tant de fois dupliquée que certains mots se lisaient à peine. Sur ce simili papier officiel, un anonyme de la Sécurité sociale avait écrit : « Suite à votre arrêt de travail du 13 au 25 janvier, vous ne pouvez prétendre à bénéficier des prestations financières de notre administration », puis il avait coché une case dans la colonne « motifs » : « Non-paiement de la cotisation patronale par l'employeur ».

— Ne vous en faites pas, dis-je à mon employée, je vais m'en occuper !

Aussitôt, je téléphonai à mon expert-comptable :

— Tout va bien, docteur, m'assura-t-il : la cotisation patronale est payée régulièrement, l'administration doit faire erreur.

Le soir même, j'envoyai une longue lettre d'explication à la Sécurité sociale, j'y joignis les photocopies des feuilles de paye, les montants des cotisations patronales pour les douze derniers mois avec leurs dates de paiements. « Avec cela, il ne devrait pas y avoir de problème » pensais-je.

Les jours passèrent, mais mon employée ne percevait toujours rien. Au bout de trois semaines, je reçus le même formulaire que mon employée sur lequel, en plus de la case « non-paiement par l'employeur de la cotisation patronale », on avait coché « dossier incomplet ».

J'avais passé toute une soirée à écrire une lettre détaillée, à y joindre des photocopies justificatives et à rechercher les dates exactes de paiement pour recevoir pour toute réponse : « dossier incomplet » !

La lettre venait de Saint-Éloi. Sans hésiter, je composai le numéro de téléphone de la Sécurité sociale de cette ville. Il me fallut un bon quart d'heure, mais finalement je parvins à obtenir l'employée qui suivait mon dossier.

— C'est pour quoi ? me demanda-t-elle sèchement.

— Bonjour madame, je vous téléphone au sujet de Mme Martin, mon employée de maison qui...

— Quel numéro de dossier ? me coupa-t-elle.

— W792PZ, madame.

... J'entendis des voix qui parlaient du feuilleton de la veille à la télévision et d'une machine à coudre dernier modèle... Au bout d'un certain temps, mon interlocutrice reprit le combiné :

— J'ai le dossier, quel est le problème ?

— Vous écrivez que les cotisations patronales ne sont pas payées, mais elles le sont, je vous ai joint les justificatifs dans mon courrier.

— Monsieur, il faudrait connaître le code de la Sécurité sociale. Le fait d'être un patron ne vous donne pas tous les droits.

— Comment cela ?

— Vous n'avez qu'à lire l'article D 242.3, vous comprendrez !

Et, sans autre forme de procès, elle raccrocha.

Aussitôt, j'appelai mon expert-comptable. Il me confirma que l'article D 242.3 fixait le taux de la part de cotisations patronales à 12,80 %.

Il n'y avait rien là qui soit nouveau pour moi. Hésitant à rappeler la harpie, je me décidai à joindre son directeur départemental. Je le connaissais personnellement, cela devait faciliter les choses.

Après les formules de politesse, nous en vînmes au fait.

— L'article D 242.3, celui qui fixe à 12,80 % la part patronale, me répondit-il, je ne vois pas pourquoi on vous embête avec cela. Dites-moi un peu dans quel service cela se passe et je vais arranger votre problème rapidement, croyez-moi !

— C'est à l'agence de Saint-Éloi.

— Ah ! l'agence de Saint-Éloi, dit le directeur. Et je sentis, au son de sa voix, sa détermination faiblir. Voyez-vous, docteur, même quand on est directeur, on n'agit pas toujours comme on le veut. Vous m'auriez parlé de l'agence de Roye ou de Poix, je prenais les choses en main tout de suite. Mais Saint-Éloi, c'est bien plus délicat. Le personnel y est plus... Je dirais plus « susceptible »... fortement syndicalisé... vous comprenez ce que je veux dire, n'est-ce pas ? Il m'est difficile d'intervenir. À la rigueur, je peux écrire une note à l'ensemble du personnel du département de la Somme sur l'article D 242.3.

— Vous voulez envoyer une circulaire à tout le personnel à cause d'une seule employée ?

— Oui, docteur, mais une employée de Saint-Éloi !

Ayant compris que je n'obtiendrais rien de plus, je pris mon courage à deux mains et je rappelai l'employée de Saint-Éloi.

— C'est encore vous ! s'exclama-t-elle.

— J'ai le texte de l'article D 242.3 sous les yeux.

— Ah ! vous voyez que vous avez tort ! Vous ne payez pas ce qu'il faut à la Sécurité sociale, et du coup, votre employée ne touche pas ce qu'elle devrait. C'est quand même malheureux !

— Madame, pouvons-nous lire le texte de l'article D 242.3 ensemble ?

Elle grogna, farfouilla dans des papiers et trouva son code. Elle tourna ensuite posément les pages une par une. Quand elle eut atteint la bonne page, elle commença à lire d'une voix quasi scolaire :

— En application du quatrième alinéa de l'article L. 242-1, les contributions des employeurs destinées au financement de toutes prestations complémentaires de retraite et de prévoyance, versées aux assurés ressortissants du régime général de sécurité sociale…

Je bouillais sur place de l'entendre me lire laborieusement tout l'article au lieu de sauter à l'essentiel, mais imperturbable, elle continuait :

— … sont exclues de l'assiette des cotisations de Sécurité sociale propre à chaque assuré pour une fraction n'excédant pas 85 % du plafond de sécurité sociale. À l'intérieur de cette fraction…

Enfin, elle arriva au passage intéressant :

— Le taux de la cotisation [...est de] 18,20 % à la charge de l'employeur.

— Non, vous lisez mal, c'est écrit « 12,80 % ».

— Ah oui ! j'ai lu 18,20 au lieu de 12,80 !

Aussitôt, je l'entendis qui posait son combiné et s'écriait à la cantonade :

— Eh ! Les copines, vous savez quoi ? Depuis plusieurs semaines, je casse les pieds des patrons parce que je me trompe en lisant le taux de cotisation patronale dans l'article D 242.3. C'est rigolo, non ?

Je lui aurais volontiers exposé ma façon de voir, mais je songeai qu'elle risquait de se venger sur le dossier de ma femme de ménage, et je me tus prudemment.

Quelques jours plus tard mon employée reçut son chèque. J'imagine qu'il était accompagné d'un formulaire type intitulé « justification du retard d'un dossier » sur lequel était cochée la case : « dossier particulièrement complexe ».

La date et l'heure de la conception

Cependant, je n'en avais pas fini avec la Sécurité sociale. À cause d'elle, un couple d'ouvriers d'origine portugaise d'une bonne trentaine d'années, qui venait d'emménager près de Domart-en-Ponthieu, vécut une situation particulièrement cocasse. Depuis plusieurs années, ils essayaient d'avoir un enfant, mais sans y parvenir. Et puis un jour, la femme eut un retard de règles. Le lendemain matin, elle vomit. Ils m'appelèrent aussitôt en urgence, comme si la terre venait de trembler sous leurs pieds. Je l'ai examinée, j'ai fait une prise de sang, et quelques jours plus tard je revins avec le résultat : elle était enceinte !

Ils étaient fous de joie !

La mère du mari, qui était pratiquement là à demeure, me serra dans ses bras comme si j'étais le sauveur de la famille. Puis elle me débita tout un discours en portugais auquel je ne compris rien, si ce n'est que cette petite femme replète était heureuse.

Après m'être informé de la date des dernières règles de la femme, je calculai la date de conception — le 29 janvier —, et je l'inscris sur le dossier, non sans les avertir :

— Retenez bien cette date du 29 janvier, vous devrez la mettre sur tous les papiers que la Sécurité sociale vous enverra.

— Entendu, docteur.

Avant de partir, le mari voulut absolument trinquer au porto bien qu'il fût 9 heures du matin, et je ne pus lui refuser.

Pendant ce temps-là, à ce que j'en compris, la future mère et sa belle-mère discutaient pour savoir qui de leurs nombreuses parentés elles allaient prévenir en premier.

Au bout de quelques semaines, ils me rappelèrent. Je trouvai la femme en larmes et la belle-mère fort agitée, prononçant avec emportement des phrases bien senties en portugais.

Je me tournai vers le mari pour avoir des explications tout en pensant qu'il allait m'annoncer une fausse-couche. L'air abattu, il me dit :

— Docteur, la Sécurité sociale refuse de payer les indemnités de grossesse de ma femme.

— Avez-vous bien rempli les papiers et indiqué partout la même date de conception ? Il faut faire très attention, la Sécurité sociale est très à cheval sur les dates.

— Justement, le problème, c'est la date de conception.

— Et pourquoi donc ?

— C'est le jour où a eu lieu mon changement administratif de caisse entre Arras et Amiens, suite à mon déménagement.

— Et alors ?

— Chaque caisse prétend que c'est l'autre qui doit prendre en charge le coût des prestations, et nous on ne touche rien.

En entendant cela, j'hésitai entre le rire et la colère face à la bêtise administrative. Finalement je passai un coup de fil à la Sécurité sociale pour essayer de dépêtrer le dossier.

Ce fut en vain. Chacune des caisses se rejetait le bébé, si j'ose dire. Le mot d'ordre était à l'économie, nous n'étions plus dans les années fastes de la Sécurité sociale.

Je ne voyais qu'une seule façon d'en sortir, mais elle se révélait assez délicate.

— Vous faites plutôt l'amour le matin ou le soir ? demandai-je au mari, en l'entraînant à l'écart de sa femme et de sa mère.

— Le soir, me répondit-il gêné.

— Très bien, fis-je.

Et, prenant un certificat médical, j'écrivis de ma plus belle plume : « Je, soussigné docteur Vladimir Guiheneuf, certifie que l'enfant de M. et

Mme Mario a été conçu le 29 janvier à 22 h 45. » Puis je datai et signai.

— Votre dossier, ai-je expliqué, a transité entre Arras et Amiens le 29 janvier, la Sécurité sociale ferme à 17 heures, donc à 22 h 45 l'administration considérera que le dossier était à Amiens.

Effectivement, cela régla le problème. L'employée d'Amiens me signala néanmoins que ce serait mieux si, à l'avenir, j'indiquais systématiquement l'heure de conception en plus de la date : « Cela pourrait éviter d'autres controverses, docteur. » Je me contentai de hausser les épaules sans répondre. Soit cette employée du « service grossesse » ignorait que les dates de conception sont approximatives à plusieurs jours près, soit elle le savait, mais préférait avoir un jour et une heure — évidemment faux — indiqués dans le dossier. Au moins son chef ne pourrait pas dire qu'elle n'avait pas obtenu tous les renseignements nécessaires !

« La loi s'applique à tout le monde ! »

Les administrations intimidaient mes patients, mais elles n'étaient pas les seules. Tout ce qui avait trait de près ou de loin avec l'autorité ou la loi leur semblait éminemment respectable : les gendarmes, le maire du village, le secrétaire de mairie, et parfois même, le cantonnier. Le curé, je l'ai dit, était lui aussi fort considéré. En ce temps-là, il présidait encore pratiquement à tous les enterrements avec son apparat d'encens, de cierges et d'eau bénite. Croyant ou non, on venait se faire enterrer à l'église « au cas où ». Les rares enterrements civils survenus dans la commune alimentaient la conversation durant des mois.

Cependant, si on évitait rarement la bénédiction du prêtre, on n'oubliait jamais le notaire : l'homme qui expliquait le partage des terres ou l'indivision des biens et qui lisait solennellement le testament, l'homme enfin qui détenait les clés du cadastre comme au ciel saint Pierre portait celles du paradis. Sa parole était considérée tel l'oracle de la loi.

Ainsi, Mlle Germaine, quoiqu'elle pensât du notaire particulièrement intransigeant de son village, ne se départit jamais d'un profond respect envers lui. Mlle Germaine n'avait pas dû sortir de son village plus de deux ou trois fois au cours de sa vie et savait à peine lire. Coiffée d'un fichu marron, habillée d'une blouse grise qui avait connu des jours meilleurs, le visage carré et décidé, elle s'en allait à travers les rues, le pas toujours alerte en dépit des années.

Sa vie n'avait pas été facile.

« En novembre 1932, me raconta-t-elle, juste à la fin des labours, ma mère a été écrasée par une charrette à cheval. On s'est retrouvées orphelines à dix-huit ans ma sœur et moi, vu que le père était déjà parti. C'est le fils des Jacques qui conduisait la charrette qu'a tué la mère. Vous savez, docteur, les Jacques, ceux qui ont la grosse ferme en face de l'école. Le père Jacques est venu nous voir le soir même. Un homme bien mis, sachant se tenir, pas comme son voyou de fils qui buvait trop. Le père nous a dit :

"Mes pauvres petites, mon fils a fait une grosse bêtise.

— Eh oui, qu'on lui répond, il a écrasé la mère !

— Mes chères petites, qu'il continue, on ne va pas aller se faire un procès entre gens du même village.

— Bien sûr que non, qu'on lui répond. Mais il faudrait un dédommagement.

— D'accord qu'il dit. Je vous donne le champ en contrebas avec la grange à bétail qui est dessus."

Nous voilà ainsi, ma sœur et moi, propriétaires en indivision de ce champ et de la grange. Je suis restée seule au village, ma sœur voulait aller à la ville. C'est là qu'elle s'est mariée. Moi, je suis allée habiter la grange et je l'ai aménagée. »

En réalité, cette femme avait entrepris bien plus qu'un « aménagement » de la grange : elle avait tout refait de fond en comble. Elle avait repris chaque mur pour le reconstruire, charriant les parpaings, cimentant et plâtrant comme un homme. En vingt ans, sa grange était devenue une véritable maison, presque coquette.

« Et puis ma sœur est morte à son tour, poursuivit Mlle Germaine. Elle n'avait pas d'enfants. Mais mon beau-frère, c'est une teigne de la ville. Il a voulu que je lui paie la moitié du champ et de la maison. Je suis allé voir le notaire, je lui ai tout expliqué : que c'était moi qui avais construit la maison à partir d'une vieille grange, que sans moi la grange aurait été par terre depuis longtemps, mais le notaire n'a rien voulu savoir.

"Il faut vendre, qu'il m'a dit.

— Vendre ma maison !

— Ne vous en faites pas, si vous êtes prête à y mettre le prix, vous pourrez la racheter.

— Mais moi, je fais des ménages, ça ne rapporte pas lourd."

Finalement, j'ai dû obéir au notaire. J'ai tout vendu, et j'ai tout racheté. Mais avant de le faire, j'ai dit au notaire :

"Au bout du compte, il y a la moitié de la vente qui va me revenir. Je pourrais me contenter de payer seulement l'autre moitié.

— Il faut tout payer, qu'il me répond, c'est la loi."

Qu'est-ce que vous voulez que je réponde à un homme qui a fait des études, qui lit des livres reliés en cuir et qui a sur son mur du dehors le sceau de la justice ? J'ai payé, voilà tout. Et plusieurs semaines après le notaire m'a reversé ma moitié, en expliquant à nouveau qu'il n'y avait pas eu moyen d'agir autrement. "La loi, c'est la loi", qu'il m'a dit.

Le pire a été l'estimation du prix de la maison. Tout le monde le savait : avant que je l'habite c'était une grange. Le notaire aussi le savait : il est là depuis trente ans et, avant lui, c'était son père.

Mais il n'a rien voulu entendre. Il disait que, selon la loi, rien ne prouvait qu'avant, ma maison était une grange. Il m'a même fait racheter la niche du chien, que j'avais entièrement fabriquée de mes mains ! Et comme je faisais mine de contester, il l'a pris de haut et m'a déclaré : "La loi s'applique à tout le monde, madame, qu'il s'agisse d'un immeuble ou d'une niche à chien !" »

Un conseiller de Georges Pompidou

Parallèlement à mes soins apportés aux malades et à mes difficultés face à la Sécurité sociale, je poursuivais mon activité au sein du Syndicat national des médecins de groupe.

Dans les années 1960, un pas avait été franchi par notre mouvement, puisque nous avions rencontré un conseiller du Premier ministre Georges Pompidou. Ce conseiller âgé d'à peine trente ans, au visage un peu à la Louis-Philippe et à l'éloquence posée, désirait comprendre la médecine de groupe dont, apparemment, il ne connaissait que le nom. Cette démarche me surprit agréablement car je connaissais déjà la propension de la haute administration à ne juger les choses qu'à partir de dossiers et de chiffres. Cette première bonne impression fut renforcée quand je constatai que ce conseiller, en homme posé et sérieux, s'appliquait à faire le tour du problème pour saisir nos motivations et établir l'intérêt pour le malade de notre organisation.

À la fin, il nous surprit encore, il ne nous gava pas de promesses, comme le firent les multiples conseillers des ministres rencontrés par la suite — promesses qui n'aboutirent jamais à grand-chose. Au contraire, il nous déclara tranquillement qu'il n'était pas impossible qu'il ne sorte strictement rien de cet entretien. Puis, il ajouta : « Ici nous sommes responsables de l'intérêt de l'ensemble de la nation, et pas seulement d'un groupe particulier. Il peut donc se trouver que votre point de vue soit juste mais ne prévale pas. L'État est au service de tous les Français et non pas des seuls médecins de groupe. »

Ma curiosité était suffisamment éveillée par cet entretien pour que je note précautionneusement le nom de ce conseiller et prête attention à lui par la suite. Ainsi, au cours des événements de Mai 68, je remarquai sa présence sur une photo aux côtés de Georges Pompidou, lors des négociations des accords de Grenelle.

Ce conseiller s'appelait Édouard Balladur, et à cette époque, il était déjà tel que je le retrouvai vingt-cinq ans plus tard, à la télévision, quand il fut Premier ministre : sérieux mais prudent, hésitant à s'engager à fond sans avoir examiné complètement le problème. Et parlant toujours avec la même voix suave...

J'aurais pu être l'un de ces passants aux manteaux grisâtres

Notre mouvement pour la médecine de groupe était donc de plus en plus reconnu en France. Dans de nombreux autres pays, la même montée en puissance se produisait. Dès septembre 1968, j'exposai dans notre journal l'organisation des groupes médicaux en Hollande, en Allemagne, en Suède, au Canada et aux États-Unis. Et, en avril 1970, eut lieu le premier congrès international de la médecine de groupe, à Winnipeg, au Canada. À la vue de tous ces petits drapeaux étrangers qui s'alignaient sur les tables de conférence, je ressentis une certaine fierté : notre combat pour la médecine de groupe sortait du cadre franco-français pour toucher la plupart des pays d'Europe occidentale, mais aussi l'Amérique du Nord et du Sud, et même le Japon !

Après le Canada, il y eut bien d'autres congrès, en Grèce, au Brésil ou en Suède. Je revois les nuées d'enfants qui nous entouraient à Rio de Janeiro dans l'espoir d'obtenir quelques pièces de monnaie. Je n'ai pas non plus oublié la technicité de la clinique Mayo aux États-Unis ou les soldats en armes dans Jérusalem.

Pour moi, le voyage le plus marquant fut sûrement celui de Berlin où, malheureusement, ma femme n'avait pu m'accompagner. À cette époque, la ville était encore coupée en deux par le Mur et l'on se sentait un peu comme sur une île ou un camp retranché. Où que l'on aille, on finissait toujours par se retrouver face à des barbelés et des miradors. « À la première attaque soviétique, nous serons emportés comme des fétus de paille », m'avait dit un confrère allemand.

Après le congrès, un voyage d'une semaine en Allemagne de l'Est était prévu. Dès le passage du Mur, nous sentîmes que ces quelques mètres nous avaient fait changer de monde. Il est vrai que, du fait de mes ascendances familiales, j'étais sensible à tout ce qui concernait l'Union Soviétique. Berlin-Est, d'une certaine façon, c'était déjà un peu ma terre natale.

Les gens marchaient peu nombreux dans les rues et moins bien habillés qu'à l'Ouest. L'architecture stalinienne des grands ensembles écrasait tout : pas de publicité, mais quelques grandes affiches rouges à la gloire du parti. Je songeai que sans le départ de mes parents d'Union Soviétique, j'aurais pu être l'un de ces passants aux manteaux grisâtres qui marchaient d'un pas lourd.

Notre groupe d'une vingtaine de médecins fut immédiatement pris en main par les deux guides et le chauffeur du bus qui s'empressèrent de mémoriser nos visages. Et nous voilà partis à travers l'Allemagne de l'Est, ses fermes collectives et ses usines populaires !

Un matin, dans l'un de ces vastes hôtels des pays de l'Est grouillant de personnel, une serveuse, discutant avec l'un d'entre nous, s'enquit de savoir ce que nous avions vu à Berlin-Ouest. Ce médecin s'en fut rapporter à nos guides qu'il y avait quand même certains de leurs compatriotes pour s'intéresser à l'Ouest. En effet, leurs louanges incessantes du régime est-allemand l'assommaient.

— Qui ça ? Comment ça ? s'exclama le chef des guides, quand il apprit les questions d'une des employées sur l'Ouest.

— Une serveuse, répondit le médecin évasif, comprenant un peu tard son erreur.

Quelques minutes après, nous vîmes arriver le directeur de l'hôtel escorté d'un petit homme gris qui me parut de la police. Toutes les serveuses furent appelées, et le médecin fut prié d'identifier, séance tenante, celle qui avait voulu s'informer sur Berlin-Ouest. Les serveuses étaient pâles comme la mort. Heureusement, le médecin affirma ne plus savoir de laquelle il s'agissait, ni même si, après tout, ce n'était pas une femme de chambre. Et pour finir, il déclara en bredouillant ne plus être certain qu'on lui ait parlé de Berlin-Ouest.

L'affaire en resta là. Le directeur et le policier se retirèrent, et les serveuses, les jambes flageolantes, reprirent leur service.

Ainsi était l'Allemagne de l'Est, ce pays modèle des démocraties populaires et, en moi-même, je remerciai mes parents d'avoir réussi à fuir l'URSS, ses goulags et son silence de plomb.

Nitchevo !

En 1972, Soljenitsyne, écrivain russe dissident, obtint le prix Nobel de littérature, avant d'être expulsé d'Union Soviétique deux ans plus tard. En 1975, un autre dissident, Andreï Sakharov, recevait à son tour un prix Nobel. Enfin, en 1976, le malheureux mathématicien Léonid Pliouchtch était expulsé lui aussi, après trois ans d'hôpital psychiatrique durant lesquels les autorités soviétiques n'avaient pas réussi à le « guérir » de son désir de liberté.

En Picardie, nous avions, nous aussi, nos médecins dissidents qui avaient fui les pays de l'Est à l'occasion d'un congrès international, ou lors d'un hasardeux passage de frontière. Ils jouissaient d'un prestige certain, car ils avaient réussi à fuir les dictatures de l'Est.

L'un d'entre eux avait été surnommé Nitchevo, « rien » en russe, parce qu'il avait une propension très nette à taxer les malades de somatisation. « Il n'a rien, Nitchevo ! Tout se passe dans sa tête ! » déclarait-il à haute voix dans les couloirs de l'hôpital où il travaillait. Et, en voyant ce slave, aux yeux bleus et aux cheveux blonds en bataille, déambuler en blouse blanche, tout le monde souriait aimablement à ses frasques.

Certaines fois, quand un patient lui semblait un peu fastidieux à examiner, il s'emportait et s'en allait en claquant la porte. Néanmoins, on savait qu'il avait souffert pour quitter son pays, alors ses confrères médecins n'hésitaient pas à arranger les choses pour éviter de le mettre en porte-à-faux. Quand il arrivait au travail avec une heure ou deux de retard, d'une démarche louvoyante de vodka, là encore ses confrères faisaient en sorte d'aplanir les difficultés. « C'est Nitchevo ! » disaient-ils avec un grand sourire pour excuser son comportement. Moi-même, je ne pouvais me départir d'une certaine sympathie envers lui, n'était-il pas né en Union Soviétique comme moi ?

Cependant, un soir où il était de garde, Nitchevo s'emmêla lamentablement dans une histoire de péritonite, une grave crise d'appendicite. Le ventre du patient était dur comme du bois, mais Nitchevo soutenait qu'il s'agissait simplement de spasmes : « Il a dû manger une cochonnerie, et maintenant les intestins se contractent un peu, voilà tout ! Nitchevo ! »

L'infirmière n'était pas d'accord avec lui, et, craignant que le malade ne passe pas la nuit, appela à la rescousse son petit ami, ce dernier était médecin de garde dans un autre service.

Le petit ami vint, examina le malade et fut convaincu de l'urgence d'une intervention. Il expliqua la chose à Nitchevo qui se mit en colère, mais finit par accepter de déranger le chirurgien. Ce dernier opéra le malade sur-le-champ et le sauva.

La famille du malade avait suivi avec stupéfaction, puis inquiétude, le comportement de Nitchevo. Elle décida de porter plainte auprès de l'Ordre des médecins.

Nitchevo était connu pour ses excès et les conseillers ordinaux commencèrent par sourire, néanmoins, à tout hasard, ils demandèrent une nouvelle traduction des diplômes présentés par Nitchevo à son arrivée.

Peu après, ils apprirent à leur grande stupéfaction que Nitchevo n'avait jamais été médecin, mais seulement brancardier. La première traduction qu'il avait fournie lui-même à l'Ordre était un faux.

Quand on notifia la chose à Nitchevo, il s'emporta : les Français étaient comme les Soviets, ils le persécutaient ! Le chef de service lui expliqua alors qu'il risquait la prison pour ses faux certificats. Cela calma instantanément Nitchevo.

En consultant les dossiers, on vit que Nitchevo n'avait pas de graves erreurs médicales à son actif, s'étant toujours soigneusement tenu à l'écart des malades les plus atteints. D'autre part, l'heure n'étant pas encore au tout judiciaire, la famille n'avait pas déposé plainte au tribunal. Nitchevo put donc continuer de travailler à l'hôpital, mais comme brancardier. Cette nouvelle fonction ne l'empêcha pas de persister dans ses déclarations à tue-tête dans les couloirs sur tous ces malades qui venaient à l'hôpital, mais qui n'avaient rien, absolument rien, Nitchevo !

« Qu'est-ce que vous voulez qu'ils disent face à une Polonaise qui exigeait son bon droit ? »

Nitchevo n'était pas le seul Slave qui retint mon attention. Parmi mes malades, une vieille dame polonaise montrait, elle aussi, un caractère affirmé. Elle refusait obstinément de se rendre à l'hôpital, alors qu'elle souffrait d'une très douloureuse coxarthrose de la hanche. J'essayais de la convaincre de subir une opération, mais elle ne voulait pas :

« Comprenez-moi bien, docteur, j'ai confiance en vous, mais pas en l'hôpital. Mon père y est mort, en 1947. J'irai pas. Et comme je suis d'origine polonaise, je tiendrai parole ! »

Effectivement, il était difficile de passer sous silence l'ascendance de cette dame avec ses cheveux gris blonds, son visage carré et l'icône de la Vierge noire de Czestochowa qui trônait sur son buffet, encadrée de deux petits drapeaux polonais.

D'ailleurs, quelques années plus tard, quand Jean-Paul II fut élu pape, elle ajouta une photo du

Saint-Père sur le buffet en l'encadrant à son tour de deux autres petits drapeaux polonais.

Finalement, elle dut quand même se faire opérer.

— Je pourrais encore continuer comme cela, docteur. Si je vais à l'hôpital, c'est uniquement à cause de ma petite-fille, elle va se marier en juin, et il faut que je puisse aller à son mariage ! Ne croyez surtout pas que je cède devant la douleur. Une vieille Polonaise comme moi ça endure tout, mais ça ne recule jamais !

— Tant que vous serez à l'hôpital, on pourrait aussi vous opérer de l'œil droit, dis-je mi-moqueur, mi-sérieux, il est atteint de la cataracte.

— Les yeux ne sont pas nécessaires pour aller au mariage, docteur, alors cela attendra ! me répondit-elle fermement.

Quelques semaines plus tard, à son retour de l'hôpital, elle me demanda de venir et me fit un récit qui me laissa pantois.

« Quand je suis arrivé à l'hôpital le soir, docteur, ils m'ont dit qu'ils allaient m'opérer le lendemain matin. Je m'endors et le lendemain matin, à peine réveillée, les voilà qui arrivent dans ma chambre et qui me mettent dans le chariot. Et je m'endors à nouveau, à cause de la piqûre qu'ils m'avaient faite. Eh bien, quand je suis revenue à moi après l'opération, figurez-vous quoi : j'avais un bandeau sur la tête et rien à la hanche ! Je n'ai pas tout de suite compris ce qu'il se passait, mais quand j'ai été complètement réveillée, je peux vous dire que je n'ai pas mâché mes mots ! "Qu'est-ce que vous avez fait à ma tête ?" que je leur ai crié. Le chirurgien n'est pas venu. Il n'était pas assez courageux pour affronter une Polonaise en colère ! Il m'a envoyé un ptiot jeunot qui m'a expliqué avec des mots compliqués des choses toutes simples.Moi, je m'appelle Chololalokowski, je venais pour un problème de hanche, mais le sort a voulu que j'arrive à l'hôpital en même temps que Mme Bokalokabromski qui souffrait d'un problème de cataracte. Ils ont confondu nos deux noms. Comme si Chololalokowski et Bokalokabromski, c'était pareil ! J'ai été la première à passer sur le billard, et comme j'avais un problème de cataracte, ils m'ont opéré de l'œil, au lieu de la hanche, sans se douter de rien. Par contre, quand ils ont eu ouvert de part en part la hanche de Mme Bokalokabromski, ils ont compris qu'elle était intacte de ce côté-là. Mais ils ne pouvaient plus faire machine arrière, vu qu'ils avaient déjà rectifié ma cataracte. Ils voulaient me renvoyer chez moi comme ça, avec ma hanche dans le même état qu'à l'arrivée. "Hors de question que je revienne dans quelques semaines, que je leur ai dit, il y a le mariage de ma petite-fille, faut que vous me fassiez cela maintenant !" Alors qu'est-ce que vous voulez qu'ils disent face à une Polonaise qui exigeait son bon droit ? Ils ont obtempéré ! C'est comme ça que j'ai été aussi réparée de la hanche ! Mais j'avais raison de ne pas avoir confiance dans l'hôpital. S'ils m'avaient confondu avec une cardiaque, au lieu de me mélanger avec une cataracte, eh bien ils m'auraient tailladé dans le cœur sans se poser de question ! »

« Joyeux Noël quand même ! »

L'affaire Nitchevo et les péripéties de la hanche de ma Polonaise m'avaient déconcerté, mais le pire était encore à venir. Peu après ces événements, une jeune femme que je soignais eut à souffrir à l'hôpital d'une bévue bien plus grave. Cette jeune femme n'était pas n'importe laquelle de mes patientes, il s'agissait de Marie-Josette. Je l'avais moi-même mise au monde une vingtaine d'années plus tôt et je l'avais vue lentement grandir au fil des ans un peu comme si elle avait été ma fille. D'abord, elle fut une fillette blonde avec une queue de cheval puis une adolescente nerveuse et secrète et, enfin, une jeune femme au regard bleu teinté de mélancolie, rêvant d'être mère de famille nombreuse.

Le vendredi soir précédant Noël, Marie-Josette arriva à la maternité de l'hôpital pour son premier accouchement. Le médecin interne étant retenu au repas de Noël de l'internat, un externe, étudiant en médecine, l'ausculta. Il s'agissait d'un jeune rouquin facétieux, qui avait passé plus de temps à s'amuser qu'à réviser ses examens. Il blagua avec la jeune femme qu'il trouvait plutôt jolie en dépit de son état, mais ne s'aperçut pas de la mauvaise position de l'enfant. L'externe eut quand même un petit doute mais, faute d'échographie, il n'avait aucun moyen de rectifier son diagnostic, à moins d'appeler le chef de clinique, hypothèse qu'il évacua négligemment d'un revers de la main. Le chef de clinique festoyait lui aussi avec les internes, et le jeune externe, pour qui faire la fête était une chose sacrée, préféra ne pas le déranger. Il serait toujours temps d'examiner consciencieusement la jeune femme un peu plus tard.

La nuit vint. De temps en temps, une infirmière passait auprès de Marie-Josette pour s'assurer que tout allait bien.

— J'ai mal au bas-ventre ! se plaignait la future mère.

— C'est normal dans votre état, répondait l'infirmière sans s'arrêter plus longtemps, confiante dans le sérieux de l'examen subi par la jeune femme lors de son admission.

Le lendemain, le samedi, le médecin interne vaseux, mal remis de sa fête de la veille traversa rapidement le service, sans examiner la future mère.

Le dimanche, le personnel présent fut entièrement mobilisé par deux césariennes dont une naissance de triplés.

Le lundi matin, l'externe repassa. Marie-Josette se plaignait de plus en plus de son bas-ventre, mais au bout du compte n'était-ce pas normal pour une future accouchée ? Tout en l'examinant, l'externe, l'esprit ailleurs, pensait au cadeau de Noël pour sa fiancée. Il trouva quand même le moyen de blaguer avec la future mère qu'il trouvait toujours aussi jolie.

Le lundi soir, la femme se mit à pousser des grands cris et à se tordre de douleur. Tout le monde accourut.

— Vite, emmenez-la en salle d'accouchement !

L'enfant naquit en bonne santé mais, pour Marie-Josette, ce fut une catastrophe. Faute d'une césarienne en temps utile, l'expulsion de son enfant fit des ravages : de son sexe jusqu'à l'anus, il n'y avait plus qu'un seul orifice sanguinolent. Désormais, cette femme allait devoir porter toute sa vie un anus artificiel et elle ne pourrait plus avoir d'enfants.

« Joyeux Noël quand même ! » lui lança gaiement l'externe qui passait par-là avant d'aller rejoindre sa fiancée.

Quand j'appris la nouvelle, cela me révolta. Tout ce désastre, à cause d'un externe un peu trop fêtard et d'un chef de clinique que l'on avait pas osé déranger à son repas de Noël ! Comment des médecins pouvaient-ils être responsables de catastrophes pareilles ?

Ce fut son enfant qui sauva Marie-Josette de la dépression. Il fallait qu'elle s'en occupe, qu'elle le nourrisse, qu'elle le change. Cela lui laissait peu de temps pour penser à son malheur. Cependant, ce ne fut sûrement pas un hasard si plus tard, elle choisit de garder les enfants des autres chez elle, plutôt que de reprendre son travail à l'usine. Le temps apaisa sa souffrance de ne pouvoir avoir d'autres enfants. Et, des années plus tard, je fus heureux de la voir sereine, surveillant du coin de l'œil « les petits » qui dormaient.

« Un généraliste qui pédale dans la choucroute ! »

Quelques semaines après l'accouchement catastrophique de Marie-Josette, comme si le mauvais sort s'acharnait, j'eus moi-même maille à partir avec l'hôpital dans des circonstances dramatiques. Il s'agissait là encore d'un accouchement. J'étais à la maternité Saint-Frères à Flixecourt, aux côtés d'une accouchée victime d'une hémorragie massive, elle avait ingéré des médicaments anticoagulants avant de venir. Elle était déjà très faible, avec une tension artérielle qui baissait dangereusement et un visage qui commençait de prendre une teinte cireuse. Il fallait de toute urgence la transférer à Amiens. Mais le SAMU refusait de venir :

— Vous êtes médecin, vous devez arriver à vous débrouiller. À l'autre bout du département, il y a un malade qui a de la fièvre, nous devons y aller en priorité.

— Envoyez-lui donc son médecin ! répondis-je, énervé.

— Nous avons fait le nécessaire, mais votre confrère ne veut pas y aller tout de suite. Il prétend y avoir déjà effectué deux visites pour rien aujourd'hui. Alors, il faut que le SAMU s'y rende pour suppléer les généralistes qui ne font pas leur travail.

— Mais moi, j'ai une malade qui risque de mourir !

— Adressez-vous à votre confrère, s'il va voir la personne qui a 38° de fièvre, alors on pourra peut-être vous envoyer le SAMU.

— 38° de fièvre ! Vous faites passer une hémorragie consécutive à un accouchement après un malade qui a 38° de température ! Je criais presque dans le téléphone, tellement j'étais en colère.

— Je vous l'ai déjà dit, vous n'avez qu'à vous arranger avec votre confrère pour qu'il fasse son boulot, et alors nous nous occuperons de votre accouchée. De plus, vous êtes médecin et vous êtes donc censé savoir quoi faire en toute situation, me répondit mon interlocuteur du même ton qu'un professeur expliquerait un problème de mathématiques à un gamin peu doué

J'étais révolté. Néanmoins la situation de la jeune femme était trop grave, il me fallait au moins un conseil pour la sauver. Je demandai alors :

— Pourriez-vous me mettre en relation avec un spécialiste de l'hôpital ? La femme a perdu beaucoup de sang et je n'ai pas de quoi la transfuser. J'ai besoin d'un avis médical. C'est urgent !

J'entendis alors mon interlocuteur poser le combiné et crier à la cantonade : « Eh, les gars, il y a encore un généraliste qui pédale dans la choucroute, quelqu'un peut-il l'aider ? » Au bout de cinq minutes d'attente fiévreuse où je ne quittai pas la jeune accouchée des yeux, on me passa un interlocuteur, mais il s'agissait d'un tout jeune médecin qui en connaissait moins que moi sur le sujet… Je raccrochai et, en désespoir de cause, je fis appeler une ambulance pour transporter d'urgence la jeune femme à l'hôpital. Là-bas, heureusement, on put la sauver à grand renfort de transfusions.

Cependant l'affaire n'en resta pas là. La Sécurité sociale n'accepta pas de prendre en charge l'utilisation des services d'une ambulance privée pour transférer un malade entre une maternité publique et un hôpital public. Une telle chose était inconcevable pour l'administration, donc source d'innombrables formulaires, papiers carbonés, certificats divers qu'il me fallut remplir pour me justifier d'avoir sauvé une femme de la mort.

Ce fut la première et la dernière fois que je fis appel au SAMU.

Je dois préciser que, depuis, le SAMU a fait de gros progrès. Aujourd'hui, je ferais plus volontiers appel à ses services. La seule chose qui n'ait malheureusement pas changé, c'est l'incompréhension — pour ne pas dire le mépris — des médecins hospitaliers envers les médecins libéraux...

« Inéluctablement vous vous tromperez ! »

Quelques jours plus tard, Bertrand M., quarante-trois ans, mourut brutalement d'une crise cardiaque. Je le soignais depuis longtemps pour ses problèmes de cœur. Il laissait quatre enfants à élever à sa veuve.

J'avais déjà vu bien des cadavres, mais celui de Bertrand M. me troubla particulièrement. A-t-on idée de ce que l'on peut éprouver à voir ainsi mort quelqu'un qui a pratiquement votre âge et dont les enfants pourraient être les vôtres ? La semaine précédente j'examinais encore son corps replet, dont je connaissais par cœur la tache de naissance, en plein milieu du dos, là où je posais le stéthoscope.

Et ses enfants aux regards éperdus que j'avais tant de fois soignés pour des rhumes ou des otites et qui, j'y reviens, ressemblaient tellement aux miens ! Et sa femme enfin, l'Amélie, qui désormais devrait « faire des ménages » pour gagner un peu d'argent !

Cette mort, c'était une nouvelle fois le spectacle de la désolation, mais une désolation que je sentais proche de ma famille si, à mon tour, il m'arrivait quelque chose.

Et puis, soudain, une question envahit mon esprit : avais-je mis suffisamment en garde Bertrand M., tant qu'il était encore temps de le faire, contre les dangers de son poids excessif, de ses multiples cigarettes et de son travail éreintant ? N'avais-je pas manqué de conviction, certain par avance que cela ne servirait à rien, qu'il ne m'écouterait pas ? Lui avais-je clairement dit qu'à ne pas vouloir se raisonner, il risquait la mort, ou bien, « pour ne pas trop l'impressionner » ne m'étais-je pas contenté de trop vagues allusions sur le danger du tabac et du surpoids ?

Ces questions m'affligèrent pendant plusieurs semaines. Oubliant les malades que j'avais guéris, je ressassais les cas litigieux, et je perdais petit à petit confiance en moi.

Il m'avait été facile de stigmatiser l'hôpital, coupable d'avoir opéré ma patiente polonaise des yeux au lieu de la hanche ou de ne pas m'avoir envoyé le SAMU quand j'en avais un besoin urgent, et coupable surtout des malheurs de Marie-Josette. En revanche, il était bien plus difficile de me retrouver confronté à mes propres failles.

Un ami médecin, à qui je m'ouvris de mes difficultés, me rappela alors qu'en médecine, comme ailleurs, les surhommes n'existent pas. Il y a seulement des êtres humains, affublés du titre de docteur, et confrontés à leurs échecs. Tant qu'un médecin n'accepte pas d'être faillible, soit il ferme les yeux pour ne pas voir la réalité, ou bien il se fouaille le cœur à chaque maladresse.

Ces propos me firent du bien et me remémorèrent notre vieux professeur, le même qui nous disait qu'il est anormal de vouloir être médecin, qui nous assénait avec provocation du haut de sa chaire : « Inéluctablement, vous vous tromperez et inéluctablement vous tuerez des gens ! Mettez cela au fond du tiroir et n'y pensez pas trop. Sinon cela vous rongera, et vous deviendrez un moins bon médecin. »

Ne pas vivre dans la culpabilité, mais ne pas non plus se laisser aller à faire n'importe quoi, ma vision de la médecine avait bien évolué depuis les temps de mes débuts de jeune médecin qui regardait avec un mépris absolu le docteur Hardy et le docteur de N. !

Oui, à quarante et quelques années, en me retournant derrière moi, j'aurais pu faire miens les propos de Dante sur l'incertitude du milieu de la vie.

Une fille de la ville

Heureusement, mes malades me ramenaient sans cesse dans le courant de la vie. Ces gens comptaient sur moi, et si troublé que je fusse personnellement, je me devais d'être à leur écoute. Je repense à Jean-Pierre, un jeune homme de vingt-cinq ans qui se tenait penaud et décharné devant moi. Il donnait l'impression d'avoir perdu dix kilos en deux mois. Je me suis exclamé :

— Eh bien mon gars, tu n'as pas l'air en forme !

Il était maigre d'une façon impressionnante. Son pantalon et sa chemise semblaient flotter autour de lui, ses lunettes cachaient mal ses yeux hagards et enfoncés dans les orbites.

— C'est vrai que cela ne va pas fort, répondit-il d'une voix sans force.

— Que t'arrive-t-il ? demandai-je.

— Juliette est partie ! Et il ajouta en guise d'explication : C'était une fille de la ville, docteur !

— Je comprends que cela doit être dur, mon gars, si ta Juliette est partie.

— Mais, docteur, vous ne savez pas tout. Et, tournant la tête, Jean-Pierre, ôta ses lunettes pour s'essuyer discrètement les yeux.

— Comment cela ?

— Il y a trois mois, elle m'a dit : « Cette fois-ci, on s'aime pour de bon, on va vraiment vivre ensemble. — D'accord que je lui réponds. » On cherche un appartement, elle voulait qu'on soit propriétaires en ville. Moi, j'aurais préféré la campagne, mais c'est elle qui décidait. J'ai proposé qu'on loue plutôt que d'acheter, mais elle voulait qu'on soit « chez nous ». On a donc acheté là où elle voulait, au milieu des tours de la ville. Comme j'étais le seul à rapporter de l'argent, j'ai dû m'endetter pour trente ans. En plus, elle a voulu prendre un grand appartement : « Il faut des chambres pour les enfants », me disait-elle. Ensuite, on a acheté ou plutôt, j'ai acheté, des meubles. Elle a exigé de n'avoir que du bois massif, sinon cela faisait pauvre, selon elle. Elle tenait particulièrement à ce que ses parents voient bien qu'elle avait réussi dans la vie. Après les meubles, il a fallu s'équiper d'un réfrigérateur, d'une machine à laver programmable comme il n'y en a que chez les riches, d'une télévision et même d'une chaîne haute-fidélité pour écouter les disques : ce sont les Japonais qui viennent d'inventer cela, et croyez-moi, docteur, cela coûte cher ! À tel point que j'ai dû tricher sur les emprunts, sinon la banque se serait aperçue que pratiquement tout mon salaire part en remboursements. Moi, je ne suis qu'ouvrier ! Là-dessus je m'absente trois jours pour aller voir ma mère qui était malade. Quand je suis revenu, l'appartement était vide. Elle avait tout emporté : les meubles massifs, la chaîne hi-fi, la télévision, la machine à laver, le réfrigérateur et son contenu. Il ne me restait même plus une chaise pour m'asseoir. Il y avait juste une lettre posée par terre au milieu de la salle vide avec un mot dedans : « J'ai changé d'avis, je crois que nous ne sommes pas faits pour vivre ensemble. De toute façon, j'ai jamais supporté les hommes à lunettes. Juliette » Voilà, docteur, comment aujourd'hui je me retrouve avec un grand appartement vide en ville, que je ne veux pas habiter et des dettes jusqu'à la fin de mes jours ! Ma mère me l'avait dit, j'aurais dû me méfier des filles de la ville !

Comme maintes fois je l'avais constaté, écouter les malheurs de Jean-Pierre avait chassé le trouble de mon esprit, être replacé dans mon rôle de médecin me reconstruisait. Je pus alors trouver les paroles nécessaires pour l'apaiser : oui, je comprenais sa détresse, oui il n'avait pas eu de chance, mais « crois-moi, mon gars, ton chagrin finira par se calmer. Tu es encore jeune et toutes les filles ne sont pas comme Juliette. Oui, crois-moi, dans quelque temps, tu verras les choses sous un autre jour ».

Et en consolant Jean-Pierre, il me semblait que je me réconfortais un peu moi-même.

« Sept ans, trois mois et dix jours »

J'aimais bien mes patients, et je tenais particulièrement à mon rôle de celui à qui l'on peut tout dire, dévoiler ses secrets les plus intimes, sans être condamné ni moqué.

Leurs histoires invraisemblables me changeaient les idées. J'entends encore Ernest, avec son nez à rallonge, ses cheveux en bataille et son air légèrement ahuri, me parler de sa tante.

« Vous savez, docteur, la tante, je m'en suis occupé pendant longtemps : sept ans, trois mois et dix jours exactement. D'ailleurs vous vous en êtes rendu compte, puisque c'est vous qui l'avez soignée tout ce temps-là. On peut dire qu'on en a pris soin de la tante : ma femme lui mettait des draps propres toutes les semaines et on lui faisait du poulet tous les dimanches ! Mon fils lui lisait le journal chaque soir, vu qu'elle n'y voyait plus beaucoup. La voisine le disait : ici, la tante, elle était comme une "poule en pâte". Jamais on ne se permettait la moindre réflexion, toujours “oui, ma tante”, “bien ma tante”. Et pourtant, elle n’était pas commode ! À la fin, quand elle ne pouvait plus se lever, dès qu’elle appelait, même en pleine nuit, on accourait avec le bassin. Si ça, ce n’est pas du dévouement ! Mais elle ne disait jamais merci. On aurait cru que cela lui était dû. À trois heures du matin, confortablement allongée, la tête calée par l’oreiller, elle vous réveillait et vous faisait venir pour vous expliquer d’une voix minaudante qu’elle ne trouvait plus ses lunettes sur la table de nuit pour voir l’heure avant de se rendormir. De temps en temps, elle donnait une pièce au petit pour sa fête, et c’était tout. Pourtant, elle en avait de l’argent ! Mais les fermages de ses terres s’entassaient sur son compte en banque, et on n’en voyait jamais la couleur ! Et puis, au bout du bout, elle a fini par passer. L’après-midi même, on va chez le notaire. On pensait enfin toucher notre dû après toutes ces années, tous ces jours et même toutes ces heures de bons et loyaux services. Mais une mauvaise surprise nous attendait. La tante ne nous avait rien laissé. Rien de rien, même pas une parcelle de terre ! Tout allait au cousin Hippolyte. Lui qui venait à peine la voir trois fois dans l’année ! Une injustice pareille, ça me crève le cœur ! »

Ernest était sincère. Bien sûr, il avait compté chaque jour de la présence de sa tante, bien sûr il l'avait accueillie avec une arrière-pensée sur l'héritage. Mais en même temps, la tante, il l'aimait bien en dépit de son fichu caractère. Il ne comprenait pas pourquoi elle lui avait joué un tel tour de cochon.

« Cela remonte à loin, vous savez, docteur. Quand nous étions gamins, la tante, elle préférait déjà Hippolyte. C'était toujours Hippolyte par-ci, Hippolyte par-là. Moi, j'étais tout juste bon à lui bêcher son jardin. J'aurais jamais dû la prendre chez moi, la tante, il fallait la mettre en maison de retraite !

Je me suis laissé égarer par mon bon cœur, et en récompense de tout, j'ai été conduit jusqu'à une tirelire vide ! »

« Je ne suis même pas sûre qu'elle sache traire une vache ! Mais je vais lui apprendre ! »

Oui, mes patients n'étaient pas tous des anges ! Ce neveu, tout à la fois ballot et avide, n'était pas le pire. Je me souviens de la belle-sœur de Mathilde.

Il s'agissait là encore d'un homme qui venait de mourir, mais en dégringolant dans l'escalier de sa cave où, déjà passablement éméché, il allait chercher encore du vin. La situation n'avait rien à voir pour moi avec Bertrand M. pour lequel j'avais senti la mort rôder autour de lui pendant des années, sans pouvoir rien faire.

L'homme était étendu raide, déjà froid, dans une des salles de la ferme. Les deux enfants et la veuve pleuraient. J'avais signé le certificat de décès et, après quelques paroles d'encouragement, il ne me restait plus qu'à partir. Dans l'entrée de la ferme, je croisai une femme d'une cinquantaine d'années, droite et hautaine comme le héron de la fable, habillée d'un manteau noir de deuil qui sentait la naphtaline.

— Qui êtes-vous ? me demanda-t-elle abruptement.

— Le médecin, je viens de constater le décès.

— Moi, je suis la sœur : c'est mon jeune frère qui est mort ! me dit-elle farouchement. Puis elle ajouta : Je ne l'avais pas vu depuis dix ans !

— Je suis vraiment désolé pour vous, madame.

— Mademoiselle, s'il vous plaît ! rectifie-t-elle péremptoire. Et elle continua à parler avec hargne : La Mathilde, croyez-moi, elle va me le payer !

— Qui est la Mathilde ?

— Ma belle-sœur, une sacrée garce croyez-moi ! À cause d'elle je n'ai pas vu mon frère pendant dix ans : depuis le mariage ! Mais maintenant, elle va en baver ! Elle n'a pas de travail, elle n'a donc pas d'argent à elle. Et les terres, elle n'y connaît rien, vu qu'elle vient de la ville. Elle ne saura donc jamais à qui les louer, comment négocier le fermage... Mais moi je le sais ! Je l'ai fait durant des années avec mon père, puis avec mon frère, avant qu'il ne s'amourache de la Mathilde ! Celle-là, je ne suis même pas sûre qu'elle sache traire une vache ! Mais croyez-moi, je vais lui apprendre ! Elle qui a forcé mon frère à employer une femme de ménage, maintenant, c'est terminé ! Elle va faire la vaisselle de ses blanches mains et elle nettoiera les cages des lapins comme tout le monde !

Écoutez-moi bien, docteur : la Mathilde m'a pris mon frère et m'a empêchée de mettre les pieds à la ferme depuis dix ans, mais c'est fini, croyez-moi ! Les deux enfants sont mineurs, je vais faire en sorte d'être nommée tuteur de mes neveux, et alors, Mathilde, il lui faudra ma signature pour chaque dépense. Je vous préviens, elle devra quémander ! Je vais me venger !

Effectivement, j'ai su par la suite que cette femme redoutable avait tenu parole. Pendant des années, elle a harcelé sans pitié sa belle-sœur, l'obligeant à participer aux travaux de la ferme, à se lever à l'aube pour la traite des vaches. Il n'y avait rien à objecter à la demoiselle, car elle ne manquait jamais de déclarer : « Moi qui suis une femme, je le fais, pourquoi la Mathilde, sous prétexte qu'elle a été élevée à la ville, ne le ferait-elle pas ? La Mathilde était une fille de la ville qui ne pensait qu'à se peindre les ongles, mais j'y ai mis bon ordre. Désormais, elle marche les pieds dans le fumier comme z'autres ! »

La terrible belle-sœur obligea aussi Mathilde à tenir un livre de dépenses, sou à sou, qu'elle contrôlait chaque soir. Et quand elle en avait l'occasion, elle ne manquait jamais de me dire d'un ton de sainte-nitouche : « Vous comprenez, docteur, la Mathilde, elle vient de la ville. On ne peut pas lui faire confiance. Je suis le tuteur des enfants, je dois donc veiller sur leur héritage et éviter que leur mère le dilapide ! »

Les Vénusiens verts

Au milieu des intrigues de certains de mes patients pour quelques pièces d'or, quelques hectares ou l'assouvissement d'une vengeance, j'en oubliais de plus en plus la mort de Bertrand M. Oui, le vieux professeur avait raison, il me fallait d'une certaine façon faire le deuil d'une médecine parfaite, sans pour autant renoncer à la pratiquer de mon mieux.

De surcroît, je devais prendre en compte que la médecine n'est pas une science exacte. Pour traiter la même maladie, un médicament sauve un malade, et reste parfaitement inefficace pour un autre, voire empire son état. À l'imperfection humaine du médecin s'ajoutent les aléas de la science médicale. Ainsi, en dépit des précautions prises et de la qualité des équipes intervenantes, on a vu, en 1998, un ministre de l'Intérieur, Jean-Pierre Chevènement, tomber dans le coma suite à une banale intervention chirurgicale.

Cependant, je ne pouvais pas me résoudre aux erreurs trop manifestes de certains de mes confrères, le souvenir de l'accouchement catastrophique de Marie-Josette me restait présent à l'esprit.

Seul l'Ordre des médecins pouvait agir en ce domaine. Il est en effet chargé de juger les médecins qui pratiquent une mauvaise médecine. L'imperfection humaine ou les aléas médicaux ne sont en effet pas cause de tous les échecs de la médecine. Il y a aussi, malheureusement, le manque de conscience professionnelle de certains médecins, sans parler de ceux qui souffrent de troubles mentaux. En effet, nouvelle concession à l'ordinaire de la cause humaine, on ne voit pas pourquoi les docteurs en médecine formeraient une catégorie différente du reste de la population, sur laquelle ni les maladies psychiatriques, ni les troubles du comportement n'auraient prise.

Il est donc important qu'une instance — l'Ordre des médecins en l'occurrence — puisse empêcher certains médecins de porter préjudice à leurs patients.

Quand il y eut un renouvellement au sein du conseil de l'Ordre des médecins, j'en profitai pour présenter ma candidature et je fus élu. Le premier dossier que j'examinai dans le cadre de mes fonctions ordinales me marqua profondément. C'était celui du Dr V. et de ses Vénusiens verts.

Ce docteur était un homme maigre et grand, bâti comme un échalas, affligé de tics continuels et d'une curieuse paire de lunettes à la monture jaune fluorescent. Il voyait des petits Vénusiens un peu partout et, plus spécialement, dans son cabinet de consultations. Très farceurs, ces petits hommes verts s'amusaient à lui cacher son stéthoscope, à lui chaparder ses belles lunettes jaunes fluorescentes, ou à grimacer quand il était question d'une maladie grave. Il s'en ouvrait de temps à autre à ses patients, mais apparemment cela ne les perturbait pas : « On parle de tellement de choses à la télévision, pourquoi donc le médecin n'aurait-il pas quelques Vénusiens dans sa maison ? »

Il lui arrivait aussi de voir des Vénusiens verts dans la rue. Il vivait alors dans la crainte continuelle qu'ils ne se fassent écraser.

Une fois, il s'interposa en agitant ses grands bras et sa silhouette dégingandée devant un car scolaire qui démarrait :

— Je suis médecin, arrêtez-vous ! Laissez-les passer !

— Mais qui dois-je laisser passer, docteur ? s'enquit le conducteur du car en baissant la vitre.

— Les Vénusiens, voyons ! répondit le médecin.

— Ah, dans ce cas ! fit le chauffeur estomaqué.

Un autre jour, le Dr V. parcourut le jardin public de la ville en mitraillant de photos les parterres de fleurs, le visage plus déformé de tics que jamais.

— C’est toujours beau la nature au printemps, hein docteur ! dit le gardien du square, pour engager la conversation.

— Je m’intéresse surtout aux petits hommes verts, vous voyez comment ils s’agglutinent autour des fleurs, je suis sûr que mes photos vont être formidables !

Le gardien du square, interloqué, se tut et s’éloigna prudemment.

Ce petit jeu aurait pu continuer longtemps, si le Dr V. n’avait pas parlé de ces fameux bonhommes verts à l’un de ses remplaçants :

— Les Vénusiens ne vous ont pas trop gêné pendant mon absence ?

— Pardon ? fit le remplaçant.

— Les Vénusiens verts, jeune homme, il y en a plein le bureau. Regardez donc celui qui tire la langue devant la glace !

Complètement décontenancé, le remplaçant s’ouvrit du problème à l’Ordre. Ce dernier diligenta une enquête à laquelle je participai pour éclaircir ce problème d’extraterrestres qui envahissaient le bureau du bon Dr V. Il fut condamné à une interdiction définitive d’exercer. Certes, je n’étais pas content de voir ainsi sanctionner un confrère, mais la santé de ses malades était en jeu. Une fois qu’il aurait déstabilisé et entraîné dans sa folie l’un de ses patients, il serait trop tard pour regretter.

Le 30 et le 31 février

Sans tomber dans l'exubérance du Dr V. et de ses Vénusiens verts, d'autres confrères souffraient, eux, d'une éthique médicale complètement déformée. Un Ordre départemental de médecins de Picardie a pisté l'un d'entre eux sans succès pendant des années. Ce docteur était un joueur. Son teint jaunâtre, ses yeux injectés de sang, les poches de ses vêtements gonflées par les pages spécialisées des journaux arrachées à la diable et griffonnés de tuyaux de dernière minute disaient sa passion des courses hippiques. Il ne vivait que pour le cheval. Ses amis l'avaient surnommé « Hippo-drôle ». Il lui fallait sans cesse de l'argent pour parier. Alors, pour améliorer ses revenus, il prescrivait des arrêts de travail en veux-tu, en voilà :

— Vous avez besoin d'un arrêt de travail pour partir en vacances ? Pas de problème, je vous le fais, mais bien sûr il y aura un petit supplément à payer...

— Vous ne pourrez pas revenir me voir pour la prolongation d'arrêt de travail ? Pas de problème, je vais vous l'établir tout de suite. Bien entendu, il y aura un petit supplément...

Il était devenu le spécialiste reconnu des arrêts de travail injustifiés en Picardie. Non seulement l'Ordre, mais aussi la Sécurité sociale se doutaient de quelque chose. Cette dernière envoyait des inspecteurs, effectuait des contrôles, mais sans arriver à prendre le médecin en faute. J'étais moi aussi très remonté contre Hippo-drôle qui justifiait à lui seul toutes les critiques de la Sécurité sociale contre notre profession. Cependant je me rappelais aussi du faux certificat que j'avais établi en début de carrière pour M. Jacques, et j'évitais de trop me manifester sur le sujet.

Hippo-drôle sentait cette agitation autour de lui, mais ne pouvait renoncer à son vice. Il résolut néanmoins de changer de tactique. Il n'était plus possible de prescrire des prolongations d'arrêt de travail à des patients en vacances à l'autre bout de la France, il fallait trouver autre chose d'aussi lucratif mais de moins dangereux. Il continua donc de prescrire des arrêts de travail injustifiés mais, désormais, il exigea en contrepartie le paiement de trois ou quatre visites supplémentaires pour les jours suivants — visites que bien sûr il n'accomplissait pas. Selon lui, il s'agissait juste « d'un arrangement où chacun s'y retrouve : le malade qui ne va pas travailler, et moi à qui trois ou quatre visites supplémentaires permettent de mettre du beurre dans les épinards ».

Les courses le passionnant plus que jamais, toutes les consultations d'Hippo-drôle s'effectuaient dans la fièvre et l'urgence. Seul comptait pour lui, le moment où, coiffé de son chapeau haut de forme, il arrivait sur le champ de courses pour assister à la pesée, se mêler aux jockeys et aux autres parieurs. Il travaillait à peine deux heures par jour.

Tout alla bien jusqu'à un mémorable 28 février où, emporté par son élan de se faire payer des consultations factices, il établit et signa un lot de feuilles de maladie pour le 29 février, le 30 février et le 31 février !

La Sécurité sociale qui le guettait depuis longtemps se jeta sur l'occasion et il paya chèrement toutes ces consultations supplémentaires...

Comme saint Thomas

Le Dr Serge était un bon vivant philosophe et bien en chair pour qui un bon cigare après un bon repas représentait le bonheur suprême. Par l'Ordre des médecins, j'ai su qu'il se trouva néanmoins impliqué dans une affaire compliquée qui lui fit perdre son appétit pourtant proverbial.

Quelques semaines plus tôt, le mari de sa femme de ménage avait eu une bonne grippe. Le médecin le soigna et lui prescrivit un arrêt de travail. Une semaine plus tard, au moment de partir, la femme de ménage lui dit tout embêtée :

— Au fait, docteur, j'ai oublié de vous demander une prolongation d'arrêt pour mon mari.

— Cela ne va toujours pas mieux sa grippe ?

— Si, mais il est encore très fatigué.

— D'accord, répondit le médecin en formant un magnifique rond avec la fumée de son cigare. Et, sans plus poser de questions, il prolongea d'une semaine l'arrêt de travail du mari.

La semaine suivante, il fallut quelques jours de plus d'arrêt, et ensuite à nouveau une semaine supplémentaire :

— Ce coup-ci la grippe est pratiquement finie, docteur, mais il y a eu un malheur dans sa famille. Son cousin vient juste de mourir, et mon mari a du mal à s'en remettre. Mettez-vous à sa place, son cousin était quasiment comme son frère, ils ont été élevés ensemble. Mon mari me raconte toujours que...

Alors, pour ne pas entendre l'histoire du cousin, le médecin, pressé d'en finir et de passer à table, prescrivit une prolongation de l'arrêt.

Trois jours plus tard, la police se présenta à son cabinet :

— Inspecteur Derbois, je peux vous parler seul à seul, docteur ?

— Bien sûr.

— C'est bien vous qui avez rempli cet arrêt de travail mardi dernier ? demanda l'inspecteur en montrant une feuille de prescription.

— Oui, répondit le médecin pas très à l'aise.

— Et vous savez où cela peut vous mener, docteur, de faire des faux ? reprit l'inspecteur très sèchement.

— Je ne comprends pas, fit le médecin d'une voix blanche.

— Moi je crois qu'au contraire vous comprenez

très bien. Il expliqua alors que le mari de la femme de ménage était en prison depuis dix jours.

— En prison ! s'exclama le médecin.

— En prison. Vous avez prescrit deux arrêts de travail à quelqu'un derrière les barreaux. C'est très mauvais pour vous, docteur. Vous savez, on peut se demander si vous n'êtes pas complice de la magouille. Tant que le mari est en prison, vous, vous lui procurez des arrêts de travail et ni vu ni connu, sa femme que vous connaissez bien — et peut-être même très bien, si vous voyez ce que je veux dire — touche les indemnités maladie !

Tout rempli de philosophie de l'existence qu'il fût, le médecin eut bien du mal à établir sa bonne foi. Par la suite il devint comme saint Thomas : il ne soignait que ce qu'il voyait.

La loi sur l'avortement

Cependant, pour tous les médecins de cette époque, la grande affaire médicale des années 1970 fut la loi Veil sur l'avortement. Elle avait occasionné un débat parlementaire passionné, tel qu'on n'en avait pas vu depuis longtemps à l'Assemblée. Quelques mois après, nous rencontrâmes Simone Veil, ministre de la Santé, pour lui parler de nos problèmes de médecins de groupe.

Avant cette entrevue, d'autres syndicalistes médecins nous avaient prévenus : « N'y allez pas en nombre, sinon elle va se braquer. Elle est encore très marquée par le débat de la loi sur l'avortement. Face à un groupe d'individus qui s'oppose, elle se ferme et se hérisse. »

Nous y sommes donc allés à deux, et tout se passa fort bien. Pour la première fois, je rencontrais un ministre et j'étais impressionné. Elle nous apparut telle que j'avais pu la voir à la télévision avec ses cheveux tirés en arrière, ses yeux clairs et son aspect décidé. La discussion fut sans langue de bois, nous pûmes expliquer nos revendications et être compris. Néanmoins, en sortant, j'avais le sentiment que si cette femme faisait preuve d'une volonté farouche pour s'imposer comme ministre, au fond d'elle-même demeuraient encore les blessures des camps de concentration nazis où elle avait été internée.

La loi sur l'avortement amplifia la tension déjà vive dans le monde médical entre les pro et les anti-IVG.

Du temps où j'étais à l'hôpital d'Amiens, j'avais vu plusieurs fois arriver en urgence des femmes qu'une « faiseuse d'anges » avait entrepris d'avorter ou qui s'étaient elles-mêmes triturées avec des aiguilles à tricoter, au risque d'y perdre la vie.

Nous étions là pour les soigner, non pour les juger, et j'ai été particulièrement choqué de voir des médecins refuser des calmants à ces femmes sous prétexte de les « punir ». À l'opposé, il me semble que la position de certains défenseurs acharnés de l'avortement qui affirmaient l'absence totale de traumatisme psychologique pour une femme qui subit un IVG n'était pas non plus acceptable.

Aujourd'hui que sont en partie retombés les tumultes de la loi Veil, quand je pense à cette douloureuse question, je me souviens du récit de Georgette, une petite femme légèrement de guingois sur ses jambes, au visage décidé et franc, déjà mère de sept enfants :

« L'matin du jour que je devais aller à ch'l'hôpital rapport à l'enfant qu'on voulait pas, mon homme — l'Clotaire — y m'a mis dans ch'car pour la ville. Et me vlau partie. L'Clotaire y pouvait point perdre une journée à m'accompagner, mais moé j'étais comme une pelote d'épingles : j'avouais des nausées plein le corps vu qu'j'étais grosse et qu'en plus je connaissais point Amiens.

Heureusement ch'car m'a arrêté à côté de ch'l'hôpital et je me suis point perdue. Sinon j'sais point où qu'c'est qu'on m'aurouait retrouvée dans cte ville qu'avouait des murs partout.

Bref, je m'asseoié dans la salle d'attente de ch'l'hôpital et puis j'attends. J'attends longtemps. Et c'est là que je m'suis mis à penser dans m'tête. Je me suis dit que c'est pas l'Clotaire qu'allait s'faire tripatouiller l'intérieur des tripes, que ce serait moé, la Georgette. Je me suis dit aussi que ch'l'enfant, si on le laissait tranquille dans min ventre, dans un an y s'rait né, qu'il aurouait un ptiot visage mignon comme tous les bébés, et qui s'rait à moé, qui s'rait min fieu ou min fille. Alors, j'sais point pourquoué, j'suis reparti sans voir l'docteur de ch'l'hôpital. L'soir j'ai repris ch'car et j'ai dit à ch'Clotaire : on l'garde. »

Évidemment, cette histoire de ne dit pas tout de l'avortement ni de la souffrance de certaines femmes ou de certains couples et, une fois encore, je me garderais de juger qui que ce soit à ce sujet. En revanche, le récit de Georgette me rappela l'importance du temps de la réflexion personnelle, pour que la décision prise soit celle que l'on désire vraiment, quelle qu'elle soit.

Dans ce temps passé dans notre for intérieur à mûrir nos décisions importantes se tient, me semble-t-il, une des leçons majeures de Socrate et de toute la philosophie depuis vingt-quatre siècles.

Les deux amours de ma vie

Un jour de mars 1978, la standardiste me transmit un appel pour une urgence. Il s'agissait de se rendre chez une femme seule d'une quarantaine d'années, mince et grande, secrétaire dans une petite entreprise. J'avais toujours trouvé cette dame un peu excentrique. Elle aimait porter chez elle de longues robes noires sur lesquelles reposaient ses longs cheveux, teints suivant son humeur en blond, en roux et même, une fois, en violet. Pour fumer, elle utilisait un long porte-cigarettes noir, comme quelque grande dame de la première moitié du siècle. Au mur, elle avait affiché une grande photo en noir et blanc de Che Guevara qui jurait affreusement avec une soupière rococo placée sur un meuble juste en dessous.

Cet après-midi-là, elle m'accueillit par ces mots prononcés d'une voix sépulcrale :

— Claude est mort, docteur !

— Eh bien, quelle nouvelle ! dis-je avec le ton

approprié, sans trop savoir qui était le Claude en question.

— Cela m'a fait un choc terrible ! ajouta-t-elle.

— Je comprends, dis-je sans trop vouloir m'avancer. En même temps, je me creusais la cervelle pour essayer de me rappeler si elle m'avait déjà parlé d'un ou d'une Claude qui lui aurait tenu particulièrement à cœur.

— C'était un homme si exceptionnel, si hors du commun... poursuivit-elle.

Pour le coup, je ne répondis rien, ayant décidé de ne plus rien dire au sujet du défunt avant de savoir s'il s'agissait de son frère, de son oncle, de son cousin ou de son amant.

Elle hoqueta soudain de chagrin :

— Chaque fois que j'avais quelque chose de douloureux, je lui écrivais, et il me répondait. Je savais pouvoir toujours compter sur lui.

« C'était donc un ami intime », me dis-je.

— Vous savez, nous sommes peu de chose sur terre, hasardai-je pour meubler la conversation.

— Vous aussi, vous êtes touché par cette mort tragique, docteur ? me demanda-t-elle en levant vers moi ses yeux rougis de chagrin.

« Mort tragique ! » me répétai-je. « Peut-être un suicide ? » Soudain, je me souvins qu'elle avait un faible pour son directeur qui s'appelait Claude.

— Mes condoléances !

— Vous êtes gentil, docteur, me répondit-elle, mais je ne fais pas vraiment partie de la famille.

— Vous étiez quand même proche de lui, fis-je, pensant toujours à son directeur.

— C'est vrai que nous sommes des milliers de fans en deuil, lâcha-t-elle avant de s'essuyer une grosse larme au coin de l'œil. Ses disques demeureront le tombeau de sa voix, conclut-elle avec grandiloquence.

J'appris ainsi la mort par électrocution de Claude François.

Quelques jours plus tard, la dame en question ajouta à côté du portrait de Che Guevara un poster du chanteur. « Voilà les deux amours de ma vie ! » disait-elle solennelle en les désignant d'un large mouvement de son bras drapé de noir.

Une lettre grossière et salace

La mort de Claude François fut véritablement un événement national. On en parla largement à la télévision et donc, dans chaque foyer, mais aussi à l'Ordre des médecins où, dans l'est, un conseiller arbora un crêpe noir en l'honneur du chanteur disparu et prétendit demander à tous ses confrères de se lever pour une minute de silence. À ma satisfaction, en Picardie, nous avons échappé à ce genre de manifestation excessive. De plus, cela nous permit de traiter l'intégralité des dossiers prévus ce jour-là. Je me souciai en effet particulièrement de l'un d'entre eux, celui du Dr Éloi, ophtalmologiste réputé, que je connaissais depuis mon séjour à l'hôpital d'Amiens.

Il s'agissait d'une querelle qui l'opposait à une autre de mes connaissances, le Dr Assujetisoc, médecin-conseil de la Sécurité sociale qui passait pour l'un de ses amis.

Un jour, le Dr Éloi avait reçu une lettre comminatoire de la Sécurité sociale, signée par le Dr Assujetisoc. Dans cette missive, l'administration lui demandait d'expliquer les raisons pour lesquelles il prescrivait plus de lunettes que la moyenne des autres ophtalmologistes. La Sécurité sociale le prenait ainsi à partie pour la troisième année consécutive. Deux fois déjà, il leur avait répondu en arguant du nombre élevé d'enfants parmi ses patients — la tête des enfants grossit rapidement, il leur faut donc fréquemment de nouvelles paires de lunettes. Cette nouvelle lettre, signée de surcroît par son ami, était de trop. Excédé de toutes ces tracasseries administratives, il répondit au Dr Assujetisoc par une lettre grossière et salace, bien dans l'esprit carabin des étudiants en médecine.

Le Dr Assujetisoc, un administratif à l'esprit rigide, au lieu de rire des plaisanteries de son camarade, le prit de haut et fit passer le papier à l'Ordre. À travers lui, estimait-il, cette lettre insultait la Sécurité sociale tout entière et il ne pouvait l'admettre. En dépit de mes interventions, l'Ordre régional ne put éviter de condamner le Dr Éloi à un blâme — sanction sans conséquence et destinée à être amnistiée par la prochaine élection présidentielle. Cependant, le Dr Éloi supporta mal sa condamnation. Il ne comprenait pas non plus pourquoi son ami avait porté plainte à l'Ordre contre lui. Selon moi, il avait juste oublié que le Dr Assujetisoc et lui avaient préparé l'Internat ensemble, or lui avait été reçu et pas son confrère... de là datait une jalousie qui, après des années, avait pu enfin s'exprimer.

J'allai voir le Dr Éloi pour tenter d'apaiser les choses, mais rien n'y fit. Il ne décolérait pas et exigeait la privatisation de la Sécurité sociale. Il me déclara :

—Tu sais, dès que la Sécurité sociale sera privatisée, j'achèterai des actions, rien que pour le plaisir de me rendre à l'Assemblée Générale et d'y demander la démission du Dr Assujetisoc !

— Et qu'en auras-tu de plus ?

— Rien, mais je me serai vengé.

Eh bien, soupirai-je en moi-même, c'est une vraie cour de récréation !

Le Dr Éloi ne renonça pas. Il publia même plus tard un livre sur la privatisation de la Sécurité sociale. Je réalisai alors que si l'opinion adhérait à ses idées et obtenait cette privatisation, ce grand changement aurait eu pour origine une simple plaisanterie de carabins dans une lettre un peu trop grossière...

L’ennemi public n°1

Le 3 novembre 1979, au terme d’une cavale invraisemblable de plusieurs mois, Jacques Mesrine — l’ennemi public n°1 — fut abattu dans sa voiture par la brigade antigang. Il avait annoncé qu’il défendrait chèrement sa peau, mais il n’eut pas le temps de saisir ni son pistolet, ni une des grenades tenues pourtant à portée de main.

Il s’agissait d’une époque de grands troubles politiques. En Italie, un an auparavant, les Brigades rouges, déjà responsables de plusieurs attentats, s’étaient emparées d’Aldo Moro, un des principaux leaders de la vie politique italienne, et l’avaient tué. En Allemagne, la Fraction armée rouge, dite la Bande à Baader faisait couler le sang, allant même jusqu’à attaquer des camps militaires. Le Pays basque espagnol était lui aussi endeuillé par les attentats.

Renforcés par le pouvoir démultipliant de la télévision, ces attentats me donnaient l’impression d'un monde en péril sans parler de la menace des bombes atomiques installées de part et d'autre de l'Europe.

Au cours de cette période trouble, un de mes amis, président d'un Ordre départemental de province, fut un jour contacté par un juge d'instruction en charge de quelques-unes des affaires terroristes les plus en vue de la République. Sans lui expliquer de quoi il s'agissait, le juge lui demanda de se tenir à disposition à 7 h 30 à la Porte d'Orléans, à Paris, le lendemain matin.

Le président de l'Ordre départemental fut bien sûr exact au rendez-vous. Une Citroën noire l'attendait. Le juge, en costume à fines rayures, le salua, le fit asseoir à ses côtés, puis, sans plus lui prêter attention tourna la tête vers l'extérieur.

— Où allons-nous ? demanda quand même mon ami.

— Dans votre département, répondit le juge sans même le regarder.

— Dans ce cas, vous auriez pu éviter de me faire venir jusqu'à Paris.

— C'est la procédure, fit le juge d'un ton définitif qui acheva la conversation.

En fin de matinée, ils arrivèrent dans un petit village. Le juge se rendit d'abord à la gendarmerie où deux plantons l'attendaient. Puis au cabinet du médecin du village et entra, accompagné de mon ami et des gendarmes. En les voyant, le médecin ébahi se leva de son siège, se demandant ce qu'il lui arrivait. Le juge fit rapidement les présentations, puis dit d'un ton cassant :

— Je ne veux savoir qu'une seule chose : M. Albert est-il votre patient ?

— Tout à fait, répondit le médecin, qui s'était ressaisi.

— Votre carnet de rendez-vous est-il sur papier ou sur informatique ?

— Sur informatique, dit le médecin d'un ton suffisant, car en cette fin des années 1970, il était fier d'être l'un des pionniers de l'informatique médicale. Vous savez poursuivit-il, j'exerce peut-être à la campagne, mais je connais le Basic, le Fortran et le Pascal aussi bien que l'anatomie du fémur. D'ailleurs, je peux vous faire une démonstration si vous le souhaitez...

— Non, ne touchez pas à l'ordinateur ! aboya le juge. Je ne veux pas que le fichier puisse être détruit par une mauvaise manipulation !

— Mais alors, comment allez-vous procéder pour lire mon fichier ? Vous savez, il faut être un spécialiste pour utiliser l'informatique, reprit le médecin du même petit ton fier de soi.

Le juge ne se démonta pas.

— Sachez, docteur, répondit-il sèchement, que la justice française possède toutes les compétences nécessaires au bon déroulement de ses enquêtes. Je saisis votre ordinateur pour les besoins de l'instruction, ajouta-t-il. Votre président de l'Ordre départemental est là pour contrôler que tout se passe dans les règles. Quand j'aurai vérifié les dates de rendez-vous de M. Albert, votre matériel vous sera rendu.

— Quand ça ? demanda le médecin.

— Dans des délais compatibles avec le bon déroulement de la justice, dit le juge.

— Il y a aussi les fichiers de mes autres patients sur cet ordinateur ! intervint le médecin.

— Je vous l'ai dit, tout sera fait dans le respect des règles, répliqua le juge. Je vous laisse mes coordonnées téléphoniques, continua-t-il menaçant. Si M. Albert vous contacte, prévenez-nous tout de suite, quelle que soit l'heure du jour ou de la nuit.

— Y a-t-il un danger ? interrogea le médecin mal à l'aise.

— Avec ce genre d'individus, il y a toujours du danger, répondit le juge. Puis, sans rien ajouter, il se dirigea vers sa voiture. Il demanda juste au président départemental de l'Ordre s'il voulait qu'il le ramène à Paris.

— Non, cela ira, fit mon ami qui ne se voyait pas abandonnant là son confrère. En effet, ce dernier, en quelques minutes, avait perdu toute superbe. Ne disposant d'aucune sauvegarde de son fichier de patients, il songeait avec dépit qu'il allait devoir revenir à de méprisables dossiers papier. Mais une question le hantait surtout : de quoi M. Albert était-il accusé ? S'agissait-il d'un terroriste ? Le médecin se demandait avec inquiétude s'il ne risquait pas d'être pris en otage par une bande d'assassins guidés jusque chez lui par le redoutable M. Albert.

— Ne crois-tu pas que je devrais demander une protection policière ? demanda-t-il d'une voix chevrotante de peur au président de l'Ordre.

Le président savait bien que la gendarmerie n'avait pas un planton à mettre à disposition en permanence devant le domicile de son confrère. Il se demandait aussi si, au bout du compte, il avait bien fait de laisser partir l'ordinateur de son confrère qui contenait des renseignements couverts par le secret professionnel. Il préféra donc changer de sujet.

— Pourrais-tu m'expliquer un peu comment fonctionne ton fichier informatique ? demanda-t-il.

— Tout à fait, répondit l'autre, en reprenant tout à coup du poil de la bête. Figure-toi que j'ai commencé par une boucle d'incrémentation en IF dans laquelle s'insère un sous-programme en logique polonaise et deux instructions en DO.

— Ah très bien ! fit le président de l'Ordre, qui n'avait strictement rien compris, mais qui était soulagé de ne plus parler de surveillance policière ni de devoir s'expliquer sur cet ordinateur, qu'il avait laissé partir sans protester.

« Une usine où des centaines d'hommes ont travaillé pendant plus d'un siècle »

Les élections présidentielles de 1981 approchaient à grands pas. Les habitants des cités ouvrières souhaitaient tous la victoire de la gauche. En effet, depuis plusieurs années, le chômage s'était installé et les gens, désespérés, n'attendaient plus rien du gouvernement en place.

Cette montée du chômage parmi mes patients était due à la catastrophe économique qui avait frappé les établissements Saint-Frères. Depuis des années, ces derniers n'arrivaient plus à faire face à la concurrence des textiles en provenance d'Asie. En 1978, les frères Willot les avaient rachetés et avaient décidé la suppression de plusieurs centaines d'emplois.

Pour des familles entières, qui y travaillaient depuis plus d'un siècle, ce fut l'effondrement d'un monde. Ils n'imaginaient pas vivre sans Saint-Frères. Et quand les usines fermèrent, plus d'un vécut un véritable deuil.

M. Jacques, l'ouvrier qui m'avait demandé jadis un arrêt de travail sur l'injonction de la direction de Saint-Frères et que l'inspecteur de la Sécurité sociale avait trouvé en train de dessoucher un arbre avec son beau-père, âgé maintenant d'une cinquantaine d'années, se retenait pour ne pas pleurer. Je le revois, mouchant copieusement son long nez dans son grand mouchoir à carreaux :

« Docteur, cela me fait comme quand ma vieille mère est morte. La veille elle était encore là, et trois jours après, elle se trouvait sous terre. Je ne pense qu'à cela : l'usine Saint-Frères a fermé ! Saint-Frères, c'est fini ! Chaque fois que je peux, je vais jusqu'à la porte de l'atelier, comme si j'allais sur une tombe, je vois la porte fermée, et je ne comprends pas. Pourquoi des choses pareilles arrivent-elles ? Ce n'est pas qu'on était toujours bien chez Saint-Frères — croyez-moi, les contremaîtres savaient se faire obéir — mais au moins, on avait du travail. On gagnait son pain. Leur chômage, moi j'en veux pas ! Depuis l'âge de douze ans, je travaillais chez Saint, jamais j'aurais imaginé autre chose que de venir là jusqu'à ce que mes jambes refusent de me porter à l'atelier ou que mes bras aient plus la force. Et voilà qu'aujourd'hui, alors que je suis encore dans la force de l'âge, eh bien, je me tiens devant la porte de l'atelier, et cette porte est fermée. Je ne peux plus y entrer ! Les rats sont en train de bouffer les bobines de fils qui restent et la rouille se met sur les machines, et moi je ne peux rien y faire ! Quand les bâtiments de l'atelier tomberont en ruine et crouleront, il ne restera plus rien d'une usine où des centaines d'hommes ont travaillé pendant plus d'un siècle ! Il y en a qui me disent qu'il faudrait que j'aille travailler ailleurs. Mais où c'est donc ailleurs ? Dans la vallée, il n'y avait que Saint-Frères, et Saint-Frères est mort ! J'ai essayé de me présenter à différentes places dans la zone industrielle d'Amiens, mais quand je suis arrivé, il y avait déjà tout un tas de jeunes qui attendaient. Alors, quelle chance vous voulez que j'aie ? Surtout que moi, je suis sans qualification, je ne sais faire que du Saint-Frères. Je ne sais pas tourner, je ne sais pas fraiser, je ne sais pas non plus câbler une armoire électrique, je ne connais que le tissage du chanvre. Alors, qu'est-ce que vous voulez que je fasse ?

À l'heure de d'habitude, je me lève et je m'habille. Je vais jusqu'à l'atelier de Saint-Frères, et là je retrouve les copains qui sont comme moi : sans travail, inutiles. On reste un peu devant la porte fermée de l'atelier, à parler du bon vieux temps d'il y a quelques années, et du temps d'aujourd'hui qui est beaucoup plus dur. Et puis on repart chacun chez soi. Ma seule consolation, c'est mon jardin. Si j'avais pas mon jardin, je crois bien que je ne me supporterais pas. »

En l'écoutant, je regrettais de ne pas pouvoir grand-chose pour lui. Je pouvais soigner les corps, apaiser un peu les troubles de l'esprit, mais face au drame du chômage, je me sentais parfaitement démuni.

En sortant de chez M. Jacques, je me fis d'ailleurs la réflexion que si je ne pouvais rien pour lui, je n'aurais pas non plus pu grand-chose pour moi dans une situation similaire. Si, un jour, les patients m'avaient fait défaut, comment aurais-je réagi ? Qu'aurais-je entrepris ? M. Jacques « ne savait faire que du Saint Frères », mais moi je ne connaissais que la médecine, dans quoi d'autre aurais-je pu me reconvertir ? D'ailleurs, à cette époque, quelques-uns de mes confrères se trouvaient sans emploi. Le chômage n'était pas si éloigné de moi que l'on aurait pu le croire.

À quelques mois des élections présidentielles, ce fut un agriculteur parfaitement hostile au socialisme qui me convainquit qu'après plus de vingt années de présence ininterrompue de la droite, la gauche allait l'emporter : « Regardez les affiches de campagne de Mitterrand, docteur, vous y voyez quoi ? Une église et de la terre à perte de vue, et puis du bleu du blanc et du rouge, nos couleurs nationales. Mitterrand ne va pas gagner parce qu'il promet de réduire le chômage, mais parce qu'il s'appuie sur la terre de son pays, et moi qui suis agriculteur, je peux vous le dire, la terre ne trompe pas. »

Les ministres de François Mitterrand

La victoire des socialistes en 1981 amena les syndicats de médecins à faire la connaissance de nouveaux interlocuteurs. Edmond Hervé, le premier, donna le ton. Nous voulions le voir pour discuter de la taxe professionnelle. Nous lui avons donc expliqué qu'elle était trop lourde pour des petites structures comme les maisons médicales. Tout de suite, il nous donna son accord. J'étais un peu étonné, mais néanmoins très satisfait d'une décision si rapide et si positive, car pour nous cette taxe représentait un problème épineux. À ce moment, un des conseillers du ministre me fit un discret « non » avec le doigt. Cela m'impressionna de le voir ainsi contredire son chef, mais je tâchai quand même de rester serein. « Un simple conseiller ne peut entraver l'action d'un ministre », me disais-je.

Lors de cette rencontre, il fut aussi question d'un sujet plus mineur : l'autorisation d'avoir des panneaux indicateurs fléchant les maisons médicales, comme on en trouve pour les hôpitaux ou les cliniques.

— Monsieur le ministre, avons-nous expliqué, il y a quelques mois vous nous aviez promis d'autoriser ces panneaux, et, en dépit de nos relances, ils ne sont toujours pas agréés par l'administration.

— Comment ! explosa Edmond Hervé, j'ai donné mon accord, et ce n'est pas en vigueur ! Je suis ministre de la République, mes ordres doivent être appliqués ! Ce n'est pas possible ! Je vous en donne ma parole, ces panneaux, vous allez les avoir !

Il trépignait presque de fureur sur sa chaise. Je tournai alors les yeux vers son conseiller, et je le vis me faire à nouveau « non » du doigt avec un malin sourire.

En sortant, je discutai quelques instants avec le conseiller. Poliment, mais fermement, il me dit : « Ne vous bercez pas d'illusions, votre allègement de taxe et vos panneaux, vous ne les aurez jamais. Je m'y oppose. Vous savez, les ministres passent et font des discours, la haute administration demeure. Au bout du compte nous avons toujours le dernier mot. »

Je ne suis pas loin de penser qu'il avait raison. En tout cas, nous ne vîmes jamais ni réduction de taxe, ni panneaux...

Georgina Dufoix, elle, n'attendit pas notre demande de rendez-vous, elle nous invita aussitôt installée dans son ministère. Quand nous l'avons rencontrée, elle nous fit part d'un dossier qui lui tenait particulièrement à cœur : la prise en charge par la Sécurité sociale de ceux qu'elle nommait pudiquement « certains professionnels de la santé non diplômés par l'État, mais utiles à la population ». Il s'agissait, entre autres, de certains homéopathes qui n'avaient pas le moindre diplôme. Sans connaissances médicales sérieuses, ils ordonnaient aux malades d'abandonner tout autre traitement que les leurs et prescrivaient des tisanes pour soigner le rhume, l'insomnie ou le cancer. Cela provoquait des catastrophes et même des morts, comme je l'avais constaté dans plusieurs affaires qui étaient remontées à l'Ordre pour exercice illégal de la médecine. Aussi, sans hésiter, nous refusâmes cette prise en charge.

J'eus de même l'occasion de rencontrer Jack Ralite, l'un des rares ministres communistes. Il était en charge de la Santé. Avant le rendez-vous, les socialistes nous firent passer une mise en garde très explicite : « Ne négociez rien avec Ralite, votre seul interlocuteur, c'est D., un haut fonctionnaire socialiste du ministère. »

La réunion avec Jack Ralite fut des plus cordiales. Il agit comme s'il était au courant des recommandations socialistes et se garda bien d'aborder les grands dossiers. Il nous expliqua qu'il fallait un ministre de la Santé et qu'en l'occurrence c'était lui. Personnellement, il s'intéressait plus à la culture qu'à la médecine. Il nous fit ensuite un long développement sur la place des arts dans la société. Puis, il enchaîna sur les mérites de la médecine de groupe dont nous étions les représentants : « Cette façon d'exercer la médecine en groupe est communautaire, donc c'est quasiment comme si elle était communiste, n'est-ce pas ? » dit-il en reprenant ainsi une antienne que nous avions déjà entendue trente ans plus tôt.

Après avoir passé une heure fort agréable en compagnie du ministre, nous avons pris congé et, suivant les recommandations socialistes, nous sommes allés rencontrer Monsieur D., là les négociations commencèrent...

En sortant, je me fis la réflexion que le ministère n'était pas comme d'habitude : toutes les portes étaient soigneusement fermées, on croisait des groupes de fonctionnaires avec des mines de comploteurs, jetant des regards suspicieux... « Ce sont les communistes et les socialistes qui s'observent les uns les autres », m'expliqua un de mes compagnons à qui je m'en ouvris. D'ailleurs, quelques mois plus tard, comme pour corroborer nos impressions, les socialistes retirèrent purement et simplement son portefeuille ministériel à Jack Ralite pour le remplacer par l'un des leurs.

Le dernier ténor de la gauche que je rencontrai fut Bérégovoy. Il nous écouta posément comme jadis Balladur. Puis il nous fit, lui aussi, une réponse d'attente : les finances de la nation n'étant pas extensibles, le sort des médecins viendrait après d'autres priorités. Même si cette réponse ne nous satisfit pas, au moins était-elle franche. Aucun doute, nous avions un interlocuteur sérieux en face de nous.

J'ai été aussi frappé lors de cet entretien par son aparté sur sa mère :

— Docteurs, trouvez-vous normal que l'on économise de l'argent en venant se faire soigner à l'hôpital ?

— Évidemment non, avons-nous répondu, étonnés.

— Eh bien figurez-vous, reprit le ministre, que ma mère a intérêt à venir à l'hôpital plutôt qu'à rester chez elle.

— Ah oui ? Avons-nous demandé poliment.

— À l'hôpital, ses frais de repas, de chauffage et d'électricité sont pris en charge à 100 % par la Sécurité sociale, mais quand elle est chez elle, elle paie pour tout cela.

Il nous expliqua alors son idée de forfait hospitalier qui resterait systématiquement à charge du malade, « pour qu'au moins on ne gagne plus d'argent à se faire hospitaliser ».

Et, effectivement, quelques mois plus tard, son projet prit corps.

Cette mesure de Bérégovoy m'a toujours semblé justifiée, en plus elle rapporta des fonds à la Sécurité sociale à un moment où elle en avait cruellement besoin. Le plus surprenant fut que si la mère du ministre n'avait pas séjourné en hôpital, le forfait hospitalier n'aurait pas vu le jour. Même si l'un des nombreux fonctionnaires du ministère de la Santé avait eu l'idée de cette mesure de bon sens, « elle n'aurait pas pu remonter jusqu'en haut, comme me le dit un ami. Car, malheureusement pour les fonctionnaires, le système qui les régit prône davantage la gestion rigoureuse à l'extrême du moindre centime d'euro que l'innovation et la créativité »...

La « voiture PTT »

La victoire socialiste de 1981 donna lieu à un nouveau renforcement des administrations. Par le biais des nationalisations, elles prirent en charge une grande partie de l'économie du pays. Elles se virent aussi attribuer de nouvelles missions telles que le contrôle des changes, le contrôle des prix ou la perception de l'emprunt obligatoire.

À mon grand dépit, cet accroissement de la sphère administrative se traduisit aussi dans l'activité médicale. La Sécurité sociale multiplia ses contrôles sur nos feuilles de soins et l'administration fiscale passa au peigne fin toutes nos déclarations : les frais déclarés étaient-ils bien réels, n'avions-nous pas oublié quelques recettes financières occultes ? Par le biais des maisons médicales que nous avions en propriété commune, n'y aurait-il pas eu moyen de nous imposer un peu chacun sur la fortune ? Combien de fois n'ai-je pas été excédé de tous ces contrôles et de ces papiers !

Le secteur hospitalier n'échappa pas non plus à cette mise au pas administrative.

Mon ami Pierre, un homme calme et pondéré qui fut pendant ces années-là membre du conseil de direction de l'hôpital de Clinquebulle-sur-Creuze, me raconta comment il vit l'administration hospitalière se sortir des chausse-trappes qu'elle se tendait à elle-même à travers ses propres règlements.

Depuis longtemps, avec une persévérance remarquable soutenue par tous ses directeurs successifs, l'hôpital s'acharnait à se ceindre d'un mur, une espèce de rempart destiné à le séparer du monde extérieur. Il avait pour cela fallu se battre franc après franc, pour arracher suffisamment de crédits au ministère. Chaque année, les quelques mètres supplémentaires de mur construits remplissaient de fierté le directeur. C'est tout juste si ce petit homme aux chaussures à semelles épaisses destinées à le grandir un peu n'organisait pas la visite des nouvelles parties du mur. Enfin, il ne resta plus qu'une dernière tranche de travaux d'environ cinquante mètres. L'administration centrale, avec une largesse inattendue, accepta alors de financer la totalité de la réalisation des travaux en une seule fois. Ainsi, l'hôpital allait être entièrement ceint et le directeur pourrait annoncer au ministère la suppression de la ligne budgétaire grâce à l'« édification du mur de l'hôpital de Clinquebulle-sur-Creuze ».

Cependant, l'agriculteur voisin de l'hôpital suivait avec intérêt la dernière tranche de travaux. En homme matois qui savait tendre ses collets au passage des bêtes, il attendait son heure. Il se contentait de passer de temps à autre devant le chantier en tirant sur sa pipe, le regard apparemment vague, mais en réalité l'œil aux aguets, dégustant à l'avance le plaisir qu'il allait éprouver d'attraper « les gens de la ville ». Quand tout fut fini, il prit rendez-vous avec le directeur de l'hôpital et lui déclara au milieu de moult considérations sur le temps, la saison et la hausse des impôts, que le mur avait été construit chez lui. En entendant cela, le directeur eut un haut-le-cœur d'inquiétude. Sitôt l'agriculteur parti, il fit consulter le cadastre et là on s'aperçut que par un hasard malchanceux, sur les vingt derniers mètres, un décrochement de cinquante centimètres était clairement indiqué. On avait effectivement empiété sur la propriété de l'agriculteur.

Le directeur de l'hôpital se confondit en excuses et déclara au fermier que, désormais, l'hôpital avait une dette d'honneur envers lui. L'agriculteur accepta volontiers les excuses et la dette d'honneur, néanmoins cela ne le contenta pas. En un mot, il exigeait le rachat de sa parcelle.

Là-dessus, le fermier se sachant désormais le maître du jeu se dévoila complètement et annonça un prix de plusieurs milliers de francs que son bout de terre — en fait un fossé rempli de ronces — ne valait sûrement pas.

La situation était grave, le directeur convoqua sur l'heure un conseil de direction extraordinaire. Quand ce dernier fut réuni, le directeur rapporta les faits, et conclut par ces mots prononcés sur un ton quasi dramatique :

— Si nous démolissons le mur pour le reconstruire à côté, sur notre terrain, nous nous couvrirons de ridicule. D'autre part, si nous refusons d'indemniser l'agriculteur, il y aura procès, et l'hôpital ne peut que perdre.

À l'idée de voir son honorable administration confrontée à une telle honte, le pauvre homme transpirait.

— Il nous faut donc, poursuivit-il, trouver les crédits nécessaires pour payer l'agriculteur.

— Pourquoi ne pas expliquer tout simplement l'affaire à l'administration centrale, demanda alors candidement mon ami Pierre, ils ne vont certainement pas nous refuser la somme nécessaire.

— Il ne peut en être question, trancha le directeur, transpirant plus encore à la pensée de compromettre sa carrière en expliquant la bourde de ses services. Voici comment en sortir : l'hôpital va demander une subvention pour l'achat d'une nouvelle voiture pour la distribution du courrier à l'intérieur de l'hôpital.

— C'est une bonne idée, firent l'ensemble des conseillers présents. Et, aussitôt, le directeur s'empressa de passer au sujet suivant.

À la fin du conseil, mon ami s'adressa à son voisin, le représentant de la ville de Clinquebulle, pour lui demander quelle était cette histoire de voiture qui allait permettre d'acheter un morceau de terrain. Le représentant de Clinquebulle ne répondit pas. Manifestement, il craignait de devoir fournir des explications à un médecin libéral mal informé des subtilités administratives.

L'affaire revint à l'ordre du jour deux mois plus tard.

— Il y a un problème avec le mur de l'hôpital et la voiture du courrier, déclara le directeur de l'hôpital d'une façon fort elliptique.

— Ah ? firent l'ensemble des conseillers.

— Oui, nous avons écrit sur la demande de budget : « voiture PTT », or cela risque de poser question aux contrôleurs ministériels, car l'hôpital n'achète pas de voiture pour les PTT, mais pour son vaguemestre, il aurait donc fallu écrire : « voiture vaguemestre ». Cependant, je propose au conseil de ne pas rectifier pour éviter d'attirer l'attention du ministère sur cette dépense.

Il y eut des murmures dans l'assistance mais, finalement, tout le monde se rallia au sentiment du directeur.

Six mois après, le directeur, avec sa faconde habituelle, annonça avoir reçu la dotation budgétaire pour la nouvelle voiture. « Ainsi, nous avons pu régler cette déplaisante histoire de mur », ajouta-t-il. À ce moment, mon ami eut la confirmation de ce qu'il soupçonnait depuis le début : aucune voiture supplémentaire ne serait jamais achetée par l'hôpital, l'argent avait servi à payer le lopin de terre.

De son côté, l'agriculteur était devenu plus riche de quelques milliers de francs. Je l'imagine volontiers expliquant à sa famille : « Vous voyez, les enfants, pour prendre au piège les gens de la ville, il faut surtout ne pas les effaroucher et attendre son heure. C'est un peu comme pour le gibier : s'ils vous entendent approcher, ils décampent et tout est fini. Par contre, si vous ne les effarouchez pas et que vous arrivez suffisamment près, vous les plombez sans problème. »

En ce qui concerne la nouvelle voiture PTT qui n'existait pas, moins de deux ans après, particulièrement usée, elle fut réformée. Il était temps, peu après l'administration centrale entreprit inopinément un contrôle sur les voitures des hôpitaux. J'imagine qu'interrogé sur la brièveté de la vie de la voiture PTT, le directeur a dû lever les yeux au ciel et laisser tomber que, semblables aux hommes, les voitures sont parfois bien peu de choses en ce monde...

« Cela lui apprendra à faire des histoires ! »

Cependant, les erreurs et les « arrangements » de l'administration eurent parfois des conséquences terribles.

Georges était le troisième enfant d'un couple que je soignais. Il s'agissait d'un garçon courageux, débordant de vie et toujours prêt à rendre service, un « vrai petit scout » disait-on de lui. Ses parents étaient employés comme manœuvres, mais lui passa le bac et décrocha un BTS, non sans avoir travaillé durant ses vacances pour aider ses parents à payer ses études. Aussitôt son service militaire fini, il trouva du travail, n'hésitant pas à accepter tout travail qui se présentait pour éviter le chômage.

Vers trente ans, il s'installa à son compte dans une épicerie de la banlieue d'Amiens. Là, il travailla dur, ne s'épargnant pas. Quand, au hasard d'une rencontre chez ses parents, je l'interrogeais, il me répondait : « Vous savez, c'est pour moi que je travaille, pas pour un patron, alors cela ne me fatigue pas ! » Au bout de trois ans, à force de labeur jour et nuit, sept jours sur sept, il avait épongé une bonne partie de ses dettes. Il décida enfin de prendre des vacances. Pour une fois, il vit grand et décida d'aller au Mexique. Il avait toujours été passionné par le stade vélodrome mythique de Mexico où avaient été établis tant de records du monde cyclistes.

Il partit donc. Ses parents étaient fiers, ils expliquèrent aux voisins que leur dernier fils — vous savez, celui qui est propriétaire d'un magasin — eh bien, maintenant il voyageait, il prenait l'avion, il allait au Mexique...

Dix jours après le départ, la nouvelle arriva par l'ambassade de France à Mexico : le lendemain de son arrivée, pas encore bien acclimaté au décalage horaire, Georges avait eu un accident de voiture. Il était sorti de route tout seul et se trouvait gravement blessé.

Ses parents tombèrent dans une angoisse folle. Chaque après-midi, dès le lever du jour au Mexique, ils étaient suspendus au téléphone. Mais l'ambassade ne pouvait rien leur apprendre de plus : « Il est gravement blessé, les médecins mexicains ne se prononcent pas. »

Quelques jours plus tard, Georges fut rapatrié. Ses parents allèrent l'attendre à Roissy, on le transporta d'urgence à l'hôpital d'Amiens. Bientôt, le diagnostic tomba : Georges était tétraplégique, plus jamais il ne marcherait ni ne pourrait se servir de ses bras ou de ses mains.

À cette annonce, ses parents vieillirent de dix ans et se tassèrent sur eux-mêmes.

Georges, lui, voulait encore faire face, se battre, ne pas renoncer. Quand il sortit de l'hôpital, il pouvait parler et donc dicter des lettres à sa mère ou téléphoner si on lui tenait le combiné. Il mit aussitôt son magasin en vente. Un acquéreur se présenta et jugea rapidement la situation : Georges devait vendre au plus vite son magasin sinon, dans quelques semaines, la clientèle aurait pris ses habitudes ailleurs, le magasin ne vaudrait plus rien. Mais, pour cet acquéreur, la perte de valeur du magasin ne posait aucun problème : il voulait créer une librairie papeterie, le sort de l'épicerie de Georges ne l'intéressait pas. Alors, il fit traîner les choses. Un jour il lui manquait l'accord de sa banque, un autre jour, sa vieille maman hésitait à se porter caution pour lui, etc. Pendant ce temps, le magasin était fermé car l'unique employé de Georges n'était pas de taille à s'occuper de la boutique tout seul. Pour éviter de le payer inutilement, Georges voulut le mettre en chômage technique. Malheureusement, pour d'obscures raisons jamais élucidées, l'inspecteur du travail refusa d'accorder le chômage technique. Georges dut continuer à payer son employé à ne rien faire ; l'inspecteur en avait décidé ainsi.

« C'est dur, docteur, d'être comme je suis, me disait-il. Mais je veux régler mes affaires moi-même. Mes parents ont assez de malheur, sans que je leur demande ça en plus. »

Les semaines passèrent, l'acquéreur faisait toujours attendre son bon plaisir. Comme si cela ne suffisait pas, une facture d'hospitalisation arriva alors du Mexique. Elle se montait à 300 000 francs. Georges se tourna vers l'assurance souscrite avant son voyage. Cette dernière renvoya par retour de courrier une fin de non-recevoir : la déclaration de l'accident n'avait pas été effectuée dans les délais, l'assurance ne pouvait rien prendre en charge.

Ulcéré, Georges téléphona.

— C'est vraiment dommage ce qui vous arrive, monsieur, lui répondit son assureur, être tétraplégique, quel malheur !... En ce qui concerne votre facture d'hospitalisation, croyez-le bien, je regrette de devoir vous opposer un refus, mais véritablement ce n'est pas possible de vous aider, la déclaration n'a pas été faite en temps et en heure.

— Mais, comprenez-moi, dit Georges, je ne peux pas payer 300 000 francs, je ne les ai pas ! Comment vais-je m'en sortir ?

— Ah, mon pauvre monsieur ! Soyez sûr qu'à titre personnel, je compatis à votre situation. Je suis solidaire avec vous. Mais, croyez-moi, nous sommes soumis au code des assurances, quand bien même nous le voudrions, nous ne pourrions pas vous aider.

— Mais... commença Georges.

— Ah, excusez-moi, le coupa son interlocuteur, on m'appelle sur une autre ligne, je vais être obligé de vous laisser. Cependant, avant de mettre fin à notre conversation, je voulais encore vous dire en mon nom propre et en celui de ma compagnie d'assurances, combien nous sommes touchés et émus par votre situation.

Là-dessus, l'assureur de Georges raccrocha.

Georges essaya de le rappeler. Rien à faire, sa secrétaire n'arrivait jamais à le trouver...

Un ami suggéra alors à Georges de s'adresser à la Sécurité sociale pour les frais d'hospitalisation.

Après plusieurs courriers et demandes de renseignements complémentaires, la Sécurité sociale fit connaître son verdict : les frais d'hospitalisation de Georges au Mexique ne pouvaient pas être pris en charge.

Georges, toujours énergique en dépit de son état, prétendait encore se battre. Il relança la Sécurité sociale, écrivit, téléphona, tempêta. Rien n'y fit, il s'acharnait contre un mur. Tout au plus, un employé anonyme consentit à lui expliquer qu'on lui refusait le remboursement de son hospitalisation au Mexique parce qu'il était lui-même responsable de son accident, en effet il était sorti de route tout seul. À ce moment, Georges comprit qu'il avait perdu la partie : il n'obtiendrait rien de la Sécurité sociale, ni des assurances, et devrait payer sou à sou sa dette d'hospitalisation au Mexique.

Du coup, il perdit toute combativité. Cela en était bien fini du garçon enthousiaste de jadis. « On peut essayer de faire face à son handicap, mais pas à la société tout entière », me dit-il d'un ton las. Son unique bonne surprise vint de l'employé de son magasin. Ce dernier préféra démissionner et chercher du travail ailleurs, il ne voulait pas être payé à rester les bras croisés par un patron grabataire. Quant au magasin lui-même, il fut vendu peu après pour une bouchée de pain.

Il restait une dernière épreuve administrative à franchir pour Georges : l'évaluation de son handicap par le médecin de la Sécurité sociale pour déterminer le seuil de sa maigre pension.

Georges vint donc rencontrer le médecin de la Sécurité sociale. Celui-ci lui accorda un gros quart d'heure de son précieux temps et fixa un taux d'invalidité à 85 %.

— Pourquoi pas 100 % ? demanda Georges.

— Vous remuez un peu les doigts, donc vous n'êtes pas invalide à 100 %, laissa tomber le médecin. De plus, si ça se trouve, vous pouvez bouger bien davantage que vous ne le montrez, ajouta-t-il durement. Comprenez-moi, je suis là pour vérifier que l'argent de la Sécurité sociale va bien où il doit aller, je ne peux pas m'arrêter sur un cas particulier.

Je n'ai jamais su quelle capacité physique secrète, le médecin de la Sécurité sociale suspectait Georges de dissimuler. Son handicap était lourd et évident. J'en parlai un jour à un ami, médecin lui aussi à la Sécurité sociale : « Tu comprends, les services de la Sécurité sociale se jalousent les uns les autres, mais quand ils se sentent attaqués, ils font tous front. En réclamant envers et contre tout le paiement de son hospitalisation au Mexique, Georges a dû se mettre un ou plusieurs employés à dos, voire un chef de service. Il a été catalogué "casse-pieds". Le malheur a voulu que le médecin de la Sécurité sociale ait vent de cette affaire et se croie obligé de faire corps avec les autres. Il a donc sanctionné Georges, il s'est dit : "85 % d'invalidité : cela lui apprendra à faire des histoires !" »

Par la suite, fort de mon expérience de syndicaliste médical, je convainquis Georges d'adhérer à une association de handicapés. En effet, seul il ne pouvait pas se défendre.

Ironie du sort, le fait d'appartenir à cette association lui permit entre autres de rencontrer de nouveau le médecin de la Sécurité sociale à un colloque. Ce dernier devait y prononcer un beau discours sur la place des handicapés dans la société. Il paraît que, quand il reconnut Georges dans la salle, il abrégea son intervention...

« Pas une heure, pas une seconde ne se passent sans que je songe à ce que Mère a fait »

En dépit des mille tracasseries administratives des années 1980, mon travail me plaisait tout autant que trente ans plus tôt, à l'époque de mon premier remplacement dans ce canton picard. Chaque journée, chaque malade était une espèce de Nouveau Monde à découvrir. Car si les pathologies pouvaient se ressembler, les hommes, eux, n'étaient jamais exactement les mêmes. Et puis, à tout âge de la vie, des situations nouvelles pouvaient survenir chez un patient.

Je trouvai un jour, en pleurs, une vieille demoiselle que j'avais soignée des années sans savoir grand-chose d'elle. Je savais cette vieille femme de plus de quatre-vingts ans bien incapable de dire un mot plus haut que l'autre et d'une timidité quasi maladive. J'étais donc parfaitement interloqué de la voir ce jour-là, le chignon à moitié effondré, les mains tremblantes et les yeux égarés.

Après s'être un peu calmée, elle m'expliqua son drame :

« Jusqu'à la découverte de ces lettres, je peux dire avoir mené une existence paisible, docteur. J'ai été élevée dans une bonne famille bourgeoise dont j'étais la fille unique. Père était un notaire honorablement connu, Mère tenait la maison, veillait sur le travail des bonnes et sur mon éducation. Le dimanche, nous allions tous ensemble à la grand-messe de onze heures.

Au moins une fois par mois, nous nous rendions chez l'une ou l'autre des bonnes familles de la région. Les hommes jouaient aux cartes ou s'entretenaient gravement en fumant le cigare. Les femmes discutaient robes et chiffons. Et nous, les enfants, nous allions jouer dans le parc. Quand je suis devenue plus grande, j'ai rejoint le cercle des dames avec mes amies. Nous écoutions sagement sans rien dire de toute l'après-midi. Ce n'est pas à cette époque-là qu'une demoiselle de seize ans aurait osé donner son point de vue sans qu'on le lui demande ! Et si, par hasard, on nous adressait la parole, il était de bon ton de rougir et de bredouiller une vague réponse. "On était encore toute timide à cet âge-là !" s'exclamait Mère à ses amies, contente de leur montrer que j'avais reçu une "bonne" éducation.

Par malheur, Père mourut brutalement d'une crise d'apoplexie lorsque j'avais dix-sept ans, continua-t-elle. Mère veilla au strict respect du deuil durant de longs mois, comme il se devait. On maintint fermés les volets des chambres, on ne sortit pratiquement plus de chez nous, même pour aller dans le parc. Il fallait être triste. Le délai de convenance passé, nous reprîmes nos sorties aux alentours. Bien entendu, pendant encore longtemps, le silence se faisait à notre arrivée, puis on parlait gravement “du défunt”.

Les années passèrent, mes amies d’enfance se marièrent, mais pas moi. Aucune demande en mariage ! Pourtant, dans les familles honorables de la région, les garçons ne manquaient pas, même si beaucoup étaient tombés au cours de la Grande Guerre. Pour me distraire, Mère m’envoyait participer à des bonnes œuvres, tricoter des pulls pour des enfants pauvres, confectionner des lots pour la kermesse paroissiale.

Finalement, vers quarante ans, il fallut se rendre à l’évidence, je ne me marierais pas. Mère me disait : “Cela ne fait rien, tu resteras avec moi, ne sommes-nous pas bien toutes les deux ensemble ?”

Quelques années plus tard, Mère tomba malade, et pendant près de dix ans je la soignai de mon mieux. Et pourtant, je peux bien vous le dire, docteur, Mère n’était pas une malade facile : la soupe était toujours ou trop chaude ou trop froide, l’oreiller pas bien mis, la servante trop curieuse ou mal dégourdie.

Il y a vingt ans, quand elle est morte, j'ai mis toutes ses affaires personnelles dans un bahut en me disant que je trierais cela plus tard. Et, au bout du compte, il a fallu attendre ces derniers mois pour que je m'en inquiète. À quatre-vingt-trois ans, il me faut bien faire de la place pour partir en maison de retraite. C'est ainsi qu'il y a maintenant seize jours, à six heures du soir, j'ai découvert les lettres. Les lettres de mes trois "fiancés". Les trois jeunes hommes qui m'ont demandée en mariage et que Mère a éconduits sans jamais m'en parler. Elle avait gardé le brouillon de ses réponses avec les lettres de demande, elle y expliquait que, "profondément marquée par le décès de son père", sa fille n'avait plus le goût de se marier et de fonder une famille.

Moi qui n'aurais demandé que cela, docteur : me marier, avoir des enfants ! Ces lettres m'ont rongé le cœur ! Toute une vie que je n'ai pas vécue parce que Mère voulait me garder toute à elle !

Samedi dernier, j'ai été au mariage d'un arrière-cousin, et cela était horrible. Je voyais devant moi ce que je ne vivrai jamais à cause de ma mère ! Le prêtre a fait son sermon sur la Bible : "Il faut que l'homme quitte son père et sa mère. On ne se marie pas sans devoir se séparer de ses parents pour commencer une nouvelle vie." Ah, docteur ! Si seulement mère avait pu entendre cela au lieu de se préoccuper des conventions !

Voyez-vous, depuis seize jours, quand les gens me regardent marcher, toute courbée par l'âge, disant bonjour aux uns et aux autres, caressant gentiment la tête des enfants, ils ne se doutent pas que, pas une heure, pas une seconde ne se passent sans que je songe à mère et à "mes trois fiancés". »

Ainsi se termina le récit de cette vieille demoiselle. En remontant dans ma voiture, je me dis que nous étions tous le fruit d'une histoire, et notamment de nos relations avec nos parents. Moi, par exemple, comment savoir à quel point j'avais choisi librement ma profession ? N'étais-je pas devenu médecin avant tout pour faire plaisir à mon père ? Quoi qu'il en soit, il n'est jamais possible de revenir en arrière. Nous pouvons maudire notre histoire personnelle, mais non pas la recommencer. Ruminer sans cesse son passé, c'est courir le risque de le voir se transformer en une potion amère qui ruine toute l'existence. Évidemment, la mère de la vieille demoiselle s'était conduite de façon totalement inacceptable, mais cette mère elle-même avait-elle été libre ? N'avait-elle pas été, elle aussi, prisonnière de son milieu et de son éducation ?

Je me souvins alors de nouveau de mon vieux professeur d'université — celui qui prônait que vouloir être médecin n'est pas normal — qui nous parlait de cette fameuse chaîne de frustrations qui parfois s'allonge de génération en génération. Si la vieille demoiselle n'avait pu se marier, c'est peut-être parce que sa mère avait été frustrée de perdre son époux de bonne heure et, qu'à son tour, inconsciemment, elle avait frustré sa fille d'avoir un mari.

« La seule façon de casser cette chaîne, nous disait le vieux professeur, c'est de se réconcilier avec son propre passé. Notre enfance, nos parents n'ont pas été parfaits, mais si nous regardons autour de nous, nous voyons que cette plainte est assez générale. La bonne question, c'est de savoir pourquoi tant de parents défaillent ? Et la bonne réponse, c'est de se rendre compte qu'ils sont ainsi parce qu'ils sont humains, comme nous le sommes nous-mêmes. La meilleure façon de s'en rendre compte, c'est de devenir parents à notre tour, et de constater notre propre insuffisance envers nos enfants. Il faut se réconcilier avec l'imperfection du genre humain ou demeurer bloqué sur le passé toute sa vie, en se disant que si notre existence ne nous satisfait pas, c'est la faute de nos parents, de notre oncle, de nos grands-parents... »

Évidemment, la vieille demoiselle n'aurait jamais d'enfants et ne pourrait jamais constater ses insuffisances à leur égard. Mais il n'empêche, je me dis qu'une fois les choses un peu tassées, j'essaierai de lui parler de mon vieux professeur d'université qui voulait que l'on se réconcilie avec son passé.

Le vieux philosophe

Parmi les gens modestes qui me consultaient, l'un d'entre eux se distinguait par de solides connaissances. Je l'avais surnommé pour moi-même « le vieux philosophe ». Jusque dans les années 1980, je ne l'avais pratiquement pas soigné, car en vrai disciple de Socrate, il avait bénéficié d'une santé excellente. Avec le grand âge, il fit plus souvent appel à mes services. Il s'agissait maintenant d'un très vieil homme à l'aspect un peu frustre, « ouvrier fils d'ouvriers » qui, faute d'avoir pu quitter la Picardie, avait voyagé à travers les livres et ne se souciait que de ces derniers. Pour le reste, spartiate en diable, il habitait une petite maison de briques à l'écart des autres, ne cherchant ni à la chauffer correctement, ni à en entretenir le jardin. « Les choses de l'esprit sont premières sur celles de la matière », avait-il coutume de déclarer.

Il s'était forgé sa culture par lui-même et possédait, dans une pièce à part, une bibliothèque de plusieurs centaines d'ouvrages où se côtoyaient Pascal, Kafka, Proust, Gide, Malraux et bien d'autres. Vivant seul, il se retirait pratiquement tout le jour dans cette bibliothèque. Une voire même deux fois, il m'y entraîna pour le plaisir de chausser ses grosses lunettes et de me lire à haute voix une page d'Aragon ou de Verlaine.

Sa conversation ne laissait pas indifférent :

« Voyez-vous, docteur, depuis l'antiquité grecque, l'homme a accompli des progrès techniques remarquables. On va sur la Lune, on envoie des sondes à travers l'espace, on traque le secret des premières secondes de l'univers. Qui aurait pensé à l'époque de Victor Hugo — pratiquement quand j'étais gamin — qu'un jour les automobiles, la télévision ou les ordinateurs existeraient ? Et pourtant, en dépit de tous ces progrès, l'homme est resté le même qu'au temps d'Athènes : nous essayons vainement de nous connaître nous-mêmes, de comprendre le sens de notre présence sur terre, et nous condamnons à boire la ciguë celui qui est différent des autres. Quant à nos croyances, elles remontent encore à plus loin, et comme la plus craintive des tribus, nous interrogeons le ciel à la recherche d'une divinité qui n'existe pas. »

Cette non-existence de Dieu tenait lieu de leitmotiv dans son discours, je fus donc particulièrement intéressé quand, suite à une circonstance qui m'échappe, j'eus l'occasion d'assister à une discussion entre le vieux philosophe et le curé du village. Ce dernier était un homme assez fluet, pas très grand, parlant sans détour ni effet de rhétorique, et toujours prêt à aider les autres.

Après un échange d'amabilités, la conversation vint sur Pascal.

— Monsieur l'abbé, disait le vieux philosophe, malgré le respect que je vous dois, je trouve l'argument du pari faible. Il montre à quel point un grand esprit comme Pascal est obligé de capituler : on ne peut pas montrer l'existence de Dieu, on ne peut que parier sur elle.

— Vous auriez souhaité qu'à coups d'arguments mathématiques, on prouve que Dieu existe ? répondit le curé.

— Cela au moins aurait été convaincant. Mais c'est impossible.

— Oui, dit l'abbé, je suis bien d'accord avec vous, c'est impossible. Nos sens et notre intelligence ne connaissent bien que la matière, or Dieu est un pur esprit, une flamme vive. Comment notre pensée pourrait-elle le saisir ?

— Il est surtout impossible de démontrer l'existence de Dieu, monsieur l'abbé, parce qu'Il n'existe pas, tout simplement.

— Comment pouvez-vous penser une chose pareille ?

— Il me suffit de me souvenir de toutes les guerres et de tous les massacres perpétrés au nom de votre Dieu, puis de regarder la vie des chrétiens. Elle n'est pas en rapport avec l'idéal qui devrait soulever leurs cœurs... Ouvrez les yeux sur vos fidèles, monsieur l'abbé !

— Que croyez-vous m'apprendre, cher monsieur, sur mes fidèles ? répliqua le curé nullement démonté. Ils sont, tout comme moi, indignes de Celui qu'ils annoncent. Pour tout ce qui se rapporte à Dieu, nous sommes quasiment comme des aveugles qui se confrontent à la lumière. Le fait d'être chrétien ne rend malheureusement pas meilleur que les autres hommes — encore qu'il y ait des saints aux actions remarquables, comme Maximilien Kolbe qui offrit sa vie pour sauver celle d'un autre à Auschwitz.

— Allons, monsieur l'abbé, être chrétien c'est facile, il suffit de se rendre à la messe le dimanche et voilà tout, dit le vieux philosophe ironique.

— La messe est importante, répondit le curé, mais être chrétien, c'est d'abord croire qu'il y a un Dieu dans l'univers. C'est aussi lire dans les Évangiles la vie de Jésus-Christ, le sauveur des hommes. Oui, reprit le curé avec conviction : Jésus sauveur qui nous délivre du mal qui est dans le monde.

— Jésus nous sauve du mal, dites-vous. Mais

comment s'y prend-il, concrètement ? On ne voit guère les résultats, en tout cas !

— Les réponses de Dieu ne sont pas aussi mécaniques que celles d'un ordinateur. J'appuie sur une touche et le résultat s'affiche. Non, Dieu, c'est le mystère d'une présence que l'on ne peut sentir qu'à tâtons. Pour s'en approcher, il faut prier ce Dieu invisible qui veut être notre ami.

— Les belles paroles que voilà ! En attendant, comment ce Dieu « qui veut être notre ami » peut-il accepter, j'y reviens toujours, qu'il y ait dans ce monde qu'il dit aimer tout ce mal : la faim, les maladies qui écrasent les pauvres et tous ces gamins qui souffrent mille morts ? Hein ! Allez-y, expliquez-moi cela !

— Je ne peux pas l'expliquer, dit sobrement le curé.

— Comment, ricana le vieux philosophe, vous avez étudié les Pères de l'Église et les 73 livres de la Bible au séminaire, et vous ne savez pas me dire pourquoi le mal existe !

— Non, je dois vous le dire humblement, je ne le sais pas et j'en souffre tout autant que vous, répondit le prêtre en regardant misérablement ses pieds. La seule chose que je sache du livre de la Genèse et de toute la Bible, c'est que le mal est complètement étranger à Dieu, Il le rejette par tout ce qu'Il est.

— C’est un peu court ! fit le vieux philosophe, voulant pousser son avantage.

— Je peux vous dire une dernière chose, dit le prêtre en relevant soudain la tête comme pour un défi. Je ne m’explique pas bien pourquoi il y a le mal, mais en revanche, je peux témoigner que dans bien des épreuves, la prière soulage, comme si Dieu consolait les cœurs.

— Bref, Dieu est toujours l’opium du peuple !

Alors, le prêtre, plein de confusion, se leva et partit. Le vieux philosophe, lui, se renfrogna, comme si au bout du compte il n’était pas très fier de ses railleries.

Je fus fort surpris, quelques années plus tard, d’apprendre la célébration par le prêtre des obsèques du vieux philosophe. Ce dernier avait-il été l’objet d’une conversion tardive ? La curiosité me poussant, je trouvai moyen d’interroger le curé.

« Non, il ne s’est pas converti, dit le prêtre. Mais à la vérité, il sentait dans cette question de Dieu un mystère qui le dépassait, une interrogation au-delà de la mesure de l’homme. Bien sûr il y avait l’inacceptable existence du mal, mais croyez-moi, la violence même avec laquelle il en parlait indiquait le désir d’un monde plus juste, plus fraternel. Et ce monde-là, notre ami pressentait qu’il se dérobe sans cesse. Les idéologies qui annoncent le bonheur de l’homme n’ont jamais donné autre chose que des tragédies, quant à la bonne volonté, elle ne suffit pas toujours pour empêcher une guerre ou même un simple divorce. Voyez-vous, seul Dieu est à la mesure de notre soif d'idéal. »

J'écoutais l'abbé sans répondre. Soudain, le téléphone de ma voiture sonna. Une urgence sans doute. Je n'avais pas plus que les autres hommes la réponse à la question du mal, mais mon travail consistait, jour après jour, à lutter contre les maladies et la souffrance. C'était peut-être là un début de réponse...

« Je suis entrée dans la Résistance comme j'aurais prononcé mes vœux au couvent »

Pour Mlle Esther, la question de l'existence ou non de Dieu ne se posait pas. Elle croyait en la présence de l'Éternel, avec la même certitude qu'en la table sur laquelle reposait son poing amaigri, mais toujours résolu. Il s'agissait d'une vieille demoiselle faite d'un bloc et qui ne renonçait jamais. Son nez en forme de bec d'aigle, son regard bleu pâle et toute sa petite personne sèche et décidée disaient ce qu'elle était. Dans son petit logis de ferme hérité de ses parents, on voyait sur les murs blancs quelques aquarelles marines, un crucifix dans chaque pièce et c'était pratiquement tout. Mlle Esther vivait dans un dépouillement quasi monacal.

Pendant de longs mois, elle eut à suivre un traitement médical constitué de piqûres assez douloureuses. Je lui proposai de partir un peu de temps en maison de retraite, où l'on saurait prendre soin d'elle, ou alors chez sa nièce qui habitait le village. Mlle Esther ne voulut rien entendre, résolue tout à la fois à demeurer chez elle et à ne causer de dérangements à personne.

— Ne vous en faites pas, docteur, j'ai un peu travaillé dans un dispensaire en Afrique. Je saurai me débrouiller.

— Et si un jour vous oubliez vos piqûres, mademoiselle ?

— Eh bien, docteur, j'arriverai un peu plus tôt que prévu devant le bon saint Pierre. À mon âge, cela n'est pas une catastrophe, répondit-elle, philosophe.

Elle s'acharnait de même à entretenir le jardin hérité de ses parents. « Mon père aimait cette terre de toutes ses forces, son jardin était un peu son royaume. Alors, par fidélité à sa mémoire, tant que j'en aurai le souffle, j'entretiendrai cette terre. J'en prendrai soin, j'y ferai pousser tous les légumes qu'elle voudra bien me donner, j'y cueillerai tous les fruits que porteront ces arbres. »

Cependant, la grande affaire de la vie de Mlle Esther était la Résistance. « Quand les Allemands ont envahi notre pays, docteur, je suis entrée dans la Résistance avec le même désir d'absolu que j'aurais prononcé mes vœux au couvent. Je voulais me donner tout entière à la noble cause de la France, comme je me serais donnée à celle de Dieu. »

Elle me parlait aussi de son frère, fait prisonnier en mai 1940 et déporté en Silésie, près de l'actuel Wróclaw en Pologne. « Dans notre famille, nous ne pouvions accepter la défaite, docteur, mon frère s'est évadé avec un camarade. Ils marchaient la nuit, et dormaient le jour à tour de rôle, toujours sur le qui-vive, chapardant ce qu'ils pouvaient dans les fermes. C'est ainsi qu'au bout de trois mois, ils sont revenus en France. » La seule chose qui tourmentait Mlle Esther dans l'épopée de son frère concernait le passage de l'Oder. À travers le récit de son frère, elle avait compris qu'il avait été amené à tuer le soldat allemand qui montait la garde sur le pont. Ce meurtre d'un vieux réserviste allemand, quarante ans après, troublait encore la vieille demoiselle.

Dans la même logique, pendant tout le temps où elle fut dans la Résistance, elle se tint toujours à l'écart des armes. Elle avait accepté de combattre l'ennemi, mais non pas de le tuer. En revanche, elle hébergea chez elle tous ceux qu'on lui demanda, et elle convoya des valises sans soulever d'objections. Elle racontait notamment un passage de relais fréquemment effectué dans un café près des étangs de la Somme. « J'avais rendez-vous avec un vrai Picard, au parler patois si caractéristique. Il n'avait toujours que le verbe "ch'mucher[1]" à la bouche :

1. Se cacher.

“Donnez-moi le paquet et ensuite, chacun de son côté. Faut ch’mucher en ce moment ! Oui, muchez-vous bien, même dans le brouillard, les Allemands sont partout !” Il avait bien raison de me recommander la prudence, docteur, et croyez-moi je faisais attention ! Personne ne souhaitait se retrouver entre les mains de la Gestapo ! C’est pourtant ce qui m’est arrivé. J’avais un point de contact régulier dans une mercerie, à Lille, où je me rendais tous les mois. Un jour de novembre 1942, après avoir vérifié de l’extérieur que tout était normal, je suis entrée comme d’habitude, et tout d’un coup des Allemands se jetèrent sur moi et me ceinturèrent. J’étais tombée dans une souricière. À l’instant même où ils m’ont attrapée, affolée, je me suis souvenue que j’avais l’adresse de mon appartement à Paris sur un morceau de papier au fond d’une mes poches. Je me suis maudite comme jamais je ne l’avais fait de ma vie ! Il y avait des camarades de la Résistance qui passaient régulièrement chez moi, ils risquaient d’être pris par ma faute ! J’étais tout à la fois terrorisée par l’allure des soldats de la Gestapo qui m’avaient capturée et complètement anéantie par les conséquences de mon erreur. En attendant qu’ils m’emmènent, j’ai passé dans cette mercerie lilloise deux des heures les plus sinistres de ma vie. Ma chance fut que ces nazis-là étaient malgré tout bien élevés. Puisque j’étais une femme, ils ne me fouillèrent pas tout de suite, réservant cela à leurs collègues féminins. Arrivée à la Kommandantur, j'ai demandé à aller aux toilettes, et, grâce à Dieu, les Allemands me l'ont accordé. Ils m'ont fait accompagner par une grosse allemande de vingt-cinq ans, pas bien dégourdie, mais féroce, comme je l'ai constaté au cours des interrogatoires. Dans les toilettes, elle a parlé à une de ses collègues ; alors moi, profitant de sa distraction j'ai avalé le papier ! Personne ne serait pris à cause de moi. Après cela, il ne pouvait plus rien m'arriver ! »

Mlle Esther fut sérieusement interrogée, puis on la mit à l'isolement. « Je ne sais pas combien de temps, je suis restée seule dans cette cellule étroite. Les Allemands voulaient me rendre folle. Mais je n'ai pas craqué. Pour tenir, je me récitais par cœur tous les passages de la Bible dont je me souvenais. Dans ce lieu d'abandon et d'obscurité, je déclamais le début du Livre de la Genèse, tel que je l'avais reconstitué de mémoire. »

Et, à ma grande stupéfaction, la première fois qu'elle me fit ce récit, la vieille demoiselle se mit à réciter les yeux fermés :

Au commencement de toutes choses, Dieu créa le monde visible et invisible.
Le chaos était partout, les ténèbres couvraient l'abîme,

Mais le vent de Dieu tournoyait sur les eaux,
Et sa Parole était à ses lèvres.
Dieu dit : « que la lumière soit ! »
Et la lumière fut.
Il y eut un soir et il y eut un matin,
Tel fut le premier jour du monde.

Je ne fis aucun commentaire, ne sachant que penser de cette récitation improvisée. Cependant, comme si de rien n'était, Mlle Esther poursuivit son récit. Après de longues semaines à l'isolement, elle fut emmenée au camp de Ravensbrück. « Et là, docteur, vous qui vous appelez Vladimir, il ne vous sera sûrement pas indifférent de savoir que ce sont les "mamas russes", prisonnières comme moi, qui m'ont sauvée. J'avais grandi dans une ferme, mais je ne connaissais rien à l'art de se nourrir de tout ce qu'on peut trouver à se mettre sous la dent, de la moindre épluchure au plus mauvais morceau de cuir. J'ignorais tout autant la façon de tromper les gardiens pour échapper aux corvées, en un mot je me trouvais incapable de survivre dans un camp nazi. Sans les mamouchkas et les babouchkas de votre pays natal, je serais morte.

Et puis un jour, après des mois et des mois de camp, des centaines de nuits glaciales où nous nous serrions les unes contre les autres pour nous tenir chaud, j'ai vu arriver une longue file de voitures blanches avec du rouge dessus. C'était la Croix-Rouge, enfin nous allions être sauvées ! Je n'arrivais pas à y croire.

Quand je suis rentrée à Paris par le train de déportés, je suis restée plusieurs jours sans oser prendre des nouvelles de ma famille. J'arpentais de long en large les rues, passant et repassant devant les mêmes bureaux de poste, sans me décider à entrer pour téléphoner à mes parents, au village. Finalement, à force de me voir déambuler, la femme d'un cafetier me fit entrer, et c'est elle qui téléphona pour moi. Mes parents étaient vivants. Mais ma belle-sœur et mon frère étaient morts en déportation pour actes de résistance. J'ai su plus tard, par un aumônier, que mon frère, bien que gravement affaibli, avait néanmoins tenu bon jusqu'à la libération de son camp et ne s'était éteint qu'à l'infirmerie militaire où on l'avait recueilli. "Il voulait absolument mourir en terre française", m'a dit l'aumônier qui l'a assisté. Voyez-vous, docteur, en ce temps-là, on savait ce que le mot patrie signifiait. » La vieille demoiselle se raidissait de tout son être, comme si, toute faible et âgée qu'elle fût devenue, elle s'était encore tenue prête à reprendre du service pour son pays.

« Cependant, reprit Mlle Esther, sans mon frère et ma belle-sœur, mes deux nièces n'avaient plus de parents, alors je les ai élevées. Là encore, docteur, j'ai fait cela avec le même engagement total que je suis entrée dans la Résistance. Je n'ai pas hésité une seule seconde, mon devoir était là. »

J'entendis maintes fois cette histoire. J'écoutais néanmoins parler la vieille demoiselle avec indulgence, sachant l'importance pour elle de redire les engagements majeurs de sa vie : la Résistance, ses nièces, sans parler de son jardin.

Un jour, la nièce de Mlle Esther me fit venir :

— Docteur, il faut que vous alliez voir ma tante, je crois qu'elle ne va pas très fort.

— À quoi voyez-vous cela ?

— Elle ne parle pratiquement plus de la Résistance, et elle ne se rend plus dans son jardin. C'est un peu comme si c'était la fin.

Je rendis donc visite à Mlle Esther, et, à l'examen, rien ne me parut changé. Néanmoins, je constatai, moi aussi, que contrairement à d'habitude, elle ne me parlait pas de la Résistance. Au bout du compte, elle m'annonça qu'elle allait bientôt mourir.

— Pourquoi affirmez-vous une chose pareille, mademoiselle ?

— Vous savez, docteur, voilà plusieurs années que je cherchais à comprendre le Livre de la Genèse. Bien sûr, je savais qu'il s'agit d'un poème et non d'un livre scientifique, le monde ne s'est pas fait en sept jours, la femme n'est pas un morceau de l'homme. Mais, même en tenant compte de cela, le sens m'échappait toujours. Quelle est cette histoire de création du monde, d'homme formé à l'image de Dieu ? Combien de fois n'ai-je pas lu ces pages sans les comprendre vraiment ? Et puis d'un seul coup, le sens du poème s'est soudain révélé à moi. Le Livre de la Genèse, docteur, c'est mon histoire, et c'est celle de tout homme. Mon passage dans la Résistance, le souci de mes nièces, mon jardin que j'ai entretenu jusqu'à mes dernières forces, et même ces heures dans la mercerie lilloise où j'ai douté de tout, et où je me suis maudite, tout y est. Je suis Caïn, je suis Abel, je suis Adam et Ève tout à la fois. Je suis cette humanité au-dessus de laquelle plane l'Esprit du Dieu invisible. Maintenant que je sais cela, docteur, je suis prête pour le grand voyage. Cependant, poursuivit la vieille demoiselle, soyez gentil docteur de ne pas affoler ma nièce, ne lui dites pas que c'est la fin. Prescrivez-moi quelques médicaments, elle ne se rendra compte de rien.

Une semaine plus tard, la vieille Esther s'éteignit sereinement.

On l'enterra, conformément à ses volontés, avec sa carte de Résistante et un petit tiré à part du livre de la Genèse.

L'Infini + 1

Un autre de mes patients, aux préoccupations métaphysiques certaines, quoique plus dissimulées, était un jeune homme prénommé Max. Il se présentait avec humour comme le « spécialiste mondial de la théorie de l'Infini + 1 ». Théorie dont il était d'autant plus l'unique spécialiste, qu'il était le seul à la connaître pour l'avoir lui-même inventée.

J'écoutais avec plaisir ce jeune homme imaginatif me faire part des multiples inventions, plus ou moins baroques, de son esprit. Petit de taille, ses cheveux bruns constamment ébouriffés, ses yeux noisette brillant d'excitation, il ressemblait presque à un lutin quand il racontait ses inventions. Les parents de Max, des petits commerçants travailleurs, acceptaient difficilement cet enfant original, toujours en train de réfléchir ou de crayonner sur un bloc une machine extraordinaire. Néanmoins, il était leur fils unique, leur idole, et ils s'accommodaient de ses bizarreries, même si elles laissaient craindre qu'il ne reprenne pas la petite épicerie familiale. Leur magasin, installé dans un hameau, fournissait aussi bien des piles que des biscottes ou des bouteilles de gaz. « Tout ce qui s'achète se vend chez nous », disait avec jovialité le père, pendant que la mère pestait en silence contre les clients qui n'avaient jamais de monnaie.

L'instituteur avait assuré que Max était de la graine de savant. Dès lors ses parents le regardèrent comme un prodige. Aussi, quand à dix-sept ans, élève de terminale option mathématiques, Max leur apprit qu'il avait inventé la théorie révolutionnaire de l'Infini + 1, ils l'écoutèrent avec respect, sans rien comprendre, mais encore plus convaincu d'avoir enfanté un futur prix Nobel.

— L'Infini + 1, docteur, c'est ce qu'il y a au-delà de l'inatteignable, m'expliqua Max.

— Peux-tu m'en dire davantage ?

— Pour pressentir ce qu'est l'Infini + 1, docteur, reprit Max, il faut que vous vous représentiez une route sans fin sur laquelle vous marchez sans pouvoir vous arrêter. Eh bien, l'Infini + 1, c'est le pas que vous ferez après le dernier pas qu'il vous sera possible d'accomplir.

— Mais, puisque je marche sans cesse, il n'y aura pas de dernier pas.

— Effectivement, il n'y aura pas de dernier pas, vous avez raison. Et pourtant, il est indéniable qu'après une infinité sans fin de pas, vous en ferez un nouveau qui vous fera entrer dans le monde de l'Infini + 1, là où les espaces se courbent et se rétractent, tandis que les infinis se tassent sur eux-mêmes.

— C'est bien, mon garçon, répondis-je avec un sourire. Et maintenant, pourrais-tu me montrer tes oreilles, je te rappelle que je suis venu ici pour te soigner une otite, et non pour prendre un cours de mathématiques !

Ma tentative pour ramener Max au sujet de ma visite, ne l'empêcha pas de continuer à discourir sur l'Infini + 1. Tout en se laissant examiner, il me raconta ses péripéties avec son professeur de mathématiques qui ne voulait pas entendre parler de l'Infini + 1 sous prétexte qu'il n'existait pas et que, surtout, il n'était pas au programme prévu par le ministère.

Quand arriva l'épreuve de philosophie du baccalauréat, Max se crut enfin autorisé à se servir utilement de son invention. Il s'agissait de commenter cette interrogation de Pascal : « Qu'est-ce qu'un homme dans l'infini[1] ? » Max n'eut aucune hésitation, et s'employa à corriger Pascal. Le grand philosophe s'était trompé, la bonne question étant : « Qu'est-ce que l'homme dans l'Infini + 1 ? »

1. Pascal, *Les Pensées*, 84 (348) in *L'œuvre de Pascal*, Gallimard, 1950, p. 841.

J'imagine la stupeur du professeur de philosophie à la lecture de cette copie qui prétendait réinventer les mathématiques et expliquer pourquoi l'Infini + 1 triomphe du divertissement et de la finitude humaine.

Max avait conclu sa copie en disant qu'après la révolution copernicienne viendrait celle de l'Infini + 1. C'était aller un peu vite en besogne... Et un redoutable 2/20 vint sanctionner sa pensée philosophique.

Max se vengea de cet échec en inventant le concept du zéro soustrait au zéro, ou du vide auquel on enlève encore lui-même, et il passa toutes ses vacances à réfléchir au problème passionnant de l'intersection du trop plein et du trop vide.

Cependant, il restait quand même sur son 2/20 en philosophie, qui lui paraissait une tache irrémédiable portée à l'honneur de sa chère théorie. Aussi, quand il fut en Math sup., puis en Math spé., il abandonna sa théorie de l'Infini + 1 pour se plonger avec ravissement dans l'étude de sa machine à calculer programmable... Il s'agissait d'un bijou rarissime pour l'époque, que ses parents lui avaient offert. « C'est bien cher », avait maugréé sa mère. « Oui, mais avec cela, notre fils deviendra aussi savant qu'Einstein », assura son père.

Une fois reçu dans une école d'ingénieurs, le nouvel intérêt de Max, toujours préoccupé de repousser les limites, fut de concevoir une machine à mouvement perpétuel. Évidemment, sa machine ne vit jamais le jour, mais il n'en garda pas moins son enthousiasme juvénile que rien ne semblait devoir entamer. J'étais assez fasciné par ce jeune homme en perpétuelle ébullition. Ses parents, eux, vivaient un rêve éveillé : « J'ai toujours su que mon fils était un génie, assurait le père. La preuve, c'est que son histoire d'infinis bizarroïdes, personne n'y comprend rien, même son oncle qui a pourtant obtenu le brevet des collèges ! Et puis, maintenant, mon fils, il a dans sa tête des moteurs qui tournent tout le temps sans s'arrêter, comme des réveille-matin à piles alcalines, c'est prodigieux ! Rendez-vous compte, docteur, mon père savait pas lire, moi j'ai pas le certificat d'études, et mon fils est ingénieur ! »

Même la mère sortait de ses récriminations pour dire sa fierté à son fils qui allait sûrement devenir un grand inventeur !

Quand il fut engagé dans la vie professionnelle, j'eus des nouvelles de Max de loin en loin, il changeait souvent d'employeur. Un peu avant mon départ en retraite, je le revis chez ses parents. En dépit de ses diplômes, Max était chômeur. Son dernier poste était responsable qualité chez un fabricant de robots industriels. Il avait été licencié car, pendant ses heures de travail, on l'avait trouvé plusieurs fois un dictionnaire à la main, expliquant sans vergogne qu'il réfléchissait à la façon dont on pourrait mettre en équations mathématiques la grammaire française !

Nullement décontenancé, toujours aussi lutin et facétieux qu'au temps de sa jeunesse, il m'expliqua par le menu sa théorie grammaticale : « Voyez-vous, docteur, la grammaire, c'est des mathématiques. Un nom accompagné d'un autre nom, par exemple Pierre *et* Paul, cela donne un pluriel aussi simplement que 1+1 font 2. »

« Oh là là, songeai-je, cela ne s'arrange pas ! »

Il tint particulièrement à m'entretenir de l'imparfait du subjonctif qui selon sa théorie était « l'irréel de la langue française », en un mot la racine carrée du niveau – 1 de notre grammaire.

Après son départ, je retournai voir ses parents. Ils étaient en larmes : « Cet enfant, on ne l'a jamais compris, docteur. Il dit toujours des choses abracadabrantes. Nous, on était que des commerçants, on voulait bien vendre du boudin, des échalotes ou des billets de loto, mais l'Infini + 1 c'était trop compliqué pour nous. Alors, quand il a voulu devenir ingénieur, on a dit d'accord. Mais aujourd'hui, on ne sait plus où on en est. À force d'être au chômage, notre fils va finir au RMI. Vous vous rendez compte, pour un ingénieur ! Avant, personne ne faisait d'études, et tout le monde avait du travail.

Aujourd'hui, la catastrophe est arrivée : mon fils est ingénieur, mais il ne gagne pas sa vie ! »

Cependant, l'espoir ne les quittait pas complètement : « Pour sûr, c'est un garçon intelligent. Un jour, il va réellement trouver quelque chose de neuf ! »

À l'heure où j'écris ces lignes, à ma connaissance, Max n'a encore rien inventé de révolutionnaire, mais comme il l'a toujours dit à ses parents : « Demain, peut-être... »

« J'ai regardé le père de la fille droit dans les yeux et je lui ai dit... »

Nous étions au cœur des années 1980 et les questions de bioéthique commençaient à intéresser la société française. Le débat portait principalement sur les mères porteuses, ces femmes qui, moyennant subsides, acceptaient de porter pendant les neuf mois de la grossesse un enfant qui n'était pas biologiquement le leur. Les philosophes, les religieux de toutes confessions et le conseil national d'éthique s'interrogeaient gravement pour savoir ce qu'il convenait de faire.

Quel statut fallait-il donner à l'embryon ? Était-il acceptable de manipuler, par le biais de mères porteuses prises dans la famille, les liens entre générations, faisant ainsi d'un nouveau-né à la fois l'oncle et le cousin de ses neveux, ou la petite-fille et la fille de sa grand-mère ? Pouvait-on louer un ventre de femme pour porter un embryon comme s'il s'agissait d'une chambre en ville pour loger un étudiant ?

Était-il souhaitable de mettre des fœtus au congélateur et les réimplanter dans un siècle ou deux ?

Je ne me sentais pas trop concerné par ces débats, ils me semblaient très en dehors des pratiques de mes patients. Je soignais certes des couples qui souffraient de ne pas avoir d'enfants, mais ils se contentaient de songer à l'adoption. En aucun cas, ils n'envisageaient d'aller solliciter leur sœur, leur mère ou la voisine.

Jules P., un ouvrier travaillant à la zone industrielle d'Amiens dans l'entretien et le nettoyage des machines, me raconta alors son histoire. Il s'agissait d'un homme toujours content de lui : « Une bonne soupe, un bon film à la télévision, un bon lit, et me voilà heureux ! » Gras à souhait, le visage réjoui de tout, il était la joie de vivre personnifiée. Cependant, depuis plusieurs semaines, cette satisfaction était menacée. Quelque chose le tourmentait à un point tel qu'il en avait perdu le sommeil. Lui qui naguère dormait ses huit heures d'affilée comptait maintenant les heures au clocher de l'église, étendu sur son lit, les yeux grands ouverts.

Il vint me voir en consultation à la maison médicale pour un problème de dos.

La visite était quasi finie, quand, la main sur la poignée de la porte, il se retourna :

— Il y a aussi autre chose dont il faut que je vous parle, docteur.

— Et de quoi s'agit-il ?

Il s'éloigna alors prudemment de la porte, pour ne pas qu'on l'entende, et, toujours debout, la casquette à la main, légèrement posée sur son ventre rebondi, il commença :

— Je ne peux plus rester comme cela, docteur. Il faut que je parle à quelqu'un. La situation n'est plus tenable, je regarde sans arrêt le visage de la fiancée de mon fils. Je la scrute avec une telle insistance que, maintenant, elle en est gênée. Et, en même temps, à chaque minute, je me demande ce que je dois faire.

— Pouvez-vous m'en dire davantage, monsieur ? répondis-je en l'invitant à se rasseoir.

— Et bien voilà, docteur, il y a vingt-et-un ans, quand je me suis marié, je me suis dit que j'étais le premier de ma bande de copains à passer devant le maire et le curé, et que donc c'est moi qui allais gagner le pari que nous avions fait ensemble.

— Quel pari ?

— Je vais y venir, docteur, répondit Jules en rougissant jusqu'à la racine des cheveux. Mais d'abord, il faut que je vous dise qu'à l'époque j'étais tout feu tout flamme et que les copains étaient tout pour moi. Donc, aussitôt marié, j'ai tout fait pour que ma femme tombe enceinte. Et que même si ses parents n'avaient pas été très vigilants, on aurait certainement commencé avant. Ça n'a pas traîné, trois mois après le mariage, ma femme était enceinte. Il était temps parce que Cédric venait de se marier, lui aussi, et il aurait pu gagner le pari à ma place.

Rien d'extraordinaire là-dedans, me dis-je, pensant qu'ils avaient parié à qui serait père le premier.

— Je me suis renseigné en douce, poursuivit Jules. Comme je m'en doutais, la femme à Cédric était enceinte d'avant le mariage. Au bout du bout, son terme pour accoucher était à peine huit jours après celui de la mienne. Il suffisait que ma femme soit un peu en retard ou que la sienne soit un peu en avance, et je pouvais perdre le pari !

Je laissais parler Jules, même si je ne voyais aucun intérêt à cette histoire de course à la naissance. Son visage exprimait une telle intensité qu'il était difficile de ne pas le laisser aller jusqu'au bout. Je l'écoutais donc, en me demandant quel rapport tout cela pouvait avoir avec sa future belle-fille.

— Et puis mon fils est né, poursuivit Jules. Il était temps, la femme à Cédric, elle avait des contractions dans tout le ventre !

— Eh bien, vous aviez gagné votre pari, et vous étiez content, tentai-je pour abréger son récit.

— Pas du tout, docteur, j'avais pas encore gagné, reprit Jules en rougissant à nouveau. Il me fallait absolument l'acte de naissance. Je peux vous dire que je n'ai pas traîné pour l'avoir.

Quel pari stupide ! me disais-je, sans rien laisser paraître.

Cependant, Jules, rose comme une pivoine, continuait :

— Avec les papiers, docteur, je suis allé là où vous savez, et j'ai donné mon sperme.

— Ah ! c'était ça l'objet de votre pari : donner votre sperme dans une banque de sperme.

— Oui, tout à fait docteur, répondit Jules piteusement. Vous savez, j'étais jeune, et je croyais que c'était là le meilleur moyen de montrer ma virilité et d'épater les copains. Parce que, comme vous le savez, pour donner son sperme, il faut être le père d'au moins un enfant.

— Donc, d'accord, vous avez été donner votre sperme, et alors ?

— En fait, reprit Jules mal à l'aise, je ne m'y suis pas rendu une seule fois, mais tous les jours pendant que ma femme était la maternité. Je voulais vraiment gagner le pari, sans ambiguïté possible !

— Ah bon, mais je ne vois toujours pas le problème avec votre future belle-fille.

— Eh bien, docteur, fit Jules d'une voix blanche, je trouve que la fiancée de mon fils, elle lui ressemble beaucoup. Il y a même un voisin qui a dit une fois en riant qu'on dirait le frère et la sœur. Quand j'ai entendu ça, mon sang n'a fait qu'un tour et je me suis souvenu de mon pari stupide et de tous mes dons de sperme. Et si la fiancée de mon fils se trouvait être ma fille ! Depuis que cette idée m'est entrée dans la tête, j'en ai perdu le sommeil et même l'appétit. J'ai été à la bibliothèque du village pour me documenter et, dès qu'il y a quelque chose qui se rapproche de près ou de loin de mon cas à la télévision, je regarde. J'en suis arrivé à la conclusion que, si mon fils se marie avec ma fille, ce sera un inceste. Et bien sûr, il y a des risques de maladies génétiques au niveau de leurs enfants. C'est vraiment la catastrophe !

Le pauvre Jules présentait les signes de la plus extrême confusion.

— Mais, n'allez-vous pas vite en besogne ? On peut se ressembler sans être parents.

— C'est vrai, vous avez raison, mais comment être sûr ? La première fois que les parents de la demoiselle sont venus manger chez moi, je me suis dit que j'allais peut-être en savoir plus. On avait convenu de se faire un dîner « entre parents » pour lier connaissance. Au tout début du repas, j'ai pas arrêté de regarder le père pour voir si sa fille lui ressemblait. Pour sûr, elle avait quelque chose de sa mère, mais de son père, ça ne sautait pas vraiment aux yeux ! Alors j'ai tenté d'aller aux renseignements d'une façon détournée. J'ai donc demandé d'un air innocent comment la grossesse s'était passée il y a vingt ans, et l'accouchement, etc. Je voulais aussi leur demander pourquoi ils n'avaient pas eu d'autre enfant, mais cela ne s'est pas trouvé. Les parents de la fiancée de mon fils m'ont répondu aimablement, mais visiblement, ils ne voyaient pas où je voulais en venir. À moins, ai-je pensé, que mes questions les mettent mal à l'aise, parce que justement, ils avaient quelque chose à cacher : par exemple qu'ils avaient dû utiliser une banque de sperme… Cette idée m'a littéralement taraudé. Il fallait que j'en aie le cœur net. J'ai bu coup sur coup deux verres de vin pour me donner du courage, et ensuite, franco, j'ai regardé le père de la fille droit dans les yeux et je lui ai dit que, juste pour parler comme ça, j'aurais bien voulu savoir si c'était son sperme à lui qui avait servi à engrosser sa femme ou s'il avait fait appel à une aide extérieure. Le père de la demoiselle est devenu cramoisi. Sans répondre, il s'est levé de table avec sa femme, et ils sont partis. Ma femme m'a regardé comme si au bout de vingt et un ans de mariage, elle découvrait d'un coup que j'étais pire qu'un monstre. Elle a enlevé la bouteille de vin de la table, et elle m'a dit : « Jules, tu as trop bu ! Tu viens de me faire la plus grande honte de ma vie ! » Alors voilà, depuis, comme je vous l'ai dit tout à l'heure, je ne vis plus. Il n'y a qu'une analyse de « caries-par-type » qui pourrait me rassurer, j'ai vu ça à la télévision, mais je ne peux pas prélever une dizaine de millilitres de sang à la fiancée de mon fils sans qu'elle s'en aperçoive !

— En tout cas, vous avez au moins gagné votre pari et épaté vos copains ! dis-je d'un ton mi-ironique, mi-sérieux.

— Ne croyez pas ça, docteur. J'avais peut-être gagné le pari, mais tout le monde s'en moquait ! L'enfant de Cédric, il est né avec une grosse malformation au cœur. À cette époque-là, il n'y avait pas d'« écolographie », et on ne s'était aperçu de rien... L'enfant est resté pendant plusieurs semaines entre la vie et la mort. Alors, vous comprenez, moi, mon histoire de dons de sperme, ça intéressait vraiment personne !

Je revis plusieurs fois Jules par la suite. Son embonpoint avait fondu, ses joues se creusaient. Et toujours, il me racontait inlassablement son histoire de dons de sperme.

Finalement, la fiancée en eut assez de ce futur beau-père qui n'arrêtait pas de la dévisager et de lui poser des questions sur la virilité de son père. Elle rompit.

— Vous voilà apaisé maintenant, monsieur ! dis-je à Jules quand il m'annonça la nouvelle.

— Pour cette fois-ci, vous avez raison, docteur ! Mais en plus de mon fils, j'ai encore trois filles. Comme mon sperme a été congelé et ensuite réparti on ne sait où, il y a toujours des risques que mon fils ou mes filles tombent sur un demi-frère ou une demi-sœur !

Ainsi, à chaque prétendant que son fils ou ses filles lui présentèrent, Jules venait me voir pour, photos à l'appui, scruter les ressemblances : « il a mon nez », « sa bouche est légèrement en coin comme la mienne », « son implantation de cheveux est identique à celle que j'avais à vingt ans »...

Cela tournait à l'obsession.

Et à chaque fois les excentricités de Jules et ses questions mal venues finissaient par provoquer la rupture entre les jeunes gens.

Une seule de ses filles se maria sans problème, et avec le consentement ravi de son père : son amoureux venait d'Afrique et était noir comme l'ébène !

Des situations impossibles de vie ou de mort

Si les problématiques comme les mères porteuses et la bioéthique retenaient l'intérêt du grand public, le sujet des moyens financiers nécessaires à la politique de la santé suscitait un intérêt beaucoup plus superficiel, qui se limitait à l'évocation du sempiternel trou de la Sécurité sociale. L'aspect économique devenait pourtant de plus en plus prégnant, notamment dans les questions de fin de vie.

Je me revois un soir de ces années-là arrivant dans un service de dialyse avec une jeune fille souffrant d'une anurie aiguë, une absence d'urine due à un problème rénal. Il s'agissait d'une jeune fille de dix-sept ans à l'acné rebelle, mais à la voix douce, qui se destinait à devenir sténodactylo. Comme beaucoup de jeunes de son âge, elle adorait Goldman, Balavoine ou Sting. Son état était critique, mais on pouvait encore la sauver avec quelques jours de rein artificiel. Malheureusement, le service était surchargé. Pour récupérer de la place, le chef de service avait déjà dû supprimer la dialyse de deux malades âgés, ce qui les condamnait. Avec ma nouvelle venue, je rendais la situation à nouveau ingérable. Le chef de service était ulcéré. On lui avait refusé des moyens supplémentaires parce qu'il n'avait pas rempli convenablement les papiers nécessaires mais, maintenant, son équipe et lui étaient confrontés à des malades qui allaient mourir. Les administratifs, eux, étaient bien au chaud dans la quiétude de leurs bureaux. De rage, le chef de service sortit en claquant la porte. L'interne, d'à peine plus de vingt ans, se tourna alors vers moi, il se sentait perdu : « Que dois-je faire ? On a débranché les deux malades les plus âgés mais après, comment choisir entre les jeunes celui qu'on ne soignera pas et qui va mourir ? » Il pleurait presque. La médecine idéale en laquelle il avait longtemps cru s'effondrait. Je croyais me revoir trente ans auparavant, quand j'avais assisté, impuissant, aux décès de tous ces gens par *delirium tremens*.

Il fallait néanmoins décider quelque chose. Derrière ses petites lunettes à monture métallique, l'interne ouvrait les yeux d'un lapin pris au piège des phares d'une voiture. Finalement, il s'en fut demander conseil à l'infirmière en chef. La chance voulut que cette dernière me connaisse, ayant suivi ses études à l'hôpital d'Amiens quand j'y étais aussi. Elle décida de traiter ma jeune patiente, quitte à surcharger complètement le service et à travailler en dehors des protocoles. Ce qui n'était pas sans risque pour les patients et pour elle-même en cas de problème.

Ainsi, grâce à cette infirmière en chef décidée, une jeune fille de dix-sept ans d'aspect un peu frêle survécut. Plus tard, cette même jeune fille devenue femme donna naissance à trois enfants qui durent donc la vie à cette infirmière en chef qui avait décidé de sauver leur mère envers et contre tout.

Oui, parfois être dans le monde médical c'est se trouver confronté à des situations impossibles de vie ou de mort. Et cela n'est jamais facile, car nous ne sommes pas des machines, mais des êtres humains. Des êtres humains qui s'attachent à leurs malades et sont sensibles à leur souffrance et à leur mort.

Face au risque d'endosser l'écrasante souffrance du monde, je crois qu'il faut se protéger. Un ami psychiatre hospitalier me racontait que parfois, tout en écoutant les tortures intérieures de ses patients, il s'efforçait de penser au paysage qu'il découvrait le matin dans sa villa au bord de la mer. D'autres se concentrent sur l'aspect observable des choses, sans vouloir entendre leur signification, comme ce cancérologue, qui, il y a quarante ans, se focalisait sur la consistance, le nombre et la taille des tumeurs, sans vouloir parler de la menace inéluctable qui, à cette époque, leur était associée. D'autres encore se réfugient dans la dérision et les blagues d'internat.

Être confronté à la mort n'est jamais facile.

Une étudiante infirmière se vit un jour demander d'injecter ce qu'on lui présenta pudiquement comme un « cocktail lytique », c'est-à-dire en fait une piqûre mortelle. Elle refusa et, par la suite, elle me déclara le visage fermé : « Dans notre métier, il faut savoir ce que l'on est prêt ou non à accepter de faire, sinon à la première occasion on se retrouve entraîné là où on ne veut pas aller. Le débat autour de l'euthanasie est une chose, faire donner la mort en douce par une élève infirmière qui ne se rend compte de rien en est une autre. »

Dans des situations extrêmes, comment le personnel soignant peut-il arriver à la fois à faire face, à montrer de la compassion et à se protéger ? Question aussi ancienne qu'Hippocrate et tous ceux qui entreprirent de soigner et d'apaiser les souffrances de leurs frères humains.

Une passade rue Saint-Denis

Oui, il était beaucoup question des problèmes de fin de vie dans le milieu médical, ces années-là. L'acharnement thérapeutique manifesté autour de la mort de Franco en Espagne ou la survie poussive de Brejnev, Tchernenko puis Andropov en URSS y étaient peut-être pour quelque chose.

Cependant, le monde médical s'inquiétait plus encore du sida. Ces conversations se tenaient à mots couverts pour ne pas affoler la société avec une épidémie dont on ne connaissait pas de façon certaine les modes de transmission. Les plus pessimistes craignaient des millions de morts dans le pays.

Dans ce contexte, chacun se sentait autorisé à dire n'importe quoi. Un jour où j'assistais à un séminaire de « management de l'organisation », le consultant nous donna, lui aussi, son avis. Il s'agissait d'un homme au verbe haut et à la couperose de celui qui se réveille le matin avec un tremblement incoercible, tremblement que seul peut apaiser un verre de blanc sec. Ignorant la présence d'un médecin dans la salle, il se lança dans un long développement verbeux sur le sida. « On vous cache tout sur cette maladie. Seuls quelques médecins et une poignée d'hommes politiques savent la vérité. Ils se taisent, car cette vérité est une bombe ! Je possède mes entrées dans les ministères et même à l'Élysée, j'ai mené mes propres recherches avec les plus grands professeurs, et ce que je vais vous apprendre, vous ne le saurez que de ma bouche : on vous trompe sur le sida, ce syndrome n'est pas du tout ce qu'on vous en dit, en fait il s'agit d'une maladie psychologique des cellules ! »

En entendant de pareilles inepties, je poussai un cri d'exclamation et je fis connaître ma profession. Le consultant ne se démonta pas, il était sûr de lui, aucun virus, ni rétrovirus n'étaient à l'origine du sida, mais uniquement le stress de la vie moderne, qui conduisait les cellules sur la voie de la déprime et de la dépression...

Je ne répondis rien et me contentai de hausser les épaules, laissant le consultant à ses théories fumeuses.

Peu après ce séminaire, une de mes patientes mourut brutalement. Elle n'était âgée que d'une petite soixantaine d'années, et nul ne voyait d'explication à cette mort survenue en quelques jours sans signes avant-coureurs. Les gendarmes, de leur côté, suspectaient le mari de battre son épouse, ils firent donc procéder à une autopsie.

Le médecin légiste trouva un cancer du cerveau qui avait grossi lentement, et puis, d'un coup, avait ruiné les fonctions cérébrales. Cependant, en analysant le sang de la femme, le légiste détecta aussi la présence du sida.

En apprenant cela, les représentants des affaires sanitaires et sociales furent très ennuyés. En effet, cette femme avait été soignée trois ans plus tôt dans un hôpital picard, peut-être y avait-elle été contaminée à l'occasion d'une transfusion. L'honneur des hôpitaux picards était en jeu, il fallait trouver une autre explication !

Aussitôt, on convoqua le mari en urgence pour une expertise. Il se révéla indemne de toute contagion. On le somma alors de dire si sa femme avait un amant, et de qui il s'agissait. Le pauvre homme explosa de fureur, non seulement sa femme venait de mourir, mais encore on lui demandait si elle le trompait ! Il menaçait de tout casser dans sa colère, mais rien n'y fit, les médecins et les représentants des affaires sociales l'avertirent : s'il s'obstinait, on ferait appel aux gendarmes. Alors, il dut avouer que, depuis longtemps, il suspectait sa femme d'avoir les faveurs du boucher du village, c'est d'ailleurs pour cela qu'il la battait.

Le boucher dut à son tour venir en urgence pour une expertise, mais il s'avéra lui aussi « non contaminé ».

En convoquant à nouveau le mari, les enquêteurs administratifs apprirent que la femme avait subi une intervention bénigne, quelque part dans le sud de la France, deux ans auparavant. Aussitôt, il fut décidé à l'unanimité des médecins et des représentants des affaires sociales que la contamination s'était produite à cette occasion. L'honneur des hôpitaux picards était sauf, la transmission du sida ne s'était pas produite dans leurs murs.

Bien évidemment, les médecins et les représentants des affaires sanitaires et sociales étaient conscients de la précarité de leur déduction. Moi qui avais soigné cette femme de loin en loin, je n'avais pas non plus de certitude sur où et quand le sida l'avait infectée. D'une certaine façon, d'un point de vue administratif étroit, on sentait bien que la situation aurait été plus satisfaisante si le mari ou le boucher avaient été à l'origine de la contamination après avoir eu une passade rue Saint-Denis à Paris… !

« Ma femme est trop vieille »

Le tapage médiatique autour du sida eut une conséquence inattendue sur un vieil homme qui aurait pu être de mes patients.

Un de mes confrères me raconta, goguenard, que tous les mois il soignait un brave vieux aux yeux malicieux et vifs, se tenant toujours droit malgré l'âge et rabattant obstinément sur le devant de son crâne les rares cheveux qui lui restaient sur l'arrière. Ces cheveux consciencieusement entretenus pour les besoins de la cause mesuraient quinze bons centimètres. À la fin de chaque visite, le vieux, avec un clin d'œil approprié tendait au médecin une petite liste de médicaments dont il avait besoin, elle se terminait toujours par « du stimulant ».

Le Viagra n'étant pas encore commercialisé à l'époque, mon confrère se contentait de prescrire des vitamines. Un jour, la dernière ligne sur l'impuissance disparut. Puis, quelques mois plus tard, elle revint. L'épouse étant présente, mon confrère hésita à aborder ce sujet délicat. Alors, il convoqua le vieux à son cabinet, sous prétexte de l'examiner d'une manière plus approfondie.

Quand le vieil homme fut assis seul en face de lui, le médecin laissa libre cours à sa curiosité :

— C'est quoi cette histoire d'impuissance qui apparaît, disparaît, puis réapparaît ?

Sans tergiverser, le vieux expliqua son histoire :

— Vous comprenez, docteur, ma femme ne veut plus qu'on ait de rapports sexuels, c'est pas de sa faute, elle est trop vieille. Alors, avant, j'avais une petite amie, et il fallait que je puisse la satisfaire, c'est pourquoi je vous demandais des médicaments. Mais on s'est mis à parler du sida, j'ai eu peur et j'ai quitté ma petite amie. Puis j'ai réfléchi, je me suis documenté et j'ai pensé qu'à mon âge — quatre-vingt sept ans — j'ai peu de chances de vivre plus vieux que la période d'incubation du sida. Alors j'ai pris une autre petite amie et il me faut à nouveau du stimulant.

Des parents pas comme les autres

En 1982, le calvaire du petit David prit fin. Après avoir été enfermé par sa mère dans un placard pendant plusieurs années, il put enfin s'enfuir. Notre société commença à prendre la mesure du problème des enfants battus. Des numéros d'appel d'urgence se mirent en place, on intima aux enseignants et aux professionnels de santé l'ordre d'être vigilants. En effet, avant de s'échapper, le petit David avait séjourné à l'hôpital et, là, on avait suspecté les mauvais traitements, mais au bout du compte, l'enfant avait été rendu à sa mère.

Fin 1987, deux jeunes parents d'origine très modeste arrivèrent tout tremblants aux urgences d'un hôpital de la région parisienne avec leur fille de dix-huit mois. Le père était affligé d'une face épatée quasi lunaire, la mère à l'opposé présentait un visage étroit, presque écrasé. Ils avaient tous les deux des dents cassées, noires. Ses jambes à elle étaient torves, ses épaules à lui se trouvaient désaxées, la droite devant, la gauche derrière. Quand il décrochait du travail, c'était pour être manœuvre, elle faisait quelques ménages au rythme lent de ses jambes malades. Ils ne savaient ni lire ni écrire et portaient des habits de récupération. Ils appartenaient au quart-monde. Les rares choses neuves qu'ils possédaient étaient pour leur fille, Dominique. Je connaissais le père qui travaillait dans une entreprise venue effectuer des travaux au siège du syndicat national des médecins de groupe.

Aux urgences, le médecin constata que la petite fille souffrait d'une fracture de l'humérus. Les parents expliquèrent laborieusement qu'elle était tombée en marchant. Impressionnés par toutes ces « blouses blanches » qui les entouraient, ils perdaient leurs moyens. L'interne de garde plâtra gentiment Dominique en disant que des chutes d'enfants sont des choses qui arrivent. Trois mois plus tard, les parents se présentèrent à nouveau aux urgences, la petite fille avait le bras cassé. Les médecins rassurèrent les parents : « Cela se produit que les enfants se blessent, ne vous inquiétez pas. » Cependant, la mère gémissait comme si l'enfant allait mourir et le père, qui avait pris un remontant avant de venir pour se donner du courage, interpellait tous les hommes en blanc pour leur parler de sa fille. Quelques mois après, l'enfant fut une nouvelle fois hospitalisé pour fractures. Elle dut rester plus longtemps à l'hôpital. Les parents semblaient très nerveux, le père, particulièrement, éveillait la suspicion du personnel soignant. Il parlait beaucoup, s'agitait. « Nul doute, il en fait trop, il dissimule », murmurait-on derrière lui. Et puis, brutalement, au moment de la sortie, les parents apprirent que leur fille ne rentrerait pas chez eux, mais irait dans un centre. Elle leur était retirée. Désormais, ils ne verraient plus Dominique qu'en présence d'une assistante sociale. Pour le corps médical, le diagnostic était clair : Dominique était une enfant battue. Ils ne se privèrent pas de le dire méchamment aux parents. Le père se mit en colère. On le menaça d'appeler la police, alors il sortit en claquant la porte et en jurant. « Il joue bien son rôle », lâchèrent quelques infirmières méprisantes.

Le juge prit à son tour l'affaire en main, les parents furent placés en garde-à-vue.

Les gendarmes interrogèrent la directrice de la crèche et les voisins. Tout le quartier fut au courant et parla des « parents tortionnaires ». « J'ai toujours su qu'ils n'étaient pas nets, disait l'un, « une fois, je l'ai entendu crier après l'enfant, affirmait un autre », « on commence par crier, et après on frappe avec un bâton, c'est bien connu ! » tranchait un troisième, « on va faire une pétition pour qu'ils quittent le quartier ». « Avec les pauvres, on n'est jamais sûr de rien. On devrait leur retirer leurs enfants à la naissance ! » déclarait un dernier.

Bien des semaines passèrent avant la découverte de la vérité : si l'enfant se blessait si souvent, c'est qu'elle souffrait de la « maladie des os de verre ». Ses parents étaient parfaitement innocents.

J'appris par la suite avec indignation que ni les médecins, ni les assistantes sociales, ni le juge ou les voisins ne leur présentèrent la moindre excuse. Ces derniers n'étaient que des personnes du quart monde, on pouvait les accuser, mais non s'excuser auprès d'eux...

Trafic de macchabées

En me remémorant ces malheureux parents, accusés à tort d'avoir maltraité leur enfant, je me souvins d'une autre affaire judiciaire et médicale qui faillit avoir un retentissement national.

Cinq ans auparavant, un squelette d'homme avait été retrouvé au fond du puits d'une ferme, avec un trou dans la tête. On identifia rapidement ce squelette comme étant celui du mari de la fermière, porté disparu depuis deux ans.

« Il a dû tomber la nuit en étant soûl, fit la femme. Moi, je dormais, je n'ai rien entendu. »

Néanmoins, on avait trouvé un revolver à côté du cadavre. Et le juge se demandait si le trou dans la tête du squelette était dû à une balle ou à la chute dans le fond du puits.

« Il n'y a qu'une seule façon de le savoir, dit le médecin légiste de l'époque, il faut faire l'expérience avec des cadavres. »

On réquisitionna donc trois têtes de macchabées,

dans lesquelles un tireur d'élite de la gendarmerie logea des balles avec le revolver trouvé à côté du squelette. On jeta aussi trois autres cadavres, la tête la première, au fond du puits pour voir comment se comporteraient leurs crânes. À la fin aucun doute ne fut permis : le squelette trouvé au fond du puits portait un trou de balle à la tête. On appréhenda la femme qui avoua rapidement le meurtre de son mari, perpétré avec son amant. Elle fut condamnée, mais l'affaire intéressa peu les journaux. De son côté, le personnel de la morgue reçut la consigne de ne pas parler de cette histoire de cadavres utilisés dans le cadre d'une enquête policière.

Cependant, au printemps 1988, l'un des employés de la morgue raconta l'histoire à sa femme, celle-ci s'en ouvrit à son tour — sous le sceau du secret — à sa mère, qui elle-même le rapporta à sa meilleure amie... Cela arriva aux oreilles d'un journaliste qui se saisit de l'affaire. Il se produisit alors une flambée d'intérêt pour cette histoire. La presse locale se rua à la morgue, chez les gendarmes et aussi chez le président du conseil départemental de l'Ordre. Les journalistes voulaient savoir s'il était bien conforme à la déontologie médicale d'utiliser des cadavres de l'hôpital — des corps donnés à la science — pour y loger des balles dans leur crâne ou les précipiter la tête la première dans un puits. Le président départemental de l'Ordre qui ne connaissait rien à l'affaire fut bien embêté pour répondre. Pour les journalistes, cela signifiait clairement qu'il cachait quelque chose.

— Docteur, dites-nous la vérité, y a-t-il une procédure secrète à l'intérieur de l'Ordre pour manipuler les cadavres ?

— Une procédure secrète ? répondit le médecin en ouvrant des grands yeux d'étonnement.

— Depuis combien de temps l'Ordre connaissait-il la vérité et la dissimulait-il ? demanda un autre journaliste.

— Écoutez, je vous assure que tout cela est parfaitement nouveau pour moi.

— Cela veut-il dire que vos services ont agi de leur propre initiative et sans vous informer ?

— Je ne sais que vous répondre, balbutia le président qui perdait pied devant les micros et les caméras.

— Donc, vous admettez que des groupes opèrent au sein de votre organisation d'une façon occulte et secrète, dans le but de manipuler des cadavres ? interrogea un nouveau journaliste.

À ces mots, le président s'enfuit, paniqué de ce qu'on essayait de lui faire dire.

Cette attitude se révéla la moins bonne façon de procéder. L'après-midi même, un journal local commença de concevoir sa Une avec la photo du dos du président de l'Ordre en train de s'éloigner des journalistes et ce titre percutant : « L'Ordre des médecins fuit ses responsabilités ».

Cependant, grâce à Ben Johnson, l'homme qui se croyait le plus rapide du monde, le président de l'Ordre échappa à l'opprobre public. En effet, on apprit ce même jour, qu'aux jeux olympiques de Séoul, le vainqueur olympique du 100 mètres, Ben Johnson, s'était dopé. Cette nouvelle éclipsa toutes les autres, et l'affaire des macchabées fut traitée dans un petit entrefilet.

Ainsi, grâce à une histoire de dopage qui se passa de l'autre côté de la planète, un honnête président d'un Ordre départemental put retrouver toute sa sérénité et sa tranquillité...

Du gras *light*

Au début des années 1990, je sentis commencer à peser le poids de l'âge. Bientôt j'aurais soixante-cinq ans. Je supportais de plus en plus difficilement les nuits de garde. Vingt ans auparavant, quand les gendarmes me dérangeaient à deux heures du matin pour effectuer une prise de sang sur un chauffard, j'y allais, j'effectuais la prise de sang, je revenais et je me rendormais sans problème. Désormais, non seulement il me fallait un gros effort de volonté pour sortir du lit, mais le pire était qu'au retour je ne trouvais pas moyen de fermer l'œil ! Le lendemain matin, je me levais avec un mal de crâne redoutable et les jambes en coton. Or, pour moi, médecin de campagne, les gardes revenaient toutes les six nuits.

Les patients devenaient davantage exigeants. Autrefois ils m'accueillaient avec un certain respect, mais au fil du temps j'étais de plus en plus considéré comme un prestataire de services. Les malades « voulaient » des antibiotiques ou bien ils « voulaient » le même médicament que la dernière fois.

Cependant, ce comportement était une façade. Quand se profilait l'ombre d'un cancer ou d'une grave maladie, je redevenais, comme dans les années 1950, celui qui, semblable aux sorciers de jadis, détenait les mystérieux pouvoirs de la vie, le médecin tout-puissant qui allait apaiser les craintes d'un seul mot ou bien annoncer une échéance inéluctable.

La télévision était partout, envahissait tout. Elle était allumée le matin au saut du lit et tenait compagnie à la maisonnée jusqu'à l'heure d'aller dormir. Cela occasionnait un bruit de fond continuel dont mes patients ne se rendaient même plus compte.

Combien de fois n'ai-je pas dû demander d'éteindre la télévision, parce que je n'entendais rien dans mon stéthoscope !

Affalés devant leur télévision, les gens ingurgitaient du pain, du pâté ou des chips avec la même passivité qu'ils regardaient une publicité pour une lessive, *Les feux de l'amour* ou le 356e épisode de *Dallas*.

À trente-cinq ans, Stéphane appartenait à la génération sandwich-télévision et ne se nourrissait que de rillettes et de coca. Il était énorme.

— Ça ne sert à rien que mon Stéphane cherche du travail, de toute façon, il n'y en a pas. Autant qu'il reste à la maison, ça ne fait de tort à personne ! me disait sa mère, chez laquelle Stéphane vivait toujours.

Il s'agissait d'une grosse femme au visage bouffi de graisse, dont le corps bougeait comme de la gélatine à chaque mouvement.

— Et puis, ajoutait-elle, cela nous fait de la compagnie à son père et moi, pas vrai Désiré ?

— Tout à fait, répondait avec une voix de fausset Désiré, le mari, un petit homme chroniquement dépressif depuis les quinze années qu'il était au chômage.

Quand il se trouvait debout à côté de sa femme, sa taille et sa maigreur produisaient un contraste saisissant par rapport à elle qui s'imposait de toute sa forte carrure dégorgeant de chairs.

Prosper, un chien boxer adipeux, nourri exclusivement aux sucreries venait compléter la famille.

— Qu'est-ce que vous voulez y faire, docteur ? s'exclamait la mère, c'est comme ça ici, tout le monde est costaud, à part mon mari. Oui, dans notre famille, tout le monde est gros, même le chien, ça vient des « gros mosomes », comme ils disent à la télé.

Cependant, Stéphane me faisait l'effet d'être le plus gros de tous, et de loin. J'étais inquiet de le voir, à trente-cinq ans, rester toute la journée à regarder la télévision.

— Tu n'as pas envie d'aller voir tes copains ? lui demandais-je.

— Non, non, docteur, il se sent bien avec ses parents, intervenait la mère. N'est-ce pas, Désiré ?

— Tout à fait, répondait le père avec son éternelle voix de fausset.

Quant à Stéphane, il ne pipait mot, levant vers moi le même regard vide qu'il posait sur l'écran de télévision ou sur l'éternelle tranche de rillettes étalée sur un plateau à côté de lui.

Et puis, un jour où je me trouvais en congé, un de mes associés fut appelé en urgence. Stéphane venait de faire un malaise.

Mon confrère trouva la maisonnée en révolution. Stéphane, conscient, mais blanc comme un linge, incapable de bouger était étendu sur le canapé à moitié défoncé par son poids, le reste de son corps reposait par terre. Le chien gueulait à tout rompre, la mère criait aussi fort que le chien que son fils allait mourir, le père se tenait sans rien dire au pied de son fils, en le couvant des yeux d'un air misérable.

Le diagnostic fut vite établi, le jeune homme avait subi un début d'infarctus.

— Il faut le conduire à l'hôpital, dit mon confrère.

— L'emmener loin d'ici ! mais comment va-t-il faire sans nous ? s'inquiéta la mère.

— Il n'est pas possible d'agir autrement, il faut qu'il aille à l'hôpital, maintint mon confrère.

Bientôt, l'ambulancier arriva et, en s'arc-boutant, aidé du médecin, il redressa Stéphane sur son séant.

— Il est pâle comme la mort, s'écria la mère, il faut qu'il refasse ses forces ! Elle lança à son mari :

— Désiré, va lui préparer un sandwich aux rillettes !

— Oui, oui, dit Désiré qui courut à la cuisine.

Le médecin éprouva toutes les peines du monde à les convaincre de ne rien donner à manger à Stéphane. Durant la scène, le chien continuait de hurler et la télévision de raconter les amours malheureuses du prince de Galles et de Lady Di.

— Arrêtez donc la télévision et mettez le chien dehors, on ne s'entend plus ici ! finit par s'exclamer le médecin.

— Désiré, fais ce que dit le docteur ! ordonna la mère.

Aussitôt le petit homme s'en fut éteindre le poste puis, en l'appâtant avec des sucreries, il mit le chien dehors.

Entre-temps, il était apparu clairement que Stéphane ne pourrait pas se mettre debout, il faudrait le transporter sur un brancard.

— Il faut appeler les pompiers en renfort, personne d'autre n'a du matériel assez costaud pour une telle masse ! décréta l'ambulancier.

On téléphona donc aux pompiers qui se présentèrent dans le quart d'heure. Ils arrivèrent à quatre, ce qui avec Stéphane, ses parents, l'ambulancier et le médecin, remplissait toute la petite pièce commune ; sans compter le chien qui était entré avec les pompiers et continuait d'aboyer ! Les pompiers installèrent Stéphane sur un brancard, mais il débordait, et son corps s'affalait de tous les côtés. Seules les sangles le maintenaient en place et empêchaient la masse prodigieuse du ventre de tanguer.

— Aïe, aïe, fit le pompier en chef en regardant avec inquiétude la porte qui donnait sur la rue : il est trop gros !

— Ça ne passera jamais ! s'exclama un autre pompier.

— Depuis combien de mois n'est-il pas sorti de la maison ? demanda le chef des pompiers aux parents.

— En fait, il vit dans cette pièce, depuis un certain temps, répondit la mère pas très à l'aise. De toute façon, il n'y a pas de travail pour lui dehors, alors c'était aussi bien qu'il reste ici au chaud avec nous, ajouta-t-elle pour se justifier.

— Bon, eh bien on va essayer de le passer par la porte, dirent les pompiers. En ahanant, ils entreprirent de sortir Stéphane allongé sur son brancard, les pieds devant. Arrivés à mi-cuisses, ils durent se rendre à l'évidence, c'était impossible.

— On arrête là, les gars, ça ne sert à rien de forcer, il faut d'abord défoncer le chambranle ! dit le chef des pompiers.

— Quoi, s'exclama la mère, vous voulez abîmer ma porte de devant ! Il n'en est pas question : que vont dire les voisins ?

— Bon, alors on va agrandir la porte de derrière, si vous préférez, dit le chef des pompiers.

Et, sans tergiverser, il envoya ses hommes chercher des masses et des burins, puis en frappant à grands coups, toujours accompagnés des aboiements du chien, ils agrandirent d'un bon demi-mètre l'ouverture de la porte du fond. Pendant ce temps, Stéphane, qui était revenu complètement à lui, pleurait dans les bras de sa mère. Le père, lui, l'esprit perdu, regardait les pompiers défoncer le mur. De son côté, le brancardier avait remis discrètement la télévision en marche pour voir le résultat des courses de chevaux à Vincennes.

Au bout du compte, les pompiers purent sortir Stéphane et le transportèrent à l'hôpital.

Au retour de mes congés, mon associé me mit au courant de l'aventure et quelques jours après, je rendis visite à Stéphane qui rentrait de l'hôpital et avait un peu maigri.

— Au début, je vais lui donner ce qu'il faut pour qu'il se reconstitue, me dit la mère. Rendez-vous compte, il a perdu vingt kilos, le pauvre bébé !

Elle n'a donc pas compris ! m'exclamai-je en moi-même. Son fils est encore bien trop gros !

J'allais ouvrir la bouche pour lui expliquer, mais finalement, je me tus. Cela était inutile. La mère était tout à la joie de voir son fils de retour, elle n'entendrait rien. Plus tard peut-être... En attendant, la grosse femme poursuivait :

— Une fois que Stéphane sera requinqué, c'est promis, je ne lui donnerai plus de beurre avec ses rillettes. Il lui faut du gras *light* à mon garçon, comme ils disent à la télévision ! Car j'ai bien compris que les problèmes de poids, ça peut finir par être dangereux, même si ça vient de la famille et des « gros mosomes » !

« Venez les tuer vous-même ! »

Pour mes patients, l'arrivée massive de la télévision avait changé la perception du monde qui les entourait. Leur village ne leur apparaissait plus, comme dans les années 1950, une entité à part, une espèce d'île autosuffisante, mais comme une toute petite pièce dans le grand puzzle universel. Même la France ne se concevait plus que comme un partenaire parmi d'autres au sein de l'Europe.

Les repères traditionnels semblaient s'être progressivement effacés, au profit d'un « grand tout » dominé par la culture américaine.

Dans cet univers aux contours fluctuants, seule l'administration et ses règlements demeuraient fidèles à eux-mêmes. Les formulaires restaient toujours aussi inaccessibles aux gens faiblement instruits, les médecins étaient mis sous contrôle étroit pour diminuer le déficit de la Sécurité sociale, et sous prétexte d'éviter que se reproduise l'affaire du sang contaminé, les prescriptions sanitaires pleuvaient de tout côté.

Une amie infirmière à domicile fut harcelée par des lettres de la caisse de Sécurité sociale au sujet de deux de ses malades : « Pourquoi les voyez-vous si souvent ? — Le nombre de visites que vous leur faites est excessif ! — Votre quota est dépassé depuis longtemps par rapport aux moyennes de la profession ! — Nous vous rappelons qu'une infirmière ne doit pas se créer des sources de revenus en effectuant des visites inutiles aux malades ! — Dernier rappel avant cessation de remboursement des visites à ces deux malades ! »

L'infirmière était un petit bout de femme décidée et impulsive, un véritable ouragan d'énergie qui savait remonter le moral des patients et ne comptait pas ses heures. Face à ces lettres à répétition la mettant en cause, elle fit un effort pour contenir sa colère et tenta plusieurs fois de s'expliquer calmement au téléphone. Imperturbablement, l'employé de la Sécurité sociale lui répondait : « Oui, d'accord, j'ai compris. Je transmettrai. » Pourtant l'infirmière continuait quand même à recevoir des lettres comminatoires. La dernière missive la menaçait d'une plainte au tribunal.

En lisant cela, l'infirmière explosa d'indignation. Excédée de ces tracasseries, elle envoya un recommandé au directeur de la caisse de Sécurité sociale :

Monsieur le Directeur,

Je soigne deux malades en fin de vie que je vois plusieurs fois par jour, car leurs conjoints sont eux-mêmes trop vieux pour leur faire les soins nécessaires. Malheureusement pour l'équilibre de la Sécurité sociale, ils ne se décident pas à mourir.

Voici leurs adresses, venez les tuer vous-même !

Vous ferez une bonne action pour les comptes de la Sécurité sociale, et pour moi. Car je souffre de les affronter jour et nuit, de faire semblant qu'ils vont guérir quand je les sais condamnés.

Répondez-moi quand vous aurez au moins, une fois dans votre carrière, assisté à la toilette d'un pauvre homme en fin de vie, dont les excréments ont débordé la couche et souillé les draps, et qui vous supplie de ne pas l'abandonner.

Veuillez agréer...

Suite à cette lettre, l'infirmière ne reçut plus aucune relance de la caisse et crut être débarrassée du problème. C'était aller un peu vite en besogne, l'administration ne s'avoua pas vaincue. Toujours sous couvert d'économies, elle entreprit de vouloir fermer le service de maintien à domicile où exerçait cette infirmière...

« Je n'arrive pas à tenir mes objectifs ! »

Je partageais avec cette infirmière un ressentiment certain vis-à-vis de la Sécurité sociale et de son personnel. Au vu des bévues qui ne cessaient de se produire, j'en venais à comprendre mes confrères convaincus que les agents de la Sécurité sociale étaient ligués contre les médecins pour les asservir.

À cette époque, je commençais à soigner Corinne, une toute jeune responsable de groupe dans une Caisse primaire d'assurance maladie du nord de la France. Elle s'était éprise d'un jeune Picard de mon canton qu'elle venait rejoindre le plus souvent possible.

Corinne était jeune, agréable, avec de jolis yeux verts et de longs cheveux blonds, son ami semblait l'aimer sincèrement, c'était un « garçon bien », que pouvait-elle demander de plus à la vie ?

— Je ne suis pas heureuse, docteur. Je n'arrive pas à tenir mes objectifs ! me dit-elle un jour.

— Vos objectifs ? Que voulez-vous dire par là ?

— Mon chef m'a donné des objectifs de nombre de dossiers à traiter, de montants financiers à récupérer sur les mutuelles, de contrôles à mener dans mon groupe, et je n'y arrive pas ! Je ne suis pas à la hauteur ! J'ai beau m'acharner, faire des heures supplémentaires, je ne suis pas capable de tenir mes objectifs !

— Ce n'est peut-être pas si grave, tentai-je, conciliant.

— Détrompez-vous, docteur, si je ne réussis pas, je serai mal notée.

Je soupirais discrètement et changeais de sujet de conversation. Les multiples objectifs professionnels de Corinne me semblaient un peu excessifs, moi qui n'en avais qu'un seul : soigner les malades de mon mieux.

Je constatai par la suite que la jeune femme s'investissait tout entière dans la tenue de ces fameux objectifs. « Je veux obtenir les résultats que l'on m'a fixés envers et contre tout. Je dois faire mes preuves », m'expliquait-elle avec une mine décidée de bon élève qui a toujours bien réussi à l'école.

Ce challenge professionnel s'avérait difficile. D'un côté elle avait à obéir à un chef tyrannique qui lui imposait des objectifs ambitieux et, de l'autre, elle devait prendre de l'ascendant sur des agents presque tous syndiqués qui, chaque fois qu'elle leur demandait quelque chose de neuf, couraient voir dans le code de la Sécurité sociale, s'ils ne pouvaient pas y trouver à redire. « Je ne veux pas de vagues avec le personnel, fais preuve de doigté », lui intimait son chef, tout en lui demandant de faire plus de discipline et de développer « la culture de l'effort individuel ». Coincée, en quelque sorte, entre le marteau et l'enclume, la pauvre Corinne s'épuisait.

Un jour, je la trouvai en larmes, sous l'œil navré de son ami qui ne savait manifestement pas comment la réconforter. En me voyant, la jeune femme lâcha :

— C'est à cause du ratio Q-R, docteur. Je ne l'ai pas tenu, et mon chef m'a dit qu'il le marquerait dans mon dossier !

— Remettez-vous, mademoiselle.

— Je ne comprends pas, hoqueta-t-elle. En début d'année, mon chef m'avait dit que ce ratio Q-R n'avait guère d'importance, et qu'il ne l'inscrivait sur la feuille d'objectifs que pour mémoire, et maintenant, il monte en exergue le fait que je ne l'ai pas tenu, sans vouloir prendre en compte ce que j'ai réussi par ailleurs.

Je fus encore plus ennuyé par la suite des événements. Au fil des semaines, Corinne se mit à devenir nerveuse, à souffrir de maux de ventre et de maladies de peau. Je la trouvais fréquemment en pleurs, expliquant pour la millième fois à son compagnon qu'elle n'y arriverait jamais, qu'elle n'était pas à la hauteur. Elle était en train de perdre toute confiance en elle. Son travail était le centre exclusif de ses conversations. Son chef, particulièrement, l'obsédait :

« Il change sans arrêt les règles du jeu. Un jour, il me dit : "Vas-y, fonce, lance ton équipe sur le traitement des données informatiques, remue ton personnel !" Une semaine plus tard, il me tance parce que les syndicats sont venus le voir à mon sujet. Moi, je lui dis : "Pourtant, j'ai fait ce que vous m'avez demandé sur le traitement des données informatiques : j'ai remué mes agents !" Mais lui me répond : "Tu m'as mal compris, il fallait obtenir que ton équipe s'y mette, mais sans les contrarier. Il faut de la douceur et du savoir-faire, même si cela ne semble pas être ton fort. Je vais te faire une démonstration !" Là-dessus, il vient dans mon service, il joue copain-copain avec tout le monde, et flatte particulièrement les délégués syndicaux. Il obtient ce qu'il veut : le personnel se déclare d'accord pour faire de l'informatique "de temps en temps". "Tu n'as plus qu'à continuer comme ça", me dit-il. Alors, moi, bravement j'y vais, j'essaie de l'imiter. Mais à peine quinze jours plus tard, mon chef me convoque en urgence dans son bureau. "Le directeur s'est ému de ce que tu étais trop proche du personnel, me dit-il. Il faut que tu saches garder tes distances, Corinne ! Sinon c'est eux qui vont commander à ta place !" Bref docteur, un jour c'est blanc, un jour c'est noir, mais c'est toujours ma faute, et moi je n'en peux plus ! »

Corinne me paraissait à bout, désespérée. Sans son compagnon qui était d'une patience remarquable, j'aurais même craint qu'elle n'attente à ses jours.

Ce fut d'ailleurs son compagnon qui sortit Corinne des difficultés. À force de persuasion, il la fit adhérer à un syndicat qui se révéla sa planche de salut. Dès lors, son chef « qui ne voulait pas de vagues » se chercha un autre bouc émissaire...

Cette histoire m'avait au moins appris que la principale activité de la Sécurité sociale n'était peut-être pas de remplir sa mission, ni non plus d'asservir les médecins à coups de paperasses comme ces derniers le pensaient, mais de mener ses petites guerres internes !

« Toute dépense injustifiée est une dépense qui ne doit pas se produire, qu'il s'agisse d'un mort ou d'un pare-brise fêlé ! »

Si la Sécurité sociale rencontrait des problèmes du côté de certaines sociétés d'assurances qui prétendaient vouloir la remplacer, des procédés fort discutables se mettraient en place.

Je fus amené, dans ces années-là, à connaître de près les démêlés d'un jeune médecin avec l'une de ces compagnies d'assurances.

Les responsables juridiques de cette société d'assurance-vie accusaient ce jeune médecin de ne pas vouloir leur fournir le dossier médical de l'un de ses patients décédés.

— Tou... tou... tout malade a le droit au respect du secret médical, expliquait le jeune médecin qui était affecté d'un léger bégaiement et d'une grande timidité.

— Oui, mais ce monsieur est dans la tombe, vous pouvez donc nous communiquer son dossier, argumentaient les assureurs.

Ils suspectaient en effet le défunt d'avoir fait une fausse déclaration. Selon eux il était parfaitement au courant de sa maladie incurable, mais n'en avait rien dit.

Le jeune médecin ne céda pas aux pressions téléphoniques, un représentant de la compagnie d'assurances vint donc le voir pour lui expliquer la nature de l'enjeu. Cigare aux lèvres, avec son costume trois-pièces sombre, sa cravate éblouissante et son regard sûr de lui, l'assureur présenta avec emphase plusieurs tableaux de statistiques, d'où il ressortait que des sommes colossales étaient perdues chaque année par les assurances à cause des fausses déclarations.

— Comment voulez-vous, docteur, que les assurances couvrent tous les risques qu'elles ont à assumer, si elles doivent supporter de surcroît les charges exorbitantes des fausses déclarations ? s'exclama le représentant de la compagnie d'assurances face au jeune médecin sur la défensive. Comprenez-moi bien, docteur, nous sommes en guerre ! Mais c'est une guerre juste, nous nous battons pour que nos assurés qui le méritent soient convenablement remboursés et que l'argent ne parte pas aux tricheurs ! Toute dépense injustifiée est une dépense qui ne doit pas se produire, qu'il s'agisse d'un mort ou d'un pare-brise fêlé !

Comme le jeune médecin ne semblait pas saisir

l'enjeu de cette bataille stratégique, le représentant de la compagnie changea de ton :

— Soyons francs, docteur, vous êtes au début de votre carrière, avez-vous intérêt à vous retrouver au vu et au su de tous condamné par un tribunal ?

— Que... que... que voulez-vous dire par là ?

— Avez-vous songé, docteur, que si vous ne fournissez pas le dossier de votre patient, la justice pourrait être amenée à vous considérer comme son complice !

— Vous... vous... vous n'oseriez pas m'a... m'a... m'accuser d'une chose pa... pa... pareille ? fit le jeune médecin d'une voix blanche.

— Nous sommes en guerre, docteur, je vous l'ai dit. Et, quand on fait la guerre, on n'emploie pas toujours des moyens très propres. Il peut même y avoir des dégâts collatéraux.

— Mais, mais....

— Évidemment, poursuivit l'assureur, il ne fait aucun doute que, si nous pouvions vous compter parmi nos alliés, les choses évolueraient tout à fait autrement... Il se trouve que je me suis aperçu que vous êtes assurés chez nous et que vous souffrez d'une surprime d'assurance voiture fort élevée. Peut-être pourrions-nous regarder votre dossier d'un œil plus favorable, si de votre côté vous vous montriez plus coopérant... À vous de voir...

Profondément troublé, ne sachant plus comment agir, le jeune médecin m'en parla, et je lui conseillai de s'adresser à l'Ordre des médecins que je prévins de l'affaire. L'Ordre prit sans délai contact avec la compagnie d'assurances pour lui rappeler que le secret médical était absolu. Aussitôt la compagnie baissa d'un ton ses accusations. Puis, elle se résolut à verser aux héritiers du malade décédé le montant de l'assurance-vie.

Quant au jeune médecin, il jugea plus prudent de changer de compagnie d'assurances...

« Je suis allé en Hollande »

Je sentais se rapprocher le terme de ma carrière médicale, mais je continuais d'y prendre beaucoup d'intérêt. Les jeunes des années 1990 notamment n'avaient plus grand-chose de commun avec ceux des années 1950. Et, peut-être à cause de mon âge, cette jeunesse me fascinait.

Je connaissais depuis longtemps un couple d'ouvriers qui avait eu quatre enfants : trois filles, et pour finir un garçon, un petit Karl. « C'est lui qui transmettra notre nom aux générations suivantes », me disait avec fierté le père. Rien n'était trop beau pour Karl : à Noël, il avait plus de jouets à lui tout seul que ses trois sœurs réunies. La fierté d'avoir un descendant mâle marquait encore les mentalités. « Les filles ne sont que des filles, mais Karl est un garçon ! » m'assurait le père droit comme un *i* dans son maillot de corps sans manches, blanc, les épaules larges, l'allure athlétique, les moustaches impeccablement taillées en guidon de vélo.

Évidemment, un tel mépris pour trois de ses enfants ne pouvait que provoquer des retombées désastreuses. À l'âge de seize-dix-sept ans, les trois filles, les unes après les autres, claquèrent la porte de la maison, pour ne plus y revenir.

« Bon débarras ! » s'exclamait le père dans sa suffisance imbécile, ce ne sont que des filles ! Du moment qu'il me reste Karl, je suis un homme comblé.

Néanmoins, le départ de ses enfants le troublait plus qu'il n'osait se l'avouer. Ne voulant pourtant pas reconnaître l'absurdité de ses propos, il se refermait davantage dans son amour exclusif pour son fils. La mère, elle, pleurait en silence le départ de ses trois enfants, reportant, elle aussi, toute son affection sur le seul Karl. L'adolescent vivait comme un fils de P.-D.G. : scooter, mobylette, moto, chaîne hi-fi, télévision dans sa chambre, rien n'était trop beau pour lui. Dès qu'un professeur osait une critique à son égard, le père soutenait Karl. Selon lui, les femmes qui composaient majoritairement le corps enseignant étaient incapables de jauger son fils à sa juste valeur. En conséquence, Karl ne s'intéressait qu'au body-building, destiné à faire de lui un « vrai mâle ».

Le résultat fut qu'à dix-huit ans, Karl avait échoué dans toutes ses études. Bien évidemment, il ne trouvait aucun travail, et c'était encore une la fois la faute d'une femme : Martine Aubry, ministre du Travail...

« On donne des responsabilités aux femmes, et après on s'étonne que ça ne marche pas ! » tonnait le père.

À cette époque, de façon inexpliquée, Karl tomba brutalement dans une grave dépression qui lui valut d'être hospitalisé.

Je le vis de loin en loin, il était toujours mal dans sa peau, déprimé. Parfois son père se laissait emporter par la colère contre son fils : « Regarde-toi, tu n'es pas un homme, tu es une mauviette ! Tu es sans arrêt malade ! Que vas-tu faire de ta vie ! » J'étais atterré d'un tel comportement et j'essayais d'expliquer au père qu'il risquait d'obtenir pire que mieux en secouant ainsi son fils. Mais il ne m'écoutait pas et continuait de maugréer.

Et puis un jour je trouvai Karl seul à la maison avec sa mère, le père était sorti. La silhouette du jeune homme s'était considérablement transformée, faute de body-building, ses muscles avaient fondu et il était devenu plus fluet. Je lui trouvai l'air bizarre avec son accoutrement fait d'un châle mauve sur la tête et d'une longue tunique en patchwork. « Cela ne va toujours pas mieux », pensai-je.

— Bonjour Karl.

— Euh, docteur, bredouilla-t-il d'une voix bizarre, je suis allé en Hollande...

— En Hollande ?

— Désormais, docteur, continua le jeune homme, je ne suis plus Karl, mais Henriette.

— Henriette... répétai-je abasourdi.

— Oui, je ne suis plus un homme, mais une femme. Et je suis venue dire à mon père qu'il n'a plus à se plaindre que je sois indigne d'être un mâle puisque maintenant je n'en suis plus un ! Ensuite, comme mes sœurs, je ne remettrai plus les pieds ici !

La mère, semblable à l'accoutumée, se taisait et pleurait en silence.

En sortant, sur le pas de la porte, je croisai le père, voûté, abattu, ses longues moustaches pendaient sans aucune élégance de part et d'autres de sa bouche.

— Docteur, vous avez vu mon fils... ou plutôt ma fille ? bredouilla-t-il misérablement. C'est à n'y rien comprendre ! se contenta-t-il d'ajouter, et il rentra chez lui la tête basse.

En tant que médecin, je me garderai de recommander la voie extrême prise par Karl. Par la suite sa vie n'a guère été facile. Voilà où l'a conduit la bêtise d'un père obsédé par la virilité au point d'en mépriser le charme infini de l'âme féminine, qui s'éveille dès les premiers pas des petites filles pour ne plus jamais les quitter.

Platini

Oui, les jeunes ne se comportaient plus comme jadis mais, en même temps, ils n'étaient peut-être pas aussi différents que l'on s'efforçait de nous le faire croire, ainsi celui surnommé « Platini », qui fut au cœur d'une douloureuse histoire.

Ses parents étaient un couple d'agriculteurs qui, demeurés longtemps sans enfants, avait eu sur le tard un fils unique, Michel. Ce dernier s'était révélé en grandissant un excellent petit joueur de football. C'est donc tout naturellement à cause de son prénom et de son don qu'on l'avait surnommé Platini. Ses cheveux noirs et bouclés, comme ceux du célèbre joueur, justifiaient encore davantage son surnom. Les résultats du petit Michel au collège n'étaient pas brillants, mais il avait été remarqué par un sélectionneur amiénois au cours d'un match. Dès lors, ses parents furent convaincus qu'il ferait une grande carrière sportive. Ils se mirent donc, eux aussi, à l'appeler Platini.

Il n'y avait que le grand-père pour tempêter contre son unique petit-fils qui préférait taper dans un ballon plutôt que de se préparer à reprendre la ferme. Le grand-père était infirme et cloué dans un fauteuil, de surcroît nous n'étions plus dans les années 1950 : les dires du vieil homme ne pesaient pas lourd face aux mirages de richesse et de gloire médiatique entourant les sportifs de haut niveau.

Dès l'adolescence, Michel fut envoyé suivre des cours dans une classe spécialisée à Amiens. Pour les parents, nul doute, les « gens de la ville » avaient fait appel à leur fils à cause de sa valeur. J'essayai de leur expliquer que les choses n'étaient peut-être pas si simples, les Amiénois avaient peut-être sollicité leur fils tout simplement parce que la classe spécialisée manquait d'élèves et qu'elle était menacée de fermeture. À l'idée que leurs fils puisse servir de « bouche-trou », les parents me regardèrent d'un air mauvais. En insistant, je ne serais arrivé qu'à les vexer plus encore. Ils voulaient continuer de rêver d'être les parents du prochain Platini.

À vingt ans, Michel ne jouait que dans une équipe amateur d'une petite ville de Somme. Ce n'était pas encore la réussite promise, mais le sélectionneur de l'équipe d'Amiens avait dit que si Michel effectuait une bonne saison, il le prendrait peut-être dans son club. Et une fois que l'on commence à jouer dans un club professionnel, tout ne devient-il pas possible ?

L'année précédente, au cours d'une de mes visites dans la famille, j'étais tombé sur une dispute entre la mère de Michel et son beau-père, le grand-père de l'enfant, qui logeait chez eux. Comme d'habitude, le grand-père récriminait contre son petit-fils qui ne faisait rien à la ferme, ce à quoi sa belle-fille au visage étroit et toujours fermé répondait aigrement qu'elle préférait voir son fils footballeur et heureux que paysan et malheureux. Le mari, dont le visage se cachait derrière une barbe broussailleuse et noire, n'osait contredire ni sa femme, ni son père, et se taisait en contemplant d'un air intéressé les nœuds dans le bois de la table de ferme. En me voyant entrer, le grand-père s'écria :

— Et les joints que fume le p'tiot, vous en avez-t-y parlé au docteur ?

— Quels joints ? demandai-je.

— Ben, Platini fume, dit la mère gênée.

— Oui, mais y fume pas du tabac, docteur, y fume des joints à la drogue, comme ils montrent à la télé, intervint le grand-père.

J'appris ainsi que, depuis plusieurs mois, Michel s'adonnait à la consommation de joints.

— Ils sont tous comme ça dans le milieu sportif, m'expliqua la mère, c'est leur façon de vivre.

— Ça peut être dangereux ! m'exclamai-je.

— Mais non, docteur, dit la mère, c'est ce qu'on appelle des drogues douces. Ça fait peut-être pas d'bien, mais ça fait pas d'mal non plus. C'est doux qu'ils disent.

— Doux, doux... c'est vous qui le dites. Vous savez, on peut devenir accroc, même à des drogues douces !

Cependant la mère considérait que je prenais le parti de son beau-père contre elle. Quant au mari, il continuait de se taire.

Quelques temps après, un jour où je vis les parents hors de la présence du grand-père, j'essayai de revenir sur le sujet, mais la mère ne voulut rien entendre, et le père se montra d'accord avec sa femme.

— C'est un jeune, il s'amuse. On ne peut pas empêcher cela. Vous ne vous êtes t'y pas amusé quand vous étiez jeune, docteur ?

— Oui, mais il y a des amusements plus dangereux que d'autres.

— Faut bien voir que la génération d'maintenant, elle a rien à voir avec tout ce que nous on a connu, renchérit la mère. On ne peut pas juger de la même façon ce qu'ils vivent et ce que nous z'autres on a vécu.

C'est tout juste si elle ne laissa pas sous-entendre qu'avec ma bonne soixantaine d'années et la retraite qui approchait, je n'étais plus trop dans le coup...

Et puis, un jour, les parents de Platini m'appelèrent en urgence pour leur fils. Quand j'arrivai à la ferme, Michel délirait complètement. Effondré dans un fauteuil, il manifestait un état d'énervement extrême. Sa bouche déformée par un rictus prononçait à mi-voix des suites de mots incompréhensibles. En prêtant l'oreille, il me sembla qu'il répétait sans arrêt les mêmes mots : « Ballon, chou, hibou, caillou, ballon, chou, hibou, caillou... »

Par moments, il se taisait et faisait de grands mouvements saccadés des bras et du corps, s'arcboutant avant de retomber sur le fauteuil comme un pantin désarticulé.

Le grand-père et les parents le regardaient, effarés.

— A-t-il bu ou absorbé quelque chose de particulier, un médicament par exemple ? interrogeai-je.

— Rien, il n'a rien pris, docteur, m'affirma la mère.

— Comment cela est-il arrivé ?

— Il s'est levé tard et n'a rien voulu prendre au petit-déjeuner, me répondit la mère. Il est resté assis dans son fauteuil à murmurer des choses entre ses lèvres. On ne trouvait pas ça très normal, mais on ne disait rien de peur de le déranger. Il a peut-être des chagrins d'amour que je me disais. Il n'a rien voulu manger non plus ce midi. Et puis d'un coup, il y a une demi-heure, il est devenu comme vous le voyez. Est-ce que c'est grave, docteur ?

— Je vais appeler une ambulance avec deux infirmiers accompagnateurs, je crois qu'il est nécessaire de l'hospitaliser.

Une fois le coup de fil passé, je m'approchai de Michel, mais il ne me reconnut pas :

— Je sais qui vous êtes, vous êtes un fantôme de l'au-delà ! Arrière !

Puis il se mit debout et s'enfuit dans sa chambre en criant : « Loup-garou, loup-garou ! »

— Je crois que le docteur a raison, il faut l'emmener à l'hôpital, dit le père éberlué.

— C'est une crise de folie, annonçai-je, je vais devoir l'envoyer à l'asile quelque temps.

La mère, elle, avait couru après son fils pour essayer de le calmer.

En discutant avec le père, je compris que depuis plusieurs jours déjà, Michel souffrait de bouffées délirantes. Une fois, il avait voulu commencer à manger son repas par le dessert, une autre fois il avait demandé au grand-père où était partie se promener la grand-mère, alors qu'elle était morte depuis plus de dix ans. De plus il se plaignait d'entendre des voix dans sa tête qui l'empêchait de bien jouer au foot.

— Hum, hum ! fis-je en soupirant.

— Est-ce que c'est vraiment très grave, docteur ? me demanda le père en farfouillant nerveusement dans sa barbe.

Sans répondre, je lui demandai si Michel fumait toujours des joints.

— Oui, répondit le père pas très fier de lui.

— Combien par jour ?

— Une dizaine, lâcha le père dans un souffle.

— Ne cherchez pas plus loin.

Sur ces entrefaites, l'ambulance et les deux infirmiers arrivèrent. Je leur expliquai rapidement la situation, puis nous montâmes tous les trois à l'étage. Ils immobilisèrent le jeune homme pour que je puisse lui faire une piqûre de calmant. Ensuite ils l'emmenèrent.

Quand il fut parti, la mère se tourna vers moi au bord des larmes :

— Docteur, qu'est-ce que vous en pensez ?

— Comme je l'ai dit à votre mari, je crois que c'est une crise de folie, répondis-je.

— Mais, est-ce qu'il va guérir ?

— Honnêtement, je n'en sais rien, madame.

En effet, au fond de moi, j'avais l'intime conviction qu'il s'agissait d'une manifestation de schizophrénie, la folie pratiquement sans retour.

— Mais qu'est-ce qui a provoqué cela, docteur ? Mon mari m'a dit que pour vous, cela vient de la drogue ? Pourtant, Michel ne prenait que des tout petits joints de rien du tout.

— Je ne peux pas être absolument sûr. Mais je ne serais pas surpris que ces « tout petits joints de rien du tout » soient la cause de son mal.

Une dizaine de jours après, le diagnostique fut confirmé, Michel, alias Platini, souffrait de schizophrénie. Quelques années plus tard, plusieurs études scientifiques démontrèrent une nette corrélation entre la consommation de joints et l'apparition de cette terrible maladie.

En attendant, ce jour où j'avais envoyé Michel à l'asile, debout dans la salle de ferme, je méditai tristement. Dans les années 1950, à l'hôpital d'Amiens, j'avais vu plusieurs personnes mourir d'un *delirium tremens* et, maintenant j'envoyais à l'asile un jeune victime de la drogue !

« Min ptiot fieu aurait dû reprendre ch'ferme plutôt que de vouloir devenir une star de football, me dit alors le grand-père qui s'était rapproché de moi avec son fauteuil roulant. Y a que la terre qui ne trompe point, tout le reste c'est qu'du vent. Croyez-moé, docteur, l'homme vient de l'argile comme on disait autrefoié dans les églises. Le cri des oiseaux dans ch'ciel, les champs labourés et le travail de ch'terre, saison après saison, y a que ço de vrai. C'est qu'est-ce que m'avouait dit le père d'min père, et c'est qu'est-ce que je ne suis point arrivé à faire comprendre à min ptiot-fieu », ajouta tristement le vieil homme.

Je connaissais tous mes malades par leur nom

Cependant, le temps passait. Le lundi 30 septembre 1991 fut ma dernière journée de travail. Inutile de préciser combien je me trouvais ému. Depuis plusieurs semaines, mon successeur, le Dr Eletufe était déjà arrivé, et j'effectuais une partie de mes tournées en doublure avec lui pour le présenter à mes malades. Notre groupe de médecins avait bien évolué depuis la construction de la maison médicale. Le Dr Gellé nous avait rejoint puis le Dr Charpentier, le Dr Revaux et le Dr Laroche.

« C'est donc vrai qu'on ne vous verra plus, docteur ! s'exclamaient les gens. Pourtant, depuis le temps, on s'était habitué à vous, c'est un peu comme si vous faisiez partie de la maison ! »

Puis, ils entamaient la longue mélopée des maladies que j'avais soignées, l'histoire de la grand-mère « qui était morte en bonne santé grâce à moi », etc.

Le père des deux jumeaux, mis au monde lors du premier accouchement que j'avais effectué à la ferme ne manqua pas de revenir sur la façon dont je l'avais impressionné ce jour-là. Le colosse agriculteur, que j'avais connu plein de vigueur au temps de mon arrivée dans le canton, était maintenant un vieux monsieur, sans grande force, mais qui tâchait encore de se faire obéir par ses enfants et petits-enfants. Il me rappela son problème de cou et d'apophyse argentoïde. Sa femme, qui avait accouché dans ma voiture, me montra une photo en habit militaire du fils né ce jour-là : « Quelle aventure, hein, docteur cet accouchement ! » Ces adieux à répétition n'étaient guère faciles à vivre pour moi, mais comment aurais-je pu quitter tous ces gens sans leur dire au moins au revoir ?

Parallèlement à mon activité finissante de médecin de campagne, je continuais toujours d'être présent dans les syndicats médicaux et à l'Ordre des médecins. D'ailleurs, aujourd'hui encore, je représente le conseil national de l'Ordre auprès de l'AFNOR[1] dans l'élaboration du carnet de santé européen. De même, je me tiens toujours au courant du devenir de la médecine de groupe, à laquelle je demeure très attentif.

1. Association française de normalisation qui travaille à l'écriture des nouvelles normes.

En 2001, dix années après mon départ en retraite, mon épouse et moi, avons choisi de vivre en appartement à Amiens. Cela nous émut profondément de quitter notre maison de Domart-en-Ponthieu où nos enfants avaient grandi : cette cour carrée où ils firent tant de tours à vélo, cette pelouse abritée d'un grand sapin où nos petits-enfants s'essayèrent à marcher à quatre pattes et cet escalier de l'entrée qu'ils descendirent à pas hésitants du haut de leurs trois ans.

J'ai le sentiment d'avoir pratiqué une façon d'exercer la médecine que mes successeurs du nouveau millénaire ne connaîtront probablement plus. Je connaissais tous mes malades par leur nom et à force de leur rendre visite, j'en venais presque à avoir le sentiment d'être de leur famille.

Je revois tous ces gens simples qui m'offraient de temps à autre un lapin de leur élevage ou une perdrix abattue à la chasse : « On ne sait pas trouver les mots pour vous remercier, docteur, alors on s'est dit qu'un peu de gibier vous ferait plaisir. »

Je me souviens aussi de cette vieille dame qui préparait spécialement pour les jours de mes visites du vrai café, acheté parcimonieusement avec son minimum vieillesse. Comment oublier tous ces gens que j'ai soignés de mon mieux durant ces quarante années ?

Si je devais dédier ces pages, je le ferais sûrement à tous ces Picards que j'ai côtoyés toutes ces années. Il n'y a en effet pas un chapitre de ce livre où ne soient évoqués ces hommes et ces femmes de la campagne auxquels je me suis attaché, un peu comme si j'avais voulu par ces phrases et leurs mots leur rendre témoignage.

Remerciements

Je remercie mon fils, Yves Guiheneuf, pour toute l'aide qu'il m'a apportée dans la rédaction de ce livre.

Je remercie également Jean-François Duranton et le Dr Luc Guiheneuf.

DANS LA MÊME COLLECTION

Amouroux Henri, *La vie des Français sous l'Occupation*
Anglade Jean, *Mathilde*
Aubenas Florence, *Le quai de Ouistreham*
Aubert Brigitte, *La mort des bois*
Aubrac Lucie, *Ils partiront dans l'ivresse*
Avril Nicole, *La disgrâce*
Bedel Paul, *Testament d'un paysan en voie de disparition*
Bellemare Pierre, *Les grands crimes de l'histoire*
Benzoni Juliette, *Les émeraudes du prophète*
Boileau-Narcejac, *Celle qui n'était plus*
Boissard Janine, *Une femme en blanc*
Boissard Janine, *La maison des enfants*
Bordes Gilbert, *Le roi en son moulin*
Bordes Gilbert, *La nuit des hulottes*
Bordonove Georges, *Napoléon*
Bordonove Georges, *Mémoires de chat*
Bourin Jeanne, *La chambre des dames*
Cauvin Patrick, *Rue des Bons-Enfants*
Cesbron Gilbert, *Chiens perdus sans collier*
Charrière Henri, *Papillon*
Chevalier Tracy, *La jeune fille à la perle*
Clark Mary Jane, *Quand se lève le jour*
Connelly Michael, *Le dernier coyote*
Connelly Michael, *Les neuf dragons*
Cornaille Didier, *La muse dans le grenier*
De Carolis Patrick, *Les demoiselles de Provence*
Delpard Raphaël, *Ils ont vécu dans l'Algérie en guerre*
Dorin Françoise, *Les vendanges tardives*
Dubos Alain, *La mémoire du vent*
Duperey Anny, *Allons voir plus loin, veux-tu ?*
Duperey Anny, *Une soirée*
Duperey Anny, *Le nez de Mazarin*
Duperey Anny, *Le poil et la plume*
Duquesne Jacques, *Marie*
Fischer Elise, *Les pommes seront fameuses cette année*

Gleize Georges-Patrick, *Le Chemin de Peyreblanque*
Gray Martin, *Au nom de tous les miens*
Hébrard Frédérique et Velle Louis, *Tant qu'il y aura des chats ... dans une famille*
Hébrard Frédérique, *Les châtaigniers du désert*
Higgins Clark Mary, *Une seconde chance*
Higgins Clark Mary, *La clinique du docteur H*
Higgins Clark Mary, *Dors ma jolie*
Higgins Clark Carol, *Bien frappé*
Indridason Arnaldur, *La cité des jarres*
Jacq Christian, *La reine soleil*
Jeury Michel, *L'année du certif*
Kerforne Philippe, *Calories gloutonnes*
Laborit Emmanuelle, *Le cri de la mouette*
Le Carré John, *Notre jeu*
Lenoir-Etchegoin, *La saga des francs-maçons*
Lenteric Bernard, *Les maîtres du pain*
MacDonald Patricia, *Personnes disparues*
Magnan Pierre, *Les courriers de la mort*
Malroux Antonin, *L'enfance inachevée*
Mankell Henning, *L'homme qui souriait*
McKinley Tamara, *Éclair d'été*
Michelet Claude, *Histoires des paysans de France*
Michelet Claude, *Il était une fois dans la vallée*
Michelet Claude, *La grande muraille*
Mille Raoul, *La Belle Otero*
Miquel Pierre, *La Grande Guerre au jour le jour*
Montagné Gilbert, *J'ai toujours su que c'était toi*
Montupet Janine, *Quatre saisons parmi les fleurs*
Musso Valentin, *Le murmure de l'ogre*
d'Ormesson Jean, *La création du monde*
Pancol Katherine, *Encore une danse*
Pancol Katherine, *Vu de l'extérieur*
Patterson James, *Une nuit de trop*
Pelissier Patrice, *L'ange et le loup*
Peyramaure Michel, *Le bal des célibataires*
Sebold Alice, *La nostalgie de l'ange*
Shariff Samia, *Le voile de la peur*
Signol Christian, *Bleus sont les étés*
Signol Christian, *La promesse des sources*

Soumy Jean-Guy, *La tempête*
S.S. le Dalaï-Lama, *Conseils du cœur*
S.S. le Dalaï-Lama, *L'art du bonheur*
Tatilon Jean, *La soupe au pistou*
Teulé Jean, *Les lois de la gravité*
Uris Leon, *Exodus*
Verdun Jean, *La franc-maçonne du Luberon*
Vincenot Henri, *La Billebaude*